경제학 제대로 이해하기

경제학 제대로 이해하기

초판 1쇄 발행 2022년 11월 1일
초판 1쇄 인쇄 2022년 11월 7일

지은이 | 권혁철

펴낸곳 | 북앤피플
대　표 | 김진술
펴낸이 | 김혜숙
디자인 | 박원섭
마케팅 | 박광규

등　록 | 제2016-000006호(2012. 4. 13)
주　소 | 서울시 송파구 성내천로37길 37, 112-302
전　화 | 02-2277-0220
팩　스 | 02-2277-0280
이메일 | jujucc@naver.com

ISBN 978-89-97871-60-5 03320

잘못된 책은 구입처에서 바꾸어 드립니다.
값은 표지 뒤에 있습니다.

ECONOMICS

경제학 제대로 이해하기

그래프와 수식이 없는 이야기 경제학

권혁철

북앤피플

서문

그래프와 수식이 없는 이야기 경제학

'경제학의 내용을 누구나 쉽게 이해할 수 있도록 하자'는 것이 이 책의 주요 집필 방향이다. 책을 쓰면서 머릿속에 그렸던 독자 대상은 경제학을 전혀 또는 거의 접하지 않은 일반인이다. 그런 만큼 어떻게 하면 쉽고 간결하게 설명할 수 있을까에 대해 많은 고민을 하면서 책을 썼다.

이런 방향으로 경제학 관련 책을 쓰게 된 동기가 있다. 경제학이 너무 어렵다는 이야기들을 정말 많이 들은 까닭이다. 경제 현상이나 경제정책에 관심을 가진 경제학 비전공자가 경제학 관련 서적들을 찾아보면, 그 책들 대부분이 그래프와 복잡한 수학으로 가득 차 있다. 그러다 보니, 처음 몇 페이지를 읽다가 중도 포기하는 경우가 많다고 한다. 사정이 그렇다 보니, 경제학 이론도 아닌 이론을 '경제학 이론'이라고 하면서 사람들을 호도하는 경우가 빈번하게 벌어지고 있다.

그래서, 이 책에서는 그래프와 수식을 전혀 등장시키지 않으면서 이야기를 풀어가듯이 경제학의 내용을 설명하고자 노력하였다. 그런데, 사실을 말하자면, 이것이 결코 만만치 않은 작업이었다. 전문용어나 그래프 등을 이용하여 설명하는 것보다 문장으로 쉽게 설명하고자 하는 것이 오히려 훨씬 어려운 일이라는 것을 책을 써가면서 몇 번이나 실감했다.

이 책은 총 9개의 장으로 이루어져 있다. 1장 '우리를 둘러싼 환경과 우리 인간'에서는 경제활동을 함에 있어 우리를 구속하고 있는 근본적인 조건들은 무엇이고, 이 조건들을 헤쳐나가는 데 있어 인간은 근본적으로 어떤 어려움에 직면하는지, 그리고 그런 구조적 어려움을 극복하고 잘 살기 위해 우리 인간이 개발해 낸 것은 무엇인지에 대해 설명한다. 2장 '선택과 가치평가'에서는 경제행위란 기본적으로 선택하는 행동이며, 무엇에 근거하여 선택하는가를 설명한다. 그리고, 그와 관련된 비용에 대해서도 알아본다. 3장 '시장경제의 원리'에서는 사유재산권의 의미, 분업과 전문화, 교환, 무역, 그리고 경쟁에 대해 살펴보았다. 4장 '재화와 생산요소의 가치'에서는 소비재의 가치와 생산요소의 가치가 결정되는 과정을 설명하고, 왜 '소비자가 왕'인지에 대해 설명하였다. 5장 '가격의 형성과 가격의 기능'에서는 가격과 가치의 차이, 가격 결정 과정, 그리고 가격이 하는 역할에 대해 살펴보았다. 6장 '시장경제에 대한 오해'에서는 독점과 시장실패의 문제, 부익부빈익빈 등 우리가 흔히 접하게 되는 시장경제에 대한 오해에 대해 알아보고 이를 바로 잡고자 하였다. 7장 '시간시장과 이자 및 이윤'에서는 자본재와 자본, 그리고 자본가와 기업가에 대해 알아보고, 이자 및 이윤의 원천에 대해 설명하였다. 8장 '화폐와 화폐시장'에서는 화폐의 등장부터 화폐 사용의 이점, 화폐에 대한 수요와 공급, 그리고 인플레이션에 관해 살펴보았다. 마지막 9장 '경기변동과 경제성장'에서는 경기변동과 경제성장의 차이, 통화팽창과 경기변동의 관계 및 경기변동을 막기 위한 정부의 역할과 함께 경제성장을 추동하는 힘에는 어떠한 것들이 있는지 알아보았다.

이 책의 말미에 추천하고 있는 추천도서는 이 책을 집필하는 데 주로 참고한 책들이다. 이 책에 있는 내용에 대해 좀 더 많이 그리고 깊게 알고 싶은 독자들은 이 추천도서들을 보기 바란다.

경제학을 배우고 그것을 기반으로 경제학적 사고방식을 해야 하는 이유가 있다. 그 이유는 사람이라면 누구나 바라는 것, 즉 잘 살기 위해서이다. 여기서 잘 산다고 하는 것에는 물질적인 측면만이 아니라 정신적인 측면에서의 잘 사는 것도 포함된다. 시장경제 시스템에서 잘 살기 위해서는 시장경제가 어떤 요소들로 구성되는가, 어떤 전제조건 위에 성립하는가, 어떤 원리들에 의해 어떻게 작동되는가에 대한 이해가 필요하다.

또 다른 이유도 있다. 어떤 경제시스템을 선택하고 지켜나가느냐에 따라 우리는 자유와 번영의 길로 갈 수도 있고, 아니면 '노예의 길'로 끌려 들어갈 수도 있다. 우리의 자유와 재산을 지키고 확장하는 경제시스템은 무엇인지에 대한 이해가 필요한 이유이다. 나아가

정부나 정치권 및 사회적 유력 인사들의 감언이설에 속지 않고 우리의 재산과 자유를 온전히 지켜내는 것은 물론 번영의 길로 가기 위해서도 경제학과 경제학적 사고방식은 필수적이다.

이 책이 그러한 목적에 조금이라도 기여할 수 있기를 희망한다.

2022년 10월

권혁철

"우리가 식사할 수 있는 것은 정육점 주인 · 양조장 주인 · 빵집 주인의 자비에 의한 것이 아니라 자기 자신의 이익에 대한 그들의 관심 때문이다.
우리는 그들의 인간성에 호소하지 않고 그들의 이기심에 호소하며, 그들에게 우리 자신의 필요를 이야기하지 않고 그들의 이익을 이야기한다." **-애덤 스미스**

차례

1장

우리를 둘러싼 환경과 우리 인간

1. 우리를 둘러싼 환경
2. 우리는 어떤 사람들일까?

1장

우리를 둘러싼 환경과 우리 인간

사람은 모두 잘 살고자 한다. 현재 느끼고 있는 불편을 해소하고자 하며, 삶의 조건을 개선하고자 끊임없이 노력한다. 잘 살기 위해 추구하는 것이 물질적인 것일 수도 있고 정신적인 것일 수도 있다. 그것이 무엇이든 잘 살기 위한 여정은 만만치가 않다. 열심히 노력하고 또 노력하면서 살아야 한다. 성경에도 나와 있지 않은가. '아담은 평생을 땀을 흘려 노동하며 먹을 것을 구해야 한다'고.

이런 사정에 대해 어떤 사람들은 '사회가 잘못되었다'거나 '일부 소수의 탐욕' 때문이라거나 '자본주의 시장경제가 문제다'라는 등 이러저런 말들을 하면서 심지어는 '분노하라'고 사람들을 부추기기도 한다. 하지만, 모두 이치에 맞지 않는 이야기이다. 우리가 사는 모습은 원래가 그렇게 땀을 흘려 노동하며 살 수밖에 없도록 되어 있다. '삶이란 원래 고단한 것'이라는 말도 있지 않은가.

이처럼 살아가기 어려운 상황이지만, 그럼에도 사람들은 끊임없이 잘 살기 위해 노력해 왔고, 지속적으로 자신들의 삶의 조건들을 개선하고, 불편을 해소하고 어려움을 극복해왔다. 더구나 최근 수 세기 동안에는 인류 역사상 유례를 찾아볼 수 없는 커다란 번영을 이루었다. 인류 역사상 처음으로 풍요로운 삶을 경험할 수 있을 정도가 된 것이다. 물론 그렇다고 해서 고단한 삶이 끝난 것은 아니다. 우리는 여전히 노력하고 땀 흘려 일하지 않으면 안 된다. 아마도 이 고단한 삶은 우리가 사는 세상이 천국이 되기 전까지는 끝나지 않을 것이다.

이렇게 우리의 삶이 고단할 수밖에 없는 이유에는 여러 가지가 있을 것이다. 종교에서는 이를 원죄(原罪)로 설명하기도 한다. 경제학에서는 크게 두 가지 이유를 들 수 있다. 하나는 우리를 둘러싸고 있는 환경 혹은 삶의 조건의 문제이고, 다른 하나는 그런 환경에서 생을 이어가는 우리 자신, 즉 인간의 문제이다. 이 두 가지 문제는 너무나 엄중해서 이 두 문제가 완벽하게 해결되지 않는 한 우리는 여전히 땀 흘려 열심히 일해야만 한다. 그런데, 유감스럽게도 이 두 문제가 완벽하게 해결될 날은 오지 않을 것이다. 결국, 우리는 앞으로도 계속해서 열심히 일하면서 어려움을 극복해 나가는 수밖에 없다. '불편을 해소하고 잘 살기 위해서!'.

1. 우리를 둘러싼 환경

(1) 복잡하고도 열린 세상

어떤 행동이나 사안이 어떤 결과를 가져올 것인지를 예측하고 파악할 수 있다면, 우리의 삶은 훨씬 수월해질 것이다. 하지만 우리가 사는 세상은 그것과는 전혀 다르다. 너무나 복잡해서 파악도 불가능하고 이해도 불가능하므로 무슨 일이 있을지 예측하고 그에 맞추어 행동한다는 것은 불가능하다.

'열 길 물속은 알아도 한 길 사람 속은 모른다'는 말도 있듯이 사람의 마음속에 무엇이 들어 있는지 도무지 알기 어렵다. 심지어 바로 옆에 있는 가족의 마음조차 헤아리기가 어렵다. 하물며 5천만 명이 살아가는 대한민국, 나아가 70억 명의 인구가 살아가는 지구촌 세상은 우리 인간의 능력으로 그 전모를 파악하거나 이해하기에는 너무나 복잡하다. 전혀 알 수가 없다.

더군다나 우리가 사는 세상은 닫혀 있는 세계가 아니라 열려 있는 세계다. 닫혀 있는 세계란 그 자체가 완결되어 있는 세계로서 어떤 행동에는 어떤 결과가 나오고 그것으로 상황은 종결된다. 즉, 닫힌 세계에서는 언제나 [1+1=2]가 된다. 따라서 이런 닫힌 세계에서는 예측이 가능하다.

그런데, 우리가 사는 세상은 이런 닫힌 세계가 아닌 열린 세계다. 열린 세계란 외부와 끊임없이 교류하는 상호작용을 통해 서로 영향을 주고받는 세계다. 그래서 열린 세계에서는 어느 순간 어떤 행동에서 어떤 결과가 나왔다고 하더라도 다음에도 그 행동에서 이전과 동일한 결과가 나오리라는 보장이 없다. 즉, 열린 세계에서는 [1+1=2]가 될 수도 있고 아닐 수도 있다.

이처럼 복잡하고 복잡한 열린 세상에서는 어떤 행동이나 원인으로부터 나오는 결과가 불확실할 수밖에 없다. 즉, 우리가 사는 세상에서 미래는 항상 불확실함으로 가득 차 있다는 말이다. 그래서 미래는 신만이 정확히 알 수 있으며, 미래를 알고 있다고 혹은 아는 척하는 사람들이 있다면, 그들은 스스로를 신으로 자처하는 자들이다.

(2) 희소성의 세계

우리를 제약하고 있는, 그래서 극복해야 할 두 번째 환경은 우리가 사는 세상이 희소성이 지배하고 있는 세상이라는 사실이다. 우리가 잘살기 위해서는 필요한 것도 많고, 가지고 싶은 것도 많으며, 해결하고 싶은 것도 많다. 하지만, 그 많은 욕구를 충족시켜 줄 수 있는 자원 혹은 수단은 충분하지 않다. 이처럼 목표하고 원하는 것에 비해 자원 혹은 수단이 충분하지 못하고 부족한 희소성이 지배하는 세상에 우리는 살고 있다.

희소성의 영향력은 절대적이고 보편적이다. 다시 말해 부자든 가난한 사람이든 관계없이 모든 사람은, 또 영세기업이나 대기업이나 관계없이 모든 기업과 조직은 이 희소성의 영향에서 벗어나지 못하고 그것의 지배를 받지 않을 수 없다. 정부도 예외가 아니다.

예를 들어, 하루 세끼를 마음 놓고 배불리 먹지 못할 정도로 가난한 사람에게 돈이 부족하다고 하는 것은 너무 당연하다. 그런데, 하루 세끼 밥 먹는 것에 대해 걱정은 안 하지만, 그렇다고 큰 부자도 아닌 사람들에게도 돈이 부족한 것은 마찬가지다. 결혼하고, 집도 장만해야 하고, 아이들 키우고, 교육시키고, 결혼도 시키고, 나이 들면 병원에 자주 가니 병원비도 준비해야 하고, 노후준비도 해야 하겠고… 이것저것 생각하면 돈이 부족한 것이 훤히 보인다. 요즘 젊은 이들은 돈이 없어 결혼도 미루고, 하물며 연애도 안 한다지 않는가.

물론 세상에는 돈 많은 사람들이 있다. 하지만, 이들이라고 해서 이 부족함이라는 것에서 해방될까? 삼성그룹이나 현대자동차는 현재의 기업 상태에 만족할까? 그렇지 않다. 더 많은 연구개발을 통해 앞서가고 싶고, 더 많은 공장, 더 많은 투자를 통해 세계 최고의 기업으로 성장시키고 싶을 것이다. 그렇지만 이들도 하고 싶다고 다 할 수 있는 것은 아니다.

정부 또한 이런 부족함에서 예외가 아니다. 노인들에게 연금으로 '충분히 많이' 주고 싶지만, 그러다 보면 다른 곳, 예를 들어 어린이 백혈병 환자들의 치료비 지원에 들어갈 재원이 부족해질 수 있다. 모든 불쌍한 독거노인들에게 편안하게 쉴 수 있는 보금자리를 마련해주고 싶지만, 그러다 보면 불쌍한 소년소녀 가장들에 대한 지원이 끊기거나 감축될 수 있다. 환경보호를 위해 예산을 쓰다 보면 오래되어 낡은 다리의 수리와 보수가 늦어져 다리가 무너지는 참사가 발생할 수도 있다. 한편으로는, 대학생들의 등록금을 반값 정도가 아니라 완전 무료로 하여 모든 대학생이 학업에만 전념할 수 있도록 하고 싶지만, 다른 한편으로는 그 돈이면 초·중·고등학교의 교육 여건을 대폭 개선할 수도 있다. 이처럼 정부가 아무리 납세자들로부터 세금을 쥐어 짜내더라도 정부 역시 부족함으로부터 결코 벗어날 수는 없다.

우리가 사는 세상은 바로 이 부족함, 즉 희소성과 맞닥뜨려 그것을 극복해 가면서 살아가야만 하는 힘든 곳이다. 우리는 '젖과 꿀이 흐르는 지상낙원'에 살고 있지 않다. 우리는 희소성이 지배하는 세상에 살고 있다. 그 희소성을 극복해야 한다. 그래서 인생은 고단하다.

마르크스주의자들은 높은 단계의 공산주의 사회가 되면 모든 것이 풍요로워지고, 그 결과 필요에 따라 분배될 것이라고 주장했다. 이런 주장은 어떤 사회도 피해갈 수 없는 자원 및 수단들의 희소성에 대해서는 전혀 고려하지 않고 있다. 우리나라에서도 무상의료, 무상교육, 무상보육 등 '무상'을 외치는 수많은 정치인들이 있다. 이들도 마찬가지로 마치 희소성이 지배하는 세상이 아닌 것처럼 말한다. 희소성에 대한 고려가 전혀 없는 이런 식의 주장에 대해 미제스(Ludwig v. Mises)는 '잠꼬대하고 있다'고 표현했다.[1)]

a) 무엇이 희소한가?

희소한 것이라 하면 사람들은 통상 재화나 자원들만을 생각한다.

그것이 눈에 보이고, 포착이 가능하기 때문이다. 하지만 우리가 우리의 필요를 충족시키고 삶의 조건을 개선하기 위해 필요로 하는 희소한 것들에는 재화나 자원들 외에도 더 있다.

잘 인식하지 못하지만, 결코 간과해서는 안 되는 희소한 자원 중의 하나가 바로 시간이다. 아침에 5분만, 10분만 하며 잠자리에서 일어나지 않는 아이와 그 아이를 깨워서 유치원이나 학교에 보내려고 실랑이하는 부모 사이의 문제는 바로 시간의 부족이다. 이것만이 아니다. 학창시절과 청춘도 영원하지 않다. 그리고 최종적으로 인간의 수명은 제한되어 있다. '세상은 넓고 할 일은 많다'고 한 어느 기업인의 말도 있지만, 하고 싶은 일은 많은데 안타깝게도 인생은 짧다. 시간은 아주 소중하고 희소한 자원이다.

또 하나 중요한 것이 우리의 지식이다. 지식이 풍부하면 희소성을 극복해 나가는 데 누구보다도 유리하다. 특히 바야흐로 지식·정보화 시대인 21세기는 지식과 아이디어 등이 그 어느 때보다 절실하게 필요한 시대다. 희소한 자원인 지식을 어떻게 하면 효율적으로 활용할 수 있을지 고민해야 한다.

b) 왜 희소한가?

자원들은 왜 희소할까? 우리 인간이 모두 욕심꾸러기들이기 때문이다. 이루고 싶은 일, 갖고 싶은 것, 하고 싶은 것은 많은데, 그것들을 이루기 위해 사용할 수 있는 자원들은 제한되어 있기 때문이다.

욕심꾸러기라고 해서 탐욕스럽다는 의미가 아니다. 우리 모두 살아가면서 불편한 것은 있게 마련이고, 만족스럽지 않은 것도 당연히 있게 마련이다. 불편한 것은 해소하고 싶고, 만족스럽지 못한 것은 보다 낫게 만들고 싶어 한다. 기본적인 것이 해소되었다고 해서 인간의 욕심이 끝나는 것도 아니다. 보다 고차원적인 욕구를 해결하기 위해 또 나아가는 것이 인간이다. 이렇게 불편과 욕구 해소 및 만족을 위해 인간은 끊임없이 노력하고 행동한다는 의미에서 욕심꾸러기라는 뜻이다. 만약 불편한 것도 없고, 만족스럽지 않은 것도 없다고 한다면, 그는 아마 살아 있는 사람은 아닐 것이다.

무언가를 원하는 이유가 이기적인지 이타적인지, 또 원하는 것이 물질적인지 비물질적인지 관계없이 모든 사람은 욕심꾸러기다. 고(故) 테레사 수녀는 인도의 캘커타에서 굶거나 병들어 죽어가는 사람들을 위한 봉사로 평생을 바쳤다. 그분은 욕심이 없었을까? 분명히 더 많은 사람들에게 봉사할 수 있는 기회와 자원이 있었으면 하는 바람을 갖고 있지는 않았을까.

사람은 오늘 하루를 살기 위해 준비하지 않는다. 1주일, 1개월, 1년, 10년, 자신의 평생, 그것도 모자라 자손이 잘 살아갈 수 있도록까지 준비하고자 하는 것이 인간이다. 아무런 욕심이 없다고 하는 사람은 둘 중의 하나다. 백 퍼센트 거짓말쟁이이거나 아니면 이미 죽은 사람이다. 살아 움직이는 우리 모두는 끝도 모를 욕심을 갖고 있다. 이렇게 끝이 없는 욕심에 비해 그 욕심을 채울 수단인 자원은 형편없이 부족한 게 현실이다.

집은 잠만 잘 수 있으면 되는 것이고, 자동차는 이동수단으로 사용할 수만 있으면 되는 것이고, 옷은 부끄럽지 않게 입고 다닐 수만 있으면 된다고 하는 사람들도 있다. 평소 이런 주장들을 하면서 좋은 집, 좋은 차, 좋은 옷 욕심을 내는 사람들을 향해 '부자들의 탐욕', '자본주의의 천박한 물질주의' '집은 주거용이지 투기 대상이 아니다'라고 격렬하게 비난하는 사람들이 있다. 이런 식의 이야기를 하는 사람들에게 미제스(Mises)는 이렇게 응대한다. "소비자는 단지 음식이나 칼로리만을 구입하지 않는다. 소비자는 늑대처럼 먹으려고 하는 것이 아니며 인간답게 먹고자 한다"라고.[2] 음식은 배만 채우면 된다는 식으로 이야기하는 사람들은 인간에 대한 이해가 부족해도 한참 부족한 사람들이다.

c) 희소성은 상대적이다

어떤 자원이 희소한지 아니면 풍부한지는 그 자원의 절대적인 양의 많고 적음에 따른 분류가 아니다. 즉, 어떤 자원의 양이 많다고 해서 풍부하고, 적다고 해서 희소한 것이 아니라는 말이다. 자원의 양이 많아도 희소한 자원일 수 있고, 자원의 양이 적어도 풍부한 자원일 수 있다. 다시 말해, 자원의 희소성은 절대적 개념이 아닌 상대적 개념이다.

희소성은 다음 두 가지 의미에서 상대적이다. 이 두 가지 경우가 각각 분리되어 나타날 수도 있고 한꺼번에 중첩되어 나타날 수도 있다.

우선, 희소성은 욕구에 대해 상대적이다.[3] 어떤 자원의 양이 아무리 적더라도, 그것이 우리가 충족시키고자 하는 욕구에는 전혀 쓸모가 없거나 혹은 해당 욕구를 충족시키는 데 부족함이 없다면, 이 자원은 희소하지 않은 자원이다. 반대로, 어떤 자원의 양이 아무리 많더라도, 그것이 충족시키고자 하는 욕구에 비해 부족하다면 그 자원은 희소한 자원이다.

친구 사이인 두 사람이 있다. 한 친구는 이른바 두주불사(斗酒不辭)형으로, 그의 주량이 어느 정도인지 가늠할 수 없을 정도로 많이 마시는 사람인 반면, 다른 한 친구는 소주 석 잔이면 취할 정도가 되는 사람이다. 어느 날 둘이 만나 이런저런 얘기를 하며 술을 마시다 보니 두주불사형의 친구는 벌써 소주를 몇 병이나 마셨다. 반면, 술을 잘 못 마시는 친구는 겨우 두세 잔을 마셨다. 시간도 늦어 헤어질 때가 다가오는데, 술이 얼마나 남아 있는가 보니 소주 반병 정도가 남아 있다. 반병 정도 남은 소주병을 본 두 친구의 반응은 어떨까? 서로 다를 것이다. 두주불사형의 친구는 '술이 반병밖에 남지 않았네'라고 할 것이고, 술을 못 마시는 친구는 '술이 아직도 반병이나 남아 있네'라고 할 것이다. 이처럼 자원의 절대적인 양이 문제가 아니라 행위를 하는 사람의 욕구에 비해 희소한지 그렇지 않은지가 달라진다.

두 번째로, 희소성은 때와 장소에 따라 바뀔 수 있다는 점에서도 절대적이 아닌 상대적이다. 과거 우리나라에서 물은 공짜로 마실 수 있을 정도로 풍부한 자원이었다. 그런데, 지금은 생수 시장이 크게 발달할 정도로 물을 사서 마시는 것이 다반사가 되었다. 과거에는 풍부한 자원이었던 마시는 물이 이제는 사서 마셔야 하는 희소한 자원이 된 것이다. 앞으로는 공기, 즉 신선한 공기도 희소한 자원이 될지 모른다. 이미 많은 사람들이 신선한 공기를 찾아 숲을 찾고, 신선한 공기를 판매하는 가게들도 생겼다. 이렇듯 시간이 지남에 따라 희소했던 것은 풍부해지고, 거꾸로 풍부했던 것이 희소해지는 일이 일어날 수 있다. 그래서 희소성은 상대적이다.

기술의 발전과 여타 다른 여건에 따라서도 희소성은 달라질 수 있다. 우리나라에서도 한때는 집에 유선전화기 한 대 있는 것이 부(富)의 상징일 정도로 희소한 물건이었다. 그때는 공중전화 부스 앞에서 차례를 기다리며 길게 줄을 서 있는 모습도 흔하게 볼 수 있었다. 그런데, 이제는 유선전화기를 거의 사용하지 않는다. 이동전화가 발달하고 널리 보급되었기 때문이다. 이렇게 한국에서는 유선전화기를 거들떠보지도 않는데, 아프리카에서는 유선전화기가 매우 귀한 물건 대접을 받는다고 한다. 이동통신과 달리 유선망이 제대로 촘촘하게 깔려 있지 않은 아프리카에서는 유선전화기를 한 대 설치하기 위해서는 저 먼 곳에서부터 선을 연결해 와야만 하기 때문이다. 따라서 유선전화기를 설치하는 비용이 많이 들어갈 수밖에 없고, 부자가 아니면 감당할 수 없는 희소한 물건이 되었다는 것이다. 같은 물건, 같은 서비스, 같은 재화라 하더라도, 장소가 어디냐에 따라 희소성도 달라질 수 있다.

2. 우리는 어떤 사람들일까?

앞에서 보았듯이 우리가 사는 세상은 어려움으로 가득 차 있다. 세상은 너무나 복잡해서 파악하고 이해하기도 불가능한 데다가 우리 인간들이 필요로 하는 자원들은 대부분이 한정되어 있는 희소성이 지배하고 있다. 설상가상으로 그런 환경 속에서 살아가는 우리 인간은 아는 것이라고는 거의 없는 무지한 존재다. 이런 조건 속에서 살아가야 하는 우리의 삶이 고단하지 않으면 그것이 오히려 이상한 일일 것이다.

(1) 지식의 종류와 구조적 무지

'아는 것이 힘이다'라는 말도 있듯이, 많은 지식을 가진 사람과 집단은 그렇지 않은 사람이나 집단에 비해 훨씬 더 수월하고 효과적으로 자신의 어려움을 극복해 나갈 수 있고, 성공할 가능성이 높다. 그래서 사람들은 공부도 하고, 여행도 다녀보고, 다양한 경험도 쌓고, 그리고 독서를 통해 다른 사람들의 생각도 열심히 들여다보면서 배우고자 노력한다. 그런데, 그렇게 노력해서 우리가 아는 것은 얼마나 될까?

아무리 잘나고 모르는 것이 없는 '만물 박사'라고 소문난 사람이라도 그가 알고 있는 지식의 양은 세상에 널린 지식에 비하면 정말 보잘것 없다고 해야 한다. 예를 들어, 필자는 경제학 박사다. 즉, 경제학에 대해서는 좀 안다고 할 수 있다. 그래서 대학에 가서 학생들 앞에서 경제학 관련 강의도 한다. 그런데, 휴대폰이나 컴퓨터 등 전자기기에 관해서라면, 젊은 학생들이 박사고 필자는 완전 초보자다. 이런 것들과 관련된 주제라면 필자가 강의실 의자에 앉고 학생들이 나가서 강의를 해야 할 것이다. 이렇듯 한 사람이 알고 있는 지식이란 드넓은 모래밭의 한 줌 모래도 안 되는 지엽적이고 단편적인 지식에 불과하다.

이런 지식은 그나마 나은 편이다. 이런 지식은 강의를 듣고 책을 보고 공부하고 토론하면서 습득할 수 있기 때문이다. 이렇게 말과 글로써 전달하고 습득할 수 있는 지식을 명시적 지식이라고 한다. 그런데, 지식의 습득과 관련해 진짜 어려운 문제는 강의를 듣고 책을 보고 공부하고 토론해도 결코 알 수 없는 지식이 있다는 점이다. 즉, 말과 글로써 전달할 수도 없고, 따라서 말과 글을 통해서는 습득할 수 없는 지식이 있다. 이러한 지식을 암묵적 지식이라고 부른다.

예를 들어, 어린아이에게 자전거 타는 법을 이론적으로 알려줄 수는 있다. 어떻게 출발하고, 어떻게 페달을 밟고, 어떻게 균형을 유지하고, 방향은 어떻게 바꾸는지를 알려줄 수는 있다. 이런 것은 명시적 지식이다. 그런데, 이 명시적 지식을 갖추었다고 해서 이 아이가 자전거를 곧바로 탈 수 있는 것은 아니다. 자전거를 타기 위해서는 수차례 넘어지고 하면서 스스로 깨우치고 몸으로 익혀야 하는 부분이 있다. 그 스스로 깨우치고 몸으로 익혀야 하는 부분은 일종의 암묵적 지식이라 할 수 있다.

요리 장인(匠人)이 공개한 레시피(Recipe)대로 음식을 한다고 해서 요리 장인의 음식 맛까지 그대로 따라가기는 어렵다. 거기에는 요리 장인이 전달하고 싶어도 표현하고 전달하지 못하는 그 무언가가 있기 때문이다. 그 무언가를 '손맛'이라고도 할 수 있을 텐데, 이 손맛이 바로 암묵적 지식을 의미한다. 손맛을 어떻게 표현하고 어떻게 전달해야 하나? 손맛을 표현하고 전달할 방법은 없지만, 해당 요리 장인만은 그것에 대해 분명히 알고 있고 활용하고 있다. 그 사람만의 암묵적 지식이기 때문이다.

그런데, 많은 사람이 이 암묵적 지식의 존재를 인식하지 못하고, 또 설혹 인식하고 있다 하더라도 그 중요성을 잘 알지 못한다. 하지만, 현장에서 그리고 현실에서 살아가는 데는 명시적 지식 못지않게 이 암묵적 지식도 중요하다. 아니, 경우에 따라서는 암묵적 지식이 더 중요할 수도 있다. 예를 들어 기업 경영 및 투자와 관련해서 보면 그 점은 뚜렷해진다. 만약 명시적 지식이 더 중요하다면, 기업의 CEO로는 최근의 경영 이론을 섭렵한 MBA 졸업생이 최고일 것이다. 하지만 그들의 연봉은 관록 있는 기업가의 연봉에 비해 훨씬 낮다. 최고의 능력을 발휘하는 기업가 및 투자자들은 학교에서는 결코 배울 수 없는 자신들만의 소위 '감'을 갖고 있다. 사람들은 그것을 '돈 냄새를 잘 맡는다'는 말로 표현하기도 한다. '돈 냄새를 잘 맡는 노하우(know-how)'는 말이나 글로 알려줄 수 없는 그 사람들만의 암묵적 지식이다. 그것이 말이나 글로 전달되는 지식이라면, 공부 잘하는 사람, 박사나 교수 등이 부자가 되어야 하겠지만, 세상을 둘러보면 그런 사람들이 부자인 경우가 그리 많지 않다. 이렇게 보면, 우리가 세상을 살아가는 데에는 명시적 지식보다도 사실은 암묵적 지식이 더 특별하고 더 중요한 지식이라고 할 수도 있다.

사람은 누구나 자신만의 암묵적 지식을 갖고 있다. 암묵적 지식은 현장의 지식이고, 체화된 지식이고, 본인만이 알고 있는 노하우이기 때문에 생활하고 행동하는 사람은 누구나 자기 나름의 암묵적 지식을 갖고 있다. 어떤 지식이 누구에게 있는지를 우리가 모를 뿐이다.[4)]

이렇게 볼 때, 한 개인이 알고 있는 지식이란 것이 얼마나 보잘것없는 것인가. 말과 글로 전달하고 습득할 수 있는 명시적 지식에서조차 한 개인이 가지고 있는 지식이란 빙산의 일각이란 말조차 어울리지 않을 정도로 하찮고 제한적이다. 게다가 암묵적 지식과 관련해서는 어떤 지식이, 어디에, 얼마나 존재하는지 파악조차 할 수 없다. 간단히 말해 우리 인간은 한없이 무지한 존재이다. 우리는 우리가 무엇을 모르는지조차도 모른다. 하이에크(Friedrich v. Hayek)는 이런 무지를 '구조적 무지'라고 불렀다.[5)] 아무리 합리적이고 냉철하게 행동한다고 해도 우리 인간은 바로 이런 무지한 상태에서 선택을 하고 행동을 하는 것이다.

(2) 구조적 무지와 행동규칙

a) 인간의 행동을 안내하는 행동규칙

자신이 무엇을 모르는지조차 모를 정도로 구조적으로 무지하지만, 그럼에도 불구하고 우리는 살아가기 위해서, 그리고 자신의 목적을 이루기 위해서는 행동을 해야 한다. 타인과 부딪히고 사회로 나가야만 한다. 이는 마치 아무것도 보지 못하는 맹인이 처음 가보는 길을 나서는 것과도 같은 상황이다. 그런데, 다행스럽게도 맹인에게는 더듬거리며 나갈 수 있도록 도움을 주는 지팡이나 잘 훈련된 맹인견의 안내를 받을 수 있듯이 인간에게도 행동을 안내하는 역할을 하는 것이 있다. 그것이 바로 행동규칙이다.

무지한 인간이 살아나갈 수 있도록 해주는 행동규칙이라고 해서 어떤 거창한 것이 아니다. 운전하는 사람을 생각해 보자. 차를 몰고 나가는 운전자는 도로의 상태나 교통 상태, 다른 운전자들의 운전습관이나 행태, 다른 운전자들의 운전 숙련도, 그들의 의도나 목적에 대해서 아는 바가 전혀 없다. 즉, 무지하다. 그래도 우리는 비교적 안전하게 운전을 해서 직장도 나가고, 시장도 다녀오고, 여행도 다닌다. 이유는 간단하다. 타인들에 대해 아는 바는 전혀 없지만, 몇 가지 규칙만 지키면 안전하게 운전하고 다니는 데 별다른 문제가 없기 때문이다. 신호등의 파란색은 가라는 표시이고, 빨간색은 멈추라는 표시이다. 우측 방향지시등이 깜빡이는 차량은 우측으로 가겠다는 표시를 하는 것이고, 좌측 방향지시등이 깜빡이는 차량은 좌측으로 가겠다는 표시를 하는 것이다. 보행자 표시는 그 앞에서는 멈추거나 천천히 조심해서 지나가라는 표시이다. 이런 간단한 몇 가지 규칙만 지키면 다른 운전자들이나 보행자들에 대한 지식이 전혀 없더라도 안전운전을 하는 데에는 큰 문제가 없다. 행동규칙이 우리 인간 사회에서 하는 역할도 이와 다르지 않다. 무지한 인간의 행동을 안내하는 행동규칙을 따르면 사는 데 큰 문제 없이 살아갈 수 있다는 말이다.[6]

행동규칙을 간단히 말하면 이른바 황금률(Golden Rule)이라고 할 수 있을 것이다. 공자 말씀 중에 '다른 사람이 내게 하지 않았으면 하는 것을 타인에게 행하지 마라(기소불욕 물시어인: 己所不欲 勿施於人)'는 말씀이 다름 아닌 황금률이다. 누군가가 나를 죽이려 하거나 신체에 위협을 가하는 행위, 누군가가 내 허락도 없이 내 재산을 빼앗거나 가져가는 행위, 누군가 거짓말로 나를 속이고 이익을 챙기는 행위 등을 당하고 싶은 사람은 없다. 따라서 나도 다른 사람들에게 이런 나쁜 짓을 해서는 안 된다. 이게 이른바 황금률이다. 즉, 살인하지 마라, 다른 사람에게 상해를 입히지 마라, 도둑질하지 마라, 남의 재물을 함부로 빼앗지 마라, 거짓말하지 마라 등등의 금지적 성격의 규칙이 행동규칙이다. 간단히 말해, 다른 사람의 자유, 신체, 재산을 침해하지 말라는 것이 행동규칙의 요체라 할 수 있다. 요컨대, '…을 하지 마라'라는 금지적 성격을 갖는 행동규칙이 우리가 구조적 무지에도 불구하고 상대적으로 안전하게 행동할 수 있도록 안내하는 역할을 하는 것이다.

모세의 십계명이나 우리의 옛 조상들 이야기에 등장하는 팔조법금(八條法禁)도 여기서 말하는 행동규칙이라고 할 수 있다. 현재는 8개 중 3개 조만이 전해진다고 하는 팔조법금의 내용은 이렇다. '1) 사람을 죽인 자는 사형에 처한다, 2) 남에게 상해를 입힌 자는 곡물로써 배상한다, 3) 남의 물건을 훔친 자는 데려다 노비로 삼으며, 속죄하고자 하는 자는 1인당 50만 전(錢)을 내야 한다'는 것이다.[7] 모세의 십계명도 또 우리 조상들의 팔조법금도 모두 다 다른 사람의 재산, 신체, 자유를 침해하지 말라는 내용이다.

이런 최소한의 금지적 행동규칙만 지키면 일단은 사람이 큰 문제없이 살아갈 수 있다. 나아가 이웃과도 평화롭게 살아갈 수 있다. 다른 사람의 재산과 신체, 그리고 자유를 침해하지 않으므로 더불어 살아가지 못할 이유가 없다. 이런 행동규칙들은 법, 도덕, 전통, 관습과 풍습 등 여러 모습을 갖추고서 우리의 행동을 안내한다.

이러한 행동규칙들은 무지한 인간이 미래에 대해 정확하게는 아니지만-미래에 대한 정확한 예측은 신만이 할 수 있다-어렴풋하게나마 예측할 수 있게 해 준다. 내가 이렇게 행동하면, 상대는 저렇게 행동할 것이라는 사실을 예측할 수 있게 된다는 말이다. 오른쪽 방향지시등을 깜빡이며 가고 있는 자동차를 보면서 저 차는 곧 오른쪽으로 길을 바꿀 것이라는 사실을 우리는 예측할 수 있다. 또 내가 오른쪽 방향지시등을 깜빡이면 이는 곧 내가 오른쪽으로 방향을 돌린다는 것을 상대에게 알려줌으로써 상대로 하여금 이것을 예측하고 이에 대응할 수 있도록 해준다. 이로써 인간의 구조적 무지는 상당 부분 극복될 수 있다. 즉, 금지적 성격의 행동규칙은 복잡한 세상에서 살아가는 구조적으로 무지한 인간들의 적응의 산물로서 인간의 무지를 어느 정도 극복할 수 있도록 해주는 인간의 위대한 발견이다.

b) 행동규칙의 특성: 보편성과 추상성

모든 규칙이 그러하듯 행동규칙도 규칙으로서의 역할을 하기 위해서는 몇 가지 특성을 갖추어야만 한다. 예를 들어 축구 경기의 규칙이 어느 선수에게만 혹은 어느 팀에게만 차별적으로 적용되고, 경기를 공정하게 진행해야 할 심판이 경기 시작도 하기 전에 이미 어느 팀이 이기도록 만들겠다고 한다면, 그런 축구 규칙은 규칙이라고 할 수도 없다. 마찬가지로 인간의 행동을 안내하는 행동규칙도 그 역할을 제대로 하기 위해서는 갖추어야만 하는 특성이 있다. 그 특성들이란 바로 보편성과 추상성이다.[8)]

행동규칙이 갖는 특성 중의 하나는 보편성 혹은 일반성이다. 여기서 보편성이란 행동규칙은 단 한 사람의 예외도 없이 모든 사람에게 동일하게 적용된다는 의미이다. 행동규칙에는 어떠한 특권도, 특권층도 용납되지 않으며, 또한 어떠한 차별도 용납되지 않는다는 뜻이다. 행동규칙에는 누구는 되고 누구는 안 되는 특권과 차별이란 있을 수 없다. 보편성의 특성에 따르면, 이웃의 힘 센 사람이든 부자든 혹은 그런 사람들로 이루어진 집단이든, 정치인이든 왕이든 혹은 대통령이든, 정부든 국가든 관계없이 어느 누구도 타인의 재산, 신체, 자유를 강제로 빼앗거나 침해할 수 있는 권리를 갖지 못한다.

행동규칙이 갖고 있는 또 다른 하나의 특징은 행동규칙의 추상성 혹은 탈목적성이다. 행동규칙은 의도적으로 설정한 구체적인 목표나 목적 혹은 동기를 가져서는 안 된다는 의미이다. 만일 행동규칙이 구체적인 목표나 목적을 갖게 되면, 그 목표나 목적을 달성하기 위해서 다른 사람이 가진 목표나 목적을 묵살하고 그의 신체, 재산, 자유를 침해할 수 있기 때문이다. 사람들 각자가 추구하는 목적은 제각기 다르기 마련이며, 행동규칙은 바로 이 모든 사람들이 추구하는 목적과는 관계없이 중립적이어야 한다.

이처럼 행동규칙은 보편적이고 추상적이어야 한다. 그래야만 타인의 자유와 재산, 신체를 침해하지 않고 서로가 평화롭게 공존할 수 있다. 만약 행동규칙이 보편적이고 추상적인 특성에서 벗어나 있다면, 이러한 행동규칙은 반드시 타인의 자유와 재산, 신체를 침해함으로써 사회에 커다란 갈등을 초래한다. 마치 축구 경기의 규칙이나 심판이 편파적이고 불공정했을 때 불상사가 발생하는 것과도 같다.

마지막으로 주목할 것은 보편성과 탈목적성을 갖춘 행동규칙이 곧 정의로운 행동규칙이라는 점이다. 사람을 죽이고, 사람을 고의로 다치게 하고, 다른 사람의 자유를 침해하고, 다른 사람의 재산을 강제로 빼앗는 것, 누구에게는 특혜와 특권을 주고 누구는 차별을 하는 것을 정의로운 행동이라고 할 수 없다는 것은 분명하다. 따라서 그런 정의롭지 못한 행동을 금지하는 '금지적 성격의 행동규칙'을 정의로운 행동규칙이라고 부르는 것이다.[9]

(3) 너 자신을 알라!

인간은 자신이 무엇을 모르는지조차 모르는 무지한 존재다. 그런데, 자신이 이렇게 무지하다는 사실을 인식하지 못하고, '나는 다 알고 있다!'는 식으로 행동하는 사람들이 있다. 역사를 봐도 항상 그런 사람들이 존재했었고, 또 지금도 여전히 존재한다. 마르크스 같은 인물이 대표적이며, 사회주의나 공산주의를 주장하고 실행에 옮겼던 사람들, 그리고 집단주의, 간섭주의, 개입주의 정책을 펴면서 '모두가 잘사는 국가'를 만들겠다고 하는 사람들, '모두가 행복한 이상(理想)국가'를 만들겠다고 하는 사람들이 모두 그런 사람들이다.

이들의 공통점은 인간의 이성에 대해 무한한 신뢰를 보내는 사람들이라는 점이다. 이성을 통해 미래를, 사회를, 국가를 설계하고, 그 설계도대로 따라 하면 모두가 행복하고 잘 사는 사회 및 국가를 만들 수 있다고 믿는 사람들이다.

그런데, 이들은 정말 다 알고 있을까? 그럴 리가 없다. 이들이 나보다 더 많이 알고 있을 가능성은 있지만, 그렇다고 해도 그들이 알고 있는 것이란, 앞서 언급했듯이, 세상에 널려 있는 지식에 비하면

'새 발의 피', 즉 조족지혈(鳥足之血)조차도 안 된다. 다 아는 척하는 이들이 실상은 나와 마찬가지로 얼마나 무지한 인간들인지 몇 가지 사례를 통해 살펴보자.

우리 사회가 온통 저출산 문제로 논란이 뜨겁다. 정치인들과 관료들이 이런저런 통계 숫자를 거론하면서 우리나라 출산율이 너무 낮아져 사회적으로 큰 문제라고 한다. 조만간 일할 노동력이 부족해지고, 따라서 연금 재원을 납부할 사람이 부족해 연금 재정 문제도 심각해지고 등등의 여러 가지 우려를 표명한다. 그리고 이어서 출산율을 높여야 한다면서 갖가지 대응책들을 내놓는다. '일과 육아 및 일과 가정의 양립' '출산 장려금' '교육비 감축 방안' '다둥이 축하금 및 지원책' 등 수년간 어마어마한 재원이 들어가는 정책들을 쏟아낸다.

아이를 축복과 희망이 아니라 미래의 노동력 충원과 연금 납부자로 취급하고 바라보는 관점의 도덕적인 문제, 그리고 아이를 적게 낳는 것이 진짜 사회적 문제가 되는 것인지, 그리고 출산율을 높이기 위한 이런 정책들이 성과를 낼 수 있을 것인지 등은 여기서 거론하지 않는다. 다만, 한 가지 언급할 것은 불과 30~40년 전만 해도 '아이들이 너무 많이 태어나 대한민국이 망할 지경이다'라고 하면서 많이 낳지 말라고 했던 그 정부가 다름 아닌 우리나라 정부였다는 사실이다. 당시 포스터의 구호가 '둘만 낳아 잘 기르자' '둘도 많다, 하나만 낳자'였다. 당시에는 아이가 많은 가정에는 아파트 분양에서도 자격을 박탈하는 등 아이가 셋 이상이 되는 이른바 다둥이 가족에게는 여러 분야에서 상당한 불이익을 주었다. 지금의 출산장려 및 다둥이 가족 지원정책과 완전히 정반대로 생각하면 된다.

그래서 드는 의문은 이런 것이다. 그때 정부는 무얼 안다고 그렇게 했을까? 적게 낳아야 한다고 호들갑을 떤 지가 얼마 지나지도 않았는데, 어느 순간부터 갑자기 많이 낳아야 한다고 호들갑을 떠는 것을 보면 정부나 정치인들도 아무것도 몰랐다는 말이다. 그렇다면 지금은 뭘 알고 저출산 문제, 저출산 문제 하는 것일까? 그렇다. 예나 지금이나 마찬가지로 그들도 아무것도 모른다는 것이 맞다.

개입주의, 간섭주의, 복지국가를 주장하는 사람들도 사실은 아무것도 모르면서 자신들은 다 알고 있고, 해법까지도 다 알고 있다는 식으로 행동한다. 국민연금을 보자. 사람들이 나이 들어 경제활동도 가능하지 않은 데 평소 모아둔 돈이 없으면 이른바 노인 빈곤층으로 전락할 수 있다. 어떻게 해야 할까? 개입주의, 간섭주의, 복지를 주장하는 이들의 해법은 간단하다. 국가가 나서서 평소에 돈을 저축하도록 강제하면 된다는 것이다. 이런 식으로 국민의 노후를 보장한다면서 시작한 게 국민연금이다. 정부가 시키는 대로만 하면, 즉 국민연금에 가입해서 열심히 보험료만 내면 노후에 편안하게 연금 받아가며 생활할 수 있다고 국민에게 홍보했다.

정치인들과 고위 관료들의 이 환상적인 청사진이 말도 안 되는 헛된 꿈이라는 사실이 드러나는 데에는 불과 채 몇 년이 걸리지도 않았다. 국민이 내야 하는 보험료는 계속 올려야만 하고, 반대로 국민이 받는 연금은 계속 줄여야만 했다. 물론 아직도 노후보장 운운하고 있지만, 용돈 연금이라는 말이 회자될 정도로 국민연금이 노후보장이 되지 못한다는 사실은 이제 알만한 사람은 다 안다.

국민연금의 액수가 너무 적어 받으나마나한 용돈 연금만이 문제가 아니다. 그것조차도 받을 수 없게 되는 더 큰 일이 벌어질 수 있다. 연금 전문가들이 국민연금의 수입과 지출을 계산해보니 2047~2048년쯤이 되면 지출이 수입보다 많아져 적자가 시작되고, 그로부터 10~15년 뒤인 2060년경이 되면 국민에게 연금으로 돌려줄 돈이 한 푼도 남아 있지 않게 된다. 지금의 20~30대가 연금을 받을 나이가 되면, 국민연금은 파산한다는 말이다. 이것이 '나는 다 알고 있다'면서 국민의 일생을 책임지겠다고 호언장담하는 사람들이 세우는 국민 인생 설계의 민낯이다.

상황이 이쯤 되다 보니 국가가 국민연금을 책임지고 지불하겠다는 국가 지급 보증을 해 달라는 요구들이 나온다. 국가 지급 보증이야 사실상 해도 그만 안 해도 그만이다. 아우성 칠 일도 아니다. 국가가 지급 보증한다는 선언은 하나마나한 선언이기 때문이다. 이 선언은 그야말로 립서비스에 불과할 뿐, 국민에게 연금을 줄 돈이 실제로 없다면 지급하지 못하는 것은 당연하다. 현재의 추세대로라면 연금을 줄 돈은 남아 있지 않게 된다. 결국, 국가 지급 보증 요구는, 공개적으로 말은 안 하고 있지만, 후세들에게 세금 걷어 연금 달라는 말과 같다. 국가 지급 보증이란 세금 걷어 연금 달라는 요구를 교묘하게 위장한 것일 뿐이다. 연금의 국가 지급 보증 주장은 결국 혜택이란 혜택은 현재 세대가 다 누리고, 그에 따르는 부담과 빚은 모두 후손들에게 떠넘기자는 이기적이고도 부도덕한 주장이다. 정상적인 보통의 부모라면 자신의 자식에게 이런 짓을 하지 않는다. 하지만, 집단이 되면 이런 짓을 아무렇지도 않게 한다. 집단에게는 양심이란 없기 때문이다.

최근 컴퓨터가 발달하면서 과거에는 수집하기 어려웠던 정보들을 수월하게 수집할 수 있게 되었고, 따라서 과거에는 정보 수집의 어려움과 이에 따른 정보 부족으로 인해 실행할 수 없었던 사회주의 계획경제 혹은 복지국가 설계가 보다 완벽하게 가능하게 되었다고 주장하는 사람들이 있다. 하지만 어림없는 소리다. 여전히 그 많은 정보들을 수집한다는 것이 불가능할 뿐만 아니라, 설령 그것이 가능하다고 한들 그렇게 수집할 수 있는 지식이란 오직 명시적 지식뿐이다. 사람들 각자에게 분산되어 있으면서 표현하지 못하고 전달하지 못하는 암묵적 지식은 어떻게 수집할 것인가? 전지전능한 신이 아닌 이상 불가능한 일이다.

구조적으로 무지한 존재가 인간이다. 솔직히 자기 자신의 인생조차도 잘 모르는 것이 우리 인간 아닌가. 이렇듯 한없이 무지한 한 인간이 한 번도 만나본 적도 없는 타인의 인생을, 하물며 5,000만 명이나 되는 국민의 인생을 설계해주고 책임지겠다고 나서는 그 무모함은 도대체 어디서 나오는 용기인지 모르겠다. 소크라테스가 말씀하시길 '너 자신을 알라!'고 했고, 하이에크도 '조금 안다고 까불지 말고 제발 겸손해라!'라고 했다.

2장

선택과 가치평가

2장

선택과 가치평가

1. 선택은 필수

희소성이 지배하는 세상이다. 하고 싶은 것, 갖고 싶은 것, 이루고 싶은 것은 많고도 많은데, 그것들을 달성하는 데 필요한 자원들은 매우 제한되어 있다. 그러기에 이 희소한 소중한 자원을 잘 사용해야만 한다.

우리의 욕구에 비해 자원이 희소하다는 것은 하고 싶은 것을 한꺼번에 다 할 수는 없고, 하고 싶은 것 중에서 선택을 해야만 한다는 것을 의미한다. 즉, 어떤 것을 제일 먼저 하고, 어떤 것을 그 다음에 하고, 또 어떤 것은 포기하고 하는 선택을 할 수밖에 없다. 희소성이 지배하는 세상에서 선택은 필수다.[10)]

이때 선택은 아주 넓은 범위에서의 선택일 수도 있고, 반대로 좁은 범위에서의 선택일 수도 있다. 어떤 인생을 살 것인지부터 시작해서 집을 사는 것이 우선인지 자동차를 사는 것이 우선인지 아니면 해외여행이 우선인지 등을 거쳐, 식당에 가서 식사를 할지 아니면 간단히 도시락으로 대신할지, 식사를 한다면 한식, 일식, 중식 중 어떤 것을 먹을지, 중식당을 간다면 짜장면, 짬뽕, 우동 중에서 무엇을 먹을지 등등 세세한 부분까지도 선택은 이루어진다. 어쩌면 사람은 태어나면서부터 죽을 때까지, 그리고 아침에 눈을 뜨면서부터 잠이 들 때까지 선택, 선택, 선택 속에서 살아간다고 해도 과언이 아니다.

2. 선택과 가치평가

선택은 어떻게 이루어질까? 무언가 필요한 것 혹은 불편한 것이 있고, 그것을 해결하거나 그 상황을 개선하기 위한 여러 선택 대안들이 있을 것이다. 그리고, 그 선택 대안들 가운데 심사숙고하여 하나를 선택하게 될 것이다. 그런데, 이런 선택이라는 행위를 하기 위해서는 전제되어야 할 것이 있다. 자신의 목적을 달성하기 위한 여러 대안들이 있는데, 선택을 하기 위해서는 먼저 이 대안들의 우선순위를 가릴 수 있어야 한다. 그리고 우선순위를 가리기 위해서는 그 우선순위를 매기기 위한 판단기준이 필요하다. 그 판단기준을 가치(value) 혹은 가치평가라고 부르는데, 우리는 이 가치평가를 기준으로 선택을 하게 된다.

여기서 가치란 상품이나 서비스 등 어떤 대안이 자신이 생각하는 목표에 얼마나 기여하는가를 개인적이고 주관적으로 평가한 것이다. 이런 면에서 가치는 개인이 느끼는 만족감 혹은 경제학적 용어로 흔히 쓰는 효용(utility)과 같은 의미다. 선택을 할 때 최우선순위는 당연히 본인이 생각할 때 가장 큰 만족을 주는 것, 가장 시급하게 해결되어야 할 것, 가장 절박하고 절실한 것 등이 차지하게 될 것이다. 선택하는 개인이 판단하기에 가장 가치가 높은 것이 가장 최우선순위가 되고, 그다음 가치가 있는 것이 그다음 순서, 그다음 가치가 있는 것이 그다음 순서가 된다. 이렇게 여러 선택 대안들이 개인이 주관적으로 평가한 가치에 따라 순서가 정해지게 되는데, 이것을 개인의 가치 체계라 한다. 사람들은 자신의 이런 가치 체계에 따라 어떤 것은 선택하고 다른 것은 뒤로 미루거나 아예 포기하게 된다.

가치평가 및 가치 체계와 관련하여 한 가지 주의할 점은 이 가치평가 및 가치 체계가 영원히 고정되어 있는 것은 아니라는 점이다. 지금의 가치 체계는 '지금 현재' '여기서'의 개인의 주관적인 가치 체계일 뿐이다. 시간이 지나고 정보가 변경되고 상황이 바뀌면, 이 가치 체계도 바뀔 수 있다. 예를 들어, 평소 짜장면을 좋아해서 중국 음식점에만 가면 짜장면을 주문하는 사람도 쌀쌀한 날씨에는 짜장면보다는 짬뽕이 더 당길 때가 있는 법이다. 또 이렇게 가치평가와 가치 체계가 변경되는 것이 자연스러운 일이다. 사람이 사는 세상은 시시각각으로 상황이 변하고, 매일매일 새로운 정보가 더해지고, 또 수시로 새로운 것들이 등장하기 때문이다.

3. 가치평가는 내가 한다

중국음식점에 가면 사람들이 주문하는 것이 대체로 짜장면 아니면 우동이다. 그리고 몇 번을 같이 가다 보면 어떤 사람은 짜장면을 좋아하고 또 어떤 사람은 우동을 좋아한다는 것을 알게 된다. 각자는 이렇게 각자의 가치평가에 따라 자신들이 좋아하는 음식을 주문하고 식사를 한다.

그런데, 짜장면을 좋아하는 사람에게 '왜? 짜장면이 왜 좋은데?' 라고 물어보는 것만큼 대답하기 난감한 질문도 없을 것이다. 뭐라고 대답할 수가 없기 때문이다. 그냥 '내 입맛에는 다른 것보다 짜장면이 가장 말 맞는다' 정도의 이야기나 할 수 있을 뿐이지, 왜 짜장면이 좋은지 그 이유와 근거를 들어 증명할 방법은 없다. 어차피 증명도 되지 않고 결론도 나지 않을 일이다. 그냥 짜장면을 좋아하는 사람은 짜장면을 주문하고, 우동을 좋아하는 사람은 우동을 주문해서 평화롭고 즐겁게 식사하면 된다.

이 이야기는 어떤 개인의 가치평가와 가치 체계는 그 사람 개인이 생각하고 판단하기에 그렇다는 것이다. 간단히 얘기해서 '그냥 내 생각에는 그래!' 하는 것이다. 개인의 가치평가는 지극히 개인적이고 주관적이고 심리적이라는 뜻이다.

(1) 타인의 가치평가에 대해 주제넘게 간섭하지 마라

그런데 타인의 가치평가에 대해 굳이 시비를 거는 사람들이 있다. 짜장면의 가치를 높게 평가하고 우동의 가치를 낮게 평가하고 있는 사람에게 '네 입맛은 이상해. 중국 음식 하면 역시 우동이지!'하면서 자신의 것만 내세우는 사람이 있다면, 이런 사람이 바로 그런 사람이다.

'중국 음식 하면 역시 우동이지'하는 것은 그 사람의 입맛이고 그 사람의 가치평가일 뿐이다. 그는 그렇게 주문하고 먹으면 된다. 그런데, 자신의 개인적인 평가와 선택을 다른 사람에게까지 받아들이라고 강요해서는 안 된다. 그건 타인의 입맛과 판단, 선택을 완전히 무시하는 일이다. 그것은 그 사람을 음식에 대해 평가와 선택도 제대로 할 줄 모르는 멍청이 혹은 어린애로 보거나 아니면 그 사람을 자신이 주는 대로 먹어야만 하는 노예로 취급하는 것과 다를 바 없는 못된 짓이다.

이런 식의 일들이 어디 있냐고? 우리나라 도처에서 이런 일들이 벌어지고 있다. 일례로, 최근 사회경제적 문제로 부각되고 있는 최저임금과 근로시간 단축을 정부가 강제하는 것을 보자. 최저임금 이하로는 일을 할 수도 없고, 최저임금 이하로는 사람을 고용할 수도 없다. 그렇게 하지 못하도록 법으로 강제하고 있기 때문이다. 강제적인 근로시간 단축도 마찬가지다. 주당 몇 시간 이상은 일을 할 수도 없고 시켜서도 안 된다. 이런 식의 강제를 주장하고 이행하도록 하는 정치인들과 관료들, 그리고 이들을 지지하는 사람들은 그래야만 근로자들이 '인간다운 생활'을 할 수 있다고 한다. 게다가 요즘은 '저녁 있는 삶'에 대해서도 이야기한다. 아마도 이 사람들의 가치 체계에는 인간다운 생활과 저녁 있는 삶이 최상위를 차지하는 것 같다. 즉, 이들은 인간다운 생활과 저녁 있는 삶에 굉장히 높은 가치를 부여하는 사람들일 것이다.

인간다운 생활과 저녁 있는 삶, 다 좋은 말들이다. 누구는 인간다운 생활과 저녁 있는 삶을 마다하겠는가. 하지만 세상은 실로 다양한 사람들이 모여 살아가는 곳이다. 이 세상에는 최저임금 이하의 낮은 임금을 받고도 일을 하고자 하는 사람들이 있고, 그들을 고용해야만 사업 혹은 영업을 지속해 나갈 수 있는 사람들도 있는 법이다. 또 근로시간이 문제가 아니라 더 많은 소득이 필요해서 혹은 자신의 꿈과 야망을 위해 밤을 지새워서라도 일을 하고자 하는 사람들도 있는 법이다. 이런 사람들의 가치 체계에서는 인간다운 생활과 저녁 있는 삶은 우선순위에서 밀려나 후순위에나 있을 것이다. 이처럼 인간다운 생활과 저녁 있는 삶에 대한 서로의 가치평가가 다른 것이다. 사정이 이러함에도 불구하고, 최저임금과 근로시간 단축을 강제하는 것은 타인의 가치평가를 완전히 무시한 채 자신이 평가한 가치와 선택만이 옳다고 강요하는 처사이다.

내가 좋아하는 것, 내가 하고자 하는 것, 내가 가치 있다고 판단하는 것이 무엇인지는 내가 제일 잘 안다. 나 이외의 그 누구도 나만큼 잘 알지 못한다. 그러니 타인의 선호와 그 사람이 평가하는 가치에 대해 주제넘게 간섭하면 안 된다. 주제넘게 간섭하려고 하는 사람들에게는 "너나 잘하세요!"라는 말을 돌려주어야 한다.[11]

(2) '얼마나 더 맛있느냐'고 물어보지 마라!

몸무게가 50킬로그램인 사람 A가 있고, 몸무게가 100킬로그램인 사람 B가 있다. 우리는 B의 몸무게가 A의 몸무게의 두 배다, 혹은 A의 몸무게는 B의 몸무게의 절반이다라고 말할 수 있다. 사람의 키(신장)에 대해서도 마찬가지다. 키가 180센티미터인 사람과 키가 160센티미터인 사람의 신장의 차이는 20센티미터이다. 이렇게 키나 몸무게처럼 객관적으로 측정할 수 있는 것은 비교가 가능할 뿐만 아니라, 수치로 표시할 수 있고, 그 격차까지도 계산이 가능하다.

그런데, 그렇게 할 수 없는 것들도 있다. 개인의 주관적이고 심리적인 가치평가도 그렇게 할 수 없는 것 중의 하나다. 개인이 내린 가치평가는 측정할 수도 없고, 수치로 나타낼 수도 없고, 따라서 계산도 할 수 없다. 오직 어떤 것이 우선순위이고 어떤 것이 나중 순위인지 하는 선후(先後)의 순서만 알 수 있을 뿐이다.

이렇게 보면, 우동보다는 거의 항상 짜장면을 주문하는 사람에게 '짜장면이 우동에 비해 얼마나 더 맛있느냐?'는 질문만큼 어리석은 질문도 없다. 이 질문에 대해 '짜장면이 우동보다 두 배나 맛있다'고 한다면? 말도 안 되는 질문에 말도 안 되는 대답이다. '여자 연예인 A와 여자 연예인 B 중에 누가 얼마나 더 예쁘냐'는 질문도 마찬가지로 바보 같은 질문이다. 개인들 각자가 가지고 있는 가치평가는 수치로 표시할 수 없기 때문이다. 짜장면이 우동보다 맛있다고는 생각하지만, 그것이 얼마나 더 맛있는지를 측정해서 보여줄 수는 없다. 연예인 A가 연예인 B보다 훨씬 예쁘다고 생각은 하지만, 얼마나 몇 배나 더 예쁜지는 말할 수 없다.

이렇듯이 각 개인이 가지고 있는 선호와 가치평가는 그것들의 순서를 정하는 것은 가능하지만, 그것들의 격차가 얼마인지는 측정할 수도 없고 알 수도 없다. 각 개인이 가지고 있는 가치 체계에 대해서는 순서(順序)만이 가능할 뿐이다. 그것은 측정이 불가능하고, 따라서 더하거나 빼거나 곱하거나 나누기를 할 수가 없다.

그런데, 이 개인들의 가치평가를 더하고 빼고 곱하고 나눌 수 있다고 하는 사람들이 있다. 개인들의 효용을 전부 합산하면 사회적 효용함수가 만들어지고, 그것을 극대화하는 정책을 펴면 된다고 주장하는 사람들이 그들이다. 헛소리다.[12)]

우선 사회적 효용함수라는 것을 만들 수가 없다. 사람들이 느끼는 효용은 주관적이고 개인적이며 측정할 수도 없는데, 무엇을 근거로 개인들의 효용을 합산하여 사회적 효용함수를 만들 수 있다는 것인가? 또 설령 어찌어찌해서 사회적 효용함수가 만들어졌다고 하더라도, 이 또한 아무런 소용이 없다. 왜냐하면, 각 개인이 느끼는 어제의 효용과 오늘의 효용이 같지 않을 것이기 때문이다. 술을 좋아하는 사람도 과음한 다음 날 속 쓰리고 머리 아플 때는 쳐다보기도 싫은 것이 술이다. 매시간, 매일 달라지는 사회적 효용함수가 우리가 정책을 만들고 분석하고 대안을 마련하고 하는 데에 무슨 보탬이 되겠는가? 사회적 효용함수 주장은 마치 '짜장면이 우동보다 얼마나 더 맛있느냐?'고 물어보는 것과 같은 바보스러운 주장이다.

(3) 노동가치설 같은 헛소리는 그만!

재화나 서비스의 가치는 그 재화나 서비스를 소비하는 개인이 주관적으로 얼마나 효용을 느끼느냐에 따라 평가된다. 즉, 재화나 서비스에 대한 가치평가는 각 개인이 주관적으로 느끼는 만족감이다. 그래서 동일한 중국 식당에서 만든 짜장면이라는 동일한 음식을 놓고도 내가 평가하는 짜장면의 가치와 다른 사람이 평가하는 짜장면의 가치가 다를 수밖에 없다. 또 같은 마시는 물이라고 하더라도, 사막을 걷고 있는 사람이 평가하는 물의 가치와 시내의 카페에 느긋하게 앉아 마시는 사람이 평가하는 물의 가치는 다를 수밖에 없다.

그럼에도 불구하고 재화나 서비스의 가치가 객관적으로 측정될 수 있으며, 측정된다고 주장하는 사람들이 있었고, 지금도 여전히 그런 사람들이 있다. 그들은 한 사물이 가지고 있는 고유한 물질적, 기술적 속성을 통해 그 사물의 가치를 평가할 수 있고, 따라서 사물들의 가치가 객관적으로 측정되고, 이에 따라 사물들의 가치도 객관적으로 비교될 수 있다고 주장한다.

대표적인 것이 마르크스주의자들의 노동가치설이다. 그들은 재화나 서비스가 갖고 있는 고유한 물질적, 기술적 속성들 중 모든 것에 공통으로 들어가는 속성을 노동이라고 보았다. 따라서 이 노동이 투입되는 시간을 기준으로 재화와 서비스의 가치를 평가할 수 있다고 한다. 아주 간단하게 얘기해서,[13] 짜장면 만드는 데 들어간 노동시간이 10분, 우동 만드는 데는 15분, 짬뽕 만드는 데는 20분이 걸린다고 하면, 노동시간이 가장 긴 짬뽕의 가치가 제일 높고, 그다음이 우동이고, 그리고 노동시간이 가장 짧은 짜장면의 가치가 제일 낮다는 식이다. 그리고 이런 측정치에 따르면, 짬뽕은 짜장면에 비해 두 배나 가치가 높다고 할 수 있다.

그런데, 이것이 말도 안 되는 것이라는 사실은 우리의 주변만 둘러봐도 금방 알 수 있다. 노동가치설에 따르면, 같은 의자를 만드는데 숙련공은 5시간이면 완성하고, 비숙련공은 10시간을 일해야 완성한다고 할 때, 비숙련공이 만든 의자가 숙련공이 만든 의자에 비해 두 배의 가치가 있다고 해야 한다. 또 광산 깊숙이 들어가 어렵게 캐낸 다이아몬드와 지표면에 나와 있어 줍다시피 쉽사리 얻은 다이아몬드의 가치는 다르다고 해야 한다. 경험 많은 요리사가 뚝딱 만든 맛있는 짜장면보다 경험이 없는 요리사가 허둥지둥 만들다 보니 시간도 많이 걸리고 맛도 없는 짜장면에 더 높은 가치를 주어야 한다는 말이다. 이런 식의 판단을 하게 하는 노동가치설은 말도 안 되는 허구요 억지다.[14]

다시 한번 강조하면, 재화와 서비스의 가치는 어떤 재화나 서비스가 개인이 필요로 하는 것을 얼마만큼 만족시켜 주는가에 대한 개인의 주관적인 판단이다.

4. 선택과 비용

여러 가지 선택 대안들 가운데 하나를 택하고 다른 것을 포기하는 선택을 할 때 반드시 고려해야 할 비용이 있는 반면에, 고려 대상에서 반드시 배제해야 하는 비용도 있다. 고려해야 할 비용을 고려하지 않을 때 혹은 배제해야 할 비용을 배제하지 않을 때는 엉뚱한 선택을 할 수가 있다.

(1) 기회비용: '세상에 공짜는 없다'

선택 대안 중에서 취사선택을 할 때 반드시 고려해야 하는 비용에는 기회비용(opportunity cost)이라는 것이 있다. 기회비용이란 여러 선택 대안들 가운데 하나를 선택함으로써 포기하게 되는 나머지 대안들 중 가장 가치가 큰 것의 가치를 말한다. 대안 A, B, 그리고 C가 있고, 그것들의 가치 순위가 A〉B〉C라고 할 때, A를 선택했다면 포기하게 되는 B와 C 중 우선순위가 높은 것, 즉 B의 가치를 기회비용이라 부른다.[15)]

기회비용의 예를 들면 다음과 같다. 요리사 자격증을 딴 한 청년이 음식점 주방장으로 취직을 했다. 그의 1년 연봉은 4,000만 원이다. 1년이 지나자 음식에 대해 자신감도 생겼고, 식당 운영도 잘할 수 있겠다는 생각이 들어서 주방장을 그만두고 독립을 했다. 1년 동안 독립적으로 식당을 운영하고 나서 결산을 했는데, 3,000만 원의 이익을 보았다. 이 청년의 선택은 잘한 선택이었을까 잘못한 선택이었을까?

회계학적으로만 보면, 이 청년에게 3,000만 원이라는 이익이 생겼으므로, 잘한 선택일 수 있다. 하지만 경제학적으로 보면 전혀 다른 결론이 나온다. 독립해서 식당을 운영하겠다는 선택을 함으로써 이 청년은 주방장으로서 일하면서 받을 수 있는 기회, 즉 연봉 4,000만 원을 포기했다. 독립적으로 식당을 운영하는 데 4,000만 원의 기회비용이 들어간 것이다. 이제 이 기회비용을 고려하여 결산을 하게 되면, 이 청년의 선택이 잘못되었음이 드러난다. 이 청년은 독립하면서 포기한 것, 즉 기회비용 4,000만 원에 미치지 못하는 3,000만 원의 수익을 올리면서 결론적으로 오히려 1,000만 원을 손해 본 것이다.

선택과 관련해서 왜 경제학에서는 이런 기회비용이라는 이상한(?) 이름의 비용을 들먹일까? 선택할 때 기회비용에 주목해야 하는 이유는 크게 두 가지로 볼 수 있다.

하나는 기회비용을 고려해야만 선택의 비용을 정확하게 파악할 수 있고, 그래야만 올바른 선택을 할 수 있기 때문이다. 혹은 역으로 잘못된 선택을 배제할 수 있기 때문이다. 앞서 주방장 자리를 포기하고 독립적으로 음식점을 차린 이 청년은 기회비용을 고려하지 않는다면 3,000만 원의 이익을 남긴 올바른 선택을 한 것이 된다.

하지만 기회비용을 고려하면 실제로 이 청년의 선택은 잘못된 선택이었다. 1,000만 원의 손해를 보았기 때문이다. 이처럼 어떤 선택이 올바른 선택인지 아닌지를 제대로 알기 위해서는 기회비용을 반드시 고려해야만 한다.

기회비용에 주목해야 하는 두 번째 이유는 기회비용을 이해하게 되면 '세상에 공짜는 없다'는 말의 의미를 제대로 이해할 수 있기 때문이다. 예를 들어 정부가 무상의료를 시행한다고 하면, 국민은 의료서비스를 공짜로 받을 수 있다. 하지만 의사와 간호사 그리고 그곳에서 근무하는 직원들이 '이슬만 먹고 사는 사람들'이 아닌 이상 이들에게 임금을 주어야만 한다. 또 병원과 의원을 설립하고 운영하는 비용과 각종 기기들을 구입하고 운영하는 비용도 지출되어야만 한다. 이 돈은 누가 지불할까? 이 돈은 결국 국민으로부터 세금을 걷어서 줄 수밖에 없다. 무상의료라고는 하지만, 사실상은 '무상의료'가 아닌 '세금의료'인 셈이다. 무상의료를 위해 세금을 내는 납세자는 그 돈으로 벽걸이형 대형 TV를 살 계획을 세웠거나 아니면 가족여행을 계획했을 수 있다. 무상의료를 위해 내는 세금은 그가 그 돈으로 할 수 있었을 이런 기회를 박탈함으로써 기회비용을 발생시킨다. 이처럼 기회비용의 개념을 이해한다면, 무상의료가 공짜가 아니라는 점, 그리고 공짜를 외치는 정치인들이 국민에게 거짓말을 하고 있다는 것을 어렵지 않게 이해할 수 있다.

증세 논란을 피하기 위해 다른 곳에 쓸 돈을 줄여서 그 돈으로 무상의료를 하면 된다는 정치인들도 있다. 이런 식의 무상의료 주장

또한 거짓말이다. 다른 곳에 쓸 돈을 줄인다는 말은 예를 들어 국방이나 교육, 서민주택 건설, 환경보호 예산의 전부 혹은 일부분을 포기한다는 말이다. 즉, '다른 곳에 쓸 돈을 줄인다'는 말은 기회비용이 들어간다는 말과 의미가 똑같다. 이렇게 봐도 또 저렇게 봐도 기회비용은 발생하기 마련이고, 세상에 공짜는 없다.

우리가 통상적으로 생각하는 이른바 경제적인 영역에서만 기회비용이 문제되는 것은 아니다. 아름답게만 보이는 동화 속 세상에도 선택과 기회비용의 문제는 있다. 효녀 심청이 직면했던 선택의 문제를 보자. 자신의 목숨을 바쳐 아버지 심봉사의 눈을 뜨게 해주는 것도 효녀가 할 수 있는 일이고, 죽지 않고 살아서 앞을 못 보는 심봉사를 극진히 모시는 것도 효녀가 할 수 있는 일이다. 하지만 두 가지를 모두 다 할 수는 없었기에 효녀 심청은 전자(前者), 즉 심봉사의 눈을 뜨게 해주기 위해 자신의 목숨을 바치는 선택을 했다. 이때 효녀 심청의 기회비용은 자신이 아버지 심봉사와 함께 살면서 아버지를 극진히 모실 수 있는 기회의 상실이다. 또 다른 동화 인어공주에서도 인어공주가 사랑에 빠져 사람이 되기 위해서는 소중한 다른 하나를 잃어야 한다. 즉, 사람이 되기 위해 치러야 했던 그녀의 기회비용은 세상에서 가장 아름답다는 그녀의 목소리를 상실하는 것이다. 동화 속 세상에도 공짜는 없다.

결혼을 안 하는 여성들이 늘고 있는 현상의 원인이 여러 가지 있겠지만, 기회비용도 중요한 하나의 원인이라고 할 수 있다. 여성들이 과거에 비해 결혼, 출산 및 육아로 인해 직업과 승진 등 포기해야 하는 기회비용이 굉장히 높아졌기 때문이다.

기회비용의 개념을 이해하게 되면 세상에는 '당연히' 주어야 하는 것도 없고 또 '당연히' 받아야 하는 것도 없다는 것을 알게 된다. 그와 더불어 소중한 자원을 어떻게 사용하는 것이 잘 사용하는 것인지를 언제나 따져볼 필요가 있음을 인식하게 된다. 이것이 이른바 경제학적 사고방식의 출발이다.[16] 기회비용을 이해하는 것이야말로 경제학적 사고의 출발점이라 할 수 있다.

(2) 매몰비용: '이미 엎질러진 물'

선택을 할 때 사람들을 종종 혼란에 빠뜨리는 비용이 하나 있다. 이름하여 매몰비용(sunk cost)이라는 것인데, 쉬운 말로 풀어서 표현하면 '이미 엎질러진 물과 같이 일단 지출되면 다시 주워 담을 수 없는 비용' 정도 된다. 이런 사정을 세간(世間)에서는 일수불퇴(一手不退)라고 부를 수 있을 것 같다. 결론부터 말하자면, 선택할 때 이 매몰비용은 깨끗이 잊어버리는 것이 좋다.

매몰비용의 상황은 이런 상황이다. 괜찮은 영화가 들어왔다고 해서 8,000원을 내고 영화관에 들어갔다. 영화가 시작되고 얼마 지나지 않았는데, 영화가 기대했던 것과는 달리 지루하고 너무 재미가 없다. 하품도 나고 졸리기까지 하다. 계속 앉아서 이 지루한 영화를 보고 있을 것인가, 아니면 당장 자리를 박차고 나가 다른 일을 할 것인가? 자리를 털고 나오려니 입장료로 냈던 8,000원이 아깝다. 그렇다고 영화가 재미없으니 환불해 달라고 할 수도 없다. 이 8,000원에 발목이 잡히면 아까운 시간만 낭비하면서 지루하기 짝이 없는 영화를 계속 보는 멍청한 선택을 하게 된다. 이미 낸 돈, 그리고 돌려받을 수도 없는 돈 8,000원은 잊는 게 상책이다. '이미 엎질러진 물'이기 때문이다.

언젠가 갓 결혼한 여성이 신문에 상담을 신청한 내용과 그에 대한 변호사의 답변이 바로 매몰비용과 선택의 관계를 잘 보여주기에 소개하면 다음과 같다. 제목은 "신혼여행 돌아오자마자 이유 없이 '파혼 선언', 어떡하나요"다. 1년 전 지인의 소개로 만났고, 남성 쪽에서 적극적으로 나와서 1년 사귄 후 결혼까지 했다. 결혼까지는 별다른 문제가 없었다. 그런데, 결혼하고 유럽으로 신혼여행까지 다녀온 후 남성이 말도 없이 집을 나가버린 채 만나주지도 않고 연락조차 잘 안 되고 있다. 그러면서 메일로 파혼하자고 연락이 온 것이다. 황당한 일을 당한 이 여성은 결혼생활을 계속 유지하도록 강제하는 법은 없는지, 지금까지 들어간 비용은 회수가 가능한지 등을 문의했다. 이에 대해 자세히 상담해 준 변호사가 마지막에 이런 말을 한다. "아무쪼록 가망 없는 남친은 빨리 포기하시고 더 이상 뒤는 돌아보지 마시길."[17] 그렇다. 이게 바로 다름 아닌 매몰비용과 관련된 현명한 선택이다.

새만금 사업이나 행정도시 건설 등 국책사업을 계속해야 하느냐 아니면 중단해야 하느냐의 문제도 대부분 매몰비용과 연관시켜 판단하면 선택이 분명해진다. 이런 사업들을 중단하느냐 아니면 계속 추진하느냐를 두고 종종 논란이 벌어지는데, 이와 관련해 논의되는 내용을 보면 지금까지 들어간 돈이 몇 조원이나 되는데 이제 와서 멈출 수 없다는 이야기가 대부분을 차지한다. 이런 식의 판단은 모두 매몰비용에 대한 인식이 부족한 탓이다. 그 사업에 지금까지 들어간 비용은 회수할 수 없는 비용, 즉 매몰비용이다. 앞에서도 언급했듯이, 매몰비용을 근거로 사업의 계속이냐 아니면 중단이냐를 판단하는 것은 어리석은 짓이다. 사업의 계속이냐 중단이냐를 판단할 때는 지금까지 들어간 비용은 잊는 것이 상책이다. 그리고 지금 현재부터 얼마나 더 많은 자금이 투입되어야 할 것인지, 그리고 그만한 자금을 투입해서 사업이 종료되면 그로부터 어떠한 이득이 있을 것으로 기대되는지를 비교하여 판단하는 것이 합리적이다. 이미 쏟아진 물을 쓸어 담으려 해봤자 아무런 소용도 없다.

매몰비용에 집착하는 경향은 개인보다는 집단이 더 심하다고 한다. 이는 앞서 말한 국책사업의 경우 사람들이 개인의 선택에 비해 매몰비용에 훨씬 심하게 집착한다는 뜻이다. 특히 정부나 정치인들의 경우 매몰비용에 매우 강하게 집착한다. 분명히 잘못된 것임에도 불구하고 일종의 오기를 부려 계속 추진한다. 추진하던 국책사업을 포기하게 되면 본인 정책의 실책을 인정하는 꼴이 되기 때문이다.[18] 하지만 정부와 정치인이 매몰비용에 매몰되어 허우적거릴수록 경제는 더 어려워지고 국민의 부담은 더 늘어날 뿐이다.

3장

3장 시장경제의 원리

1. 세 가지 종류의 질서와 시장경제
2. 시장경제와 정의(正義, Justice)
3. 사유재산권의 의미와 중요성
4. 분업과 전문화
5. 교환의 의미
6. 국제적 교환의 이점과 오해들
7. 시장경제에서의 경쟁과 협력,
   그리고 보이지 않는 손

3장

시장경제의 원리

우리는 시장경제질서 속에서 살아가고 있다. 위키백과에 따르면 시장경제란 "분업에 의해 생산된 재화와 용역(서비스)을 자유 가격 체제의 수요와 공급 관계에 의해 분배하는" 시스템이다. 인류는 이 시장경제를 통해 엄청난 번영을 이루어왔다. 시장경제가 활성화되기 전인 200년~300년 전까지만 해도 인류는 전 역사를 통해 가난에서 벗어나 본 적이 없다. 시장경제가 본격화되기 시작하면서 비로소 인류는 가난에서 탈피하고 나아가 번영과 풍요를 누리게 되었다.

시장경제가 가져다준 번영과 풍요를 보기 위해서는 멀리 갈 것도 없이 대한민국과 북한의 비교할 수도 없을 정도의 엄청난 경제적 격차를 보면 된다. 잘 알다시피 우리는 같은 민족이다. 언어, 문화, 역사, 풍습, 관습 등 모든 것이 같았고, 또 해방 이후 그렇게 같은 출발선상에서 출발했다-사실은 북한의 출발선이 대한민국에 비해 훨씬 앞서 있었다-. 대한민국과 북한이 서로 달랐던 것은 오직 경제질서였다. 대한민국은 시장경제질서를 택했고, 북한은 사회주의 통제경제질서를 택했다. 바로 이 순간의 선택이 대한민국과 북한을 이른바 천당과 지옥으로 갈랐다. 대한민국에서는 살찌지 않기 위해 일부러 굶는 다이어트를 할 정도의 풍요를 누리는 반면에, 북한에서는 수백만 명이 굶어 죽고, 굶어 죽지 않기 위해서는 목숨을 걸고 북한을 탈출해야 하는 기막힌 참극이 벌어지고 있다.[19]

그런데, 아이러니하게도 이런 기적과도 같은 번영과 풍요를 가져다준 시장경제를 오히려 비난하고 공격하고 파괴하려는 일들이 벌어지고 있다. 인간이 공기가 없으면 살 수 없음에도 불구하고 공기의 소중함을 까맣게 잊고 사는 것처럼, 번영과 풍요를 가져다준 시장경제의 존재는 까맣게 잊어버린 채 그저 번영과 풍요만을 기억하기 때문이다. 그래서 점점 더 많은 사람들이 우리가 지금 누리고 있는 번영과 풍요가 마치 저절로 이루어진 것처럼, 따라서 시장경제가 아니더라도 앞으로도 이런 번영과 풍요가 지속될 것이라는 착각에 빠지곤 한다. 심지어는 시장경제는 나쁘고 사악한 시스템이기 때문에 다른 정의로운 경제시스템으로 바뀌어야 한다는 주장까지도 힘을 얻고 있다.[20]

시장경제를 전면적으로 부정했던 사회주의 실험은 70년 만에 참담한 결과를 낳고 종료되었지만-물론 북한에서는 여전히 진행 중이다-, 사회주의의 변종인 개입주의는 제철을 만난 듯 점점 확대되어 가고 있다.[21] 정부가 시장에 적극적이고 직접적으로 개입하는 개입주의가 사회주의의 변종이라는 것에서도 알 수 있듯이, 개입주의의 종착역은 사회주의다. 그리고 그 길은 하이에크가 강조했듯이 '노예로의 길'이다.[22]

우리가 지금 누리고 있는 풍요와 번영을 유지하고 나아가 앞으로도 지속적인 발전을 이룩하기 위해서는 시장경제 원리에 대한 이해가 그 어느 때보다도 중요하고 또 필요한 이유다.

1. 세 가지 종류의 질서와 시장경제

질서(Order, Ordnung)란 우리 인간의 행동을 안내하고 규율하고 조정하는 규칙들의 총체를 말한다. 헌법과 각종 법률, 전통과 관습, 도덕, 관례, 풍습 등이 이 규칙들의 총체를 구성한다. 경제질서란 이 중에서 경제생활과 관련되어 사람들의 경제활동을 안내하고 규율하고 조정하는 규칙들의 총체를 말한다.[23]

이러한 질서가 어떻게 형성되는가에 따라 질서의 종류를 세 가지로 구분한다. 자연적 질서, 인위적 질서, 그리고 자생적 질서가 그것이다.[24]

자연적 질서는 말 그대로 자연 상태에서 본능에 따라 형성된 질서를 말한다. 이런 점에서 자연적 질서를 본능적 질서라고도 부를 수 있을 것이다. 이 자연적 질서를 이해하기 위해서는, 특히 자연적 질서가 어떤 특성을 가지고 있는지, 그리고 왜 그런 특성을 갖게 되었는지를 이해하기 위해서는 인류 초기 단계의 원시공동체에서의 인간의 생활이 어떠했는지를 들여다볼 필요가 있다. 원시사회의 대표적인 생활 형태는 15~40여 명의 성인들로 구성된 씨족이나 부족 단위의 군집으로서 수렵과 채집으로 살아가는 소규모사회였다. 이런 사회는 옆에 누가 사는지, 어떻게 사는지 서로가 서로에 대해 속속들이 알고 있는 이른바 대면(對面, face to face) 사회다. 더구나 집단의 구성원들은 모두 피붙이들이다. 그런데, 이 씨족의 울타리 너머는 위험한 세상이다. 다른 인간 집단이나 사나운 짐승의 공격을 받을 수 있다. 사냥도 혼자서는 하기 어렵고 위험하다. 그래서 만약 집단에서 왕따를 당하거나 밖으로 내쳐지는 순간 목숨을 장담하기 어렵다. 따라서 어떻게 하든 집단 내에서 살아야 한다. 족장과 집단의 명령에 복종하고 그 명령에 따라 일사불란하게 움직여야 개인도 생존하고 집단도 보존된다. 그래서 원시공동체에서는 연대하고 단결하고 협동해야만 하고, 나아가 공동 작업과 함께 공동 소유가 지배적인 삶의 방식이 되지 않을 수 없었다. 이것이 자연적 질서의 특성이다.

우리 인간은 이런 연대, 협동, 단결, 공동체의 질서 속에서 3백만 년 내지 4백만 년을 살았다.[25] 이렇게 오랜 기간 단결과 연대의 규범이 인간들의 생활을 지배하다보니 이것이 "인간의 본능 속에 깊이 고착되었고, 따라서 아직도 오늘날의 인간들의 감정 속에 정착되어 있다. 하이에크는 이러한 감정을 '원시 부족의 정신 태도'라고 말하고 있다. 본능적인 태도, 가치 및 행동행태들은 지금까지 유전적으로 세대 간 전수되는 것으로 간주되고 있다."[26] 그런데 공동체

내부에서의 단결과 연대의 강조는 다른 한편 외부 및 외부인에 대한 배척을 수반한다는 점을 간과해서도 안 된다. 이런 면에서 외부인이나 외국인을 경계하고 배척하거나 멸시하는 마음이나 혈연, 학연, 지연 등에 매달리는 행태들은 이런 원시 부족의 정신 태도가 남긴 잔재라 할 수 있다.

두 번째 종류의 질서는 인위적 질서다. 이 질서는 사람들이 특정 목적을 가지고 이 목적을 달성하기 위해 의도적으로 만든 질서로서 통상 우리가 조직이라고 부르는 것들이 여기에 속한다. 친목을 목적으로 한 순수한 사적인 조직부터, 교육을 목적으로 한 학교 조직, 포교를 목적으로 한 종교 조직, 생산과 판매 및 이윤을 목적으로 한 기업 조직, 그리고 국민의 생명과 자유와 재산을 지키기 위한 국가 조직 등이 모두 인위적 질서다. 이들 인위적 질서의 특징은 해당 조직을 형성한 사람의 의도가 반영된 공동의 목적이 존재한다는 점, 그리고 그 목적을 추진하기 위해 필요한 의도적인 조직 설계와 위계질서가 존재한다는 점이다.

마지막 세 번째 종류의 질서는 자생적 질서다. 자생적 질서는 인간의 행동에 의한 것이기는 하지만 인간이 계획하거나 의도해서 만들어진 질서가 아니다. 사람들이 각자 자신의 의도와 목적을 갖고 행동하는 과정에서 의도하지 않게 생겨난 질서가 자생적 질서다. 이런 의미에서 자생적 질서를 '의도적 행위의 무의도적 결과'라고 한다. 자연적 질서가 인간의 본능에 기초한 질서, 그리고 인위적 질서는 인간의 이성에 기초해서 의도되고 설계되어 만들어진 질서라고 한다면, 자생적 질서는 본능과 이성 어디에도 속하지 않는 제3의 영역의 질서다.

이런 자생적 질서의 대표적인 사례가 언어와 시장, 그리고 화폐다. 누군가가 어느 날 한국말을 만들어서 쓰자고 해서 만들어진 것이 아니라, 타인과 의사소통을 하고자 수도 없이 말을 주고받는 과정에서 한국말이라는 언어가 자생적으로 생겨났다. 교환의 불편을 해소하는 화폐 역시 누군가가 의도적으로 이것을 화폐로 사용하자고 해서 생겨난 질서가 아니라 기나긴 역사 속에서 무수히 많은 시행착오를 겪으면서 자생적으로 생겨난 질서다.

시장경제도 마찬가지로 자생적 질서의 대표적인 사례다. 누군가가 어떤 목적을 갖고 시장을 만든 것이 아니고, 사람들 각자가 자신의 욕구를 충족시키고자 하는 의도를 갖고 행동하는 과정에서 의도하지 않았지만 시장이 자생적으로 생겨났다.

이렇게 형성되는 자생적 질서의 특징은 장구한 세월 속에서 무수한 시행착오를 거치면서 진화해 온 결과이면서 지금도 여전히 진화 중이라는 사실, 추구하고자 하는 공동의 목적이 없다는 점, 그리고 공동으로 추구하는 목적이 없기에 그것을 추진할 수직적 위계가 존재하지 않는다는 점이다. 즉, 자생적 질서인 시장경제는 각자가 동등한 입장에서 각자 자신이 가지고 있는 목적을 자유롭게 추구할 수 있도록 함으로써 인류 역사상 처음으로 번영과 풍요를 안겨 준 경제 질서다.

시장경제 질서가 다른 질서들과 분명히 구분되며 또 그에 따른 독특한 특성을 갖고 있기에 자생적 질서로서의 시장의 이런 특성들을 배제하거나 대체하는 행위는 커다란 혼란과 부작용을 불러온다. 시장경제를 중앙계획경제로 대체하는 행위, '공정한 시장경제' 혹은 '공평한 분배' 등을 이유로 시장경제에 적극적이고 직접적으로 개입하는 정부의 행위 등은 자생적 질서로서의 시장을 배제시키고, 그것을 인위적 질서로 변질시키는 일이다. 이런 행위들은 우리가 흔히 '시장의 정치화' 혹은 '시장의 사회화'라 부르는 것으로서, 그것은 경제적 피폐와 자유의 침탈로 이어진다는 것이 역사가 증명하고 있는 사실이다.

또한, 연대와 단결, 협동과 공동체를 부르짖는 복지국가 건설은 자생적 질서인 시장경제질서를 본능에 충실한 자연적 질서로 대체하고 현대 문명사회를 원시공동체로 되돌리고자 하는 어처구니없는 시도다. 이런 반역사적이고 반문명적이며 수구적(守舊的)인 복지국가 건설이 실패하지 않는다면 그것이 오히려 이상할 것이다.

2. 시장경제와 정의(正義, Justice)

몇 년 전 우리나라에서 선풍적인 인기를 모으며 베스트셀러가 되었던 책이 하나 있다. 마이클 샌델(Michael Sandel)의 《정의란 무엇인가》란 책이다.[27] 이 책의 저자인 샌델은 책의 앞부분에서 미국의 한 지역에 태풍이 몰아쳐서 집과 재산과 가족을 잃고 비참한 지경에 처한 사람들에 대한 묘사로 글을 시작한다. 그리고 이어서 이들이 긴급하게 필요로 하는 잠을 잘 곳, 먹을 것 등의 가격이 급등한 현상을 지적하면서 넌지시 시장경제는 정의롭지 못하다고 비판한다. 사람들이 불행을 당해 어려움에 처해 있는 그 틈을 노려 돈을, 그것도 가격을 크게 올려서 많이 벌려고 하는 시장경제 시스템은 정의로운 시스템이 아니라는 것이다.

시장경제의 논리에 따르면, 재난 지역이기 때문에 잠잘 곳과 먹을 것은 귀해진 반면, 그것을 필요로 하는 사람들은 넘쳐나기 마련이고, 당연히 수요와 공급의 원리에 따라 그것들의 가격은 뛸 수밖에 없다. 가격의 급등은 시장경제에서 어떤 이유에서든 극히 희소해진 자원이 분배되는 기본원칙이다. 그리고 가격의 급등은 많은 이익을 기대하는 공급자들의 공급을 급격하게 증가시켜 희소성을 신속하게 완화시키는 역할을 한다.

시장의 이런 원리는 샌델보다 200여 년 전에 살았던 연암 박지원도 이미 꿰뚫고 있었다. 조선 정조 시절인 1791년 흉년이 극심해 도성인 한양(서울)의 곡물값이 치솟았다. 그러자 이 기회에 큰돈을 벌어보고자 전국의 곡물상들이 한양으로 몰려들었고 매점매석도 횡행했다. 당시 조정의 관리들은 시중의 곡물 가격을 통제하고 매점매석을 하는 상인들을 처형해야 한다는 의견을 정조에게 건의하였다. 이때 박지원은 이런 의견을 올린다. "옛사람이 시장에 인위적으로 개입하여 그 흐름을 교란하지 말라고 경계한 까닭은 무엇 때문이겠습니까? 상인이란 싼 곳의 물건을 가져와 비싼 곳에다 파는 존재이며, 백성과 나라는 그 도움을 받고 있습니다. 진실로 장사하는 데 이익이 없다면 뒤도 돌아보지 않고 가버릴 게 뻔합니다. 무엇 때문에 값을 내려서 팔려고 하겠습니까? 지금 이 명령을 시행한다면 한양의 상인들은 장차 곡물을 다른 데로 옮겨가 버릴 것입니다. 또한, 매점매석을 막는다면 서울로 오던 사방의 곡물상들이 그 사실을 전해 듣고는 필시 다시는 한양으로 들어오지 않을 것입니다. 이렇게 되면 한양의 식량 사정은 더욱더 어려워질 것입니다."[28)]

그런데, 샌델에 따르면 이런 시장경제의 원리가 정의롭지 못하다는 것이다. 이와 관련하여 우선 살펴볼 것은 시장이 정의롭다 혹은 정의롭지 못하다고 판단할 수 있는 대상이냐 아니냐 하는 것이다. 결론부터 말하자면, 시장은 정의와는 아무런 관련이 없다. 그 이유는 시장은 무엇을 이루겠다거나 무엇을 해야 한다는 어떤 의도나 목적을 갖고 있지 않기 때문이다. 어떤 의도나 목적도 갖고 있지 않는 것에 대해 무엇을 근거로 정의롭다 혹은 정의롭지 못하다는 판단을 내릴 수 있을까?

예를 들어, 국가는 국민의 자유와 재산과 생명을 보호하고 지키기 위해 만든 것이라고 한다. 즉, 국가는 특정한 의도와 목적을 갖고 만들어진 조직이다. 따라서 국가가 정의로운가 혹은 정의롭지 않은가는 국가의 행동을 이 의도와 목적에 비추어 판단할 수 있다. 국민의 자유와 재산을 지키지 못하고 오히려 그것을 스스로 침해하는 국가는 정의롭지 못한 국가다.

그런데, 시장은 애초부터 어떤 의도와 목적을 갖고 만들어진 것이 아니다. 앞에서 보았듯이, 사람들이 먼 옛날부터 일정한 행동규칙들을 지키면서 자신들의 상태를 개선하기 위해 이런저런 시도를 하는 과정에서 자생적(spontaneous)으로 생겨난 것이 시장이다. 이렇게 자생적으로 생겨난 것 중의 대표적인 것이 또한 언어다. 우리가 쓰고 있는 한국말은 누가 어떤 의도를 갖고 만든 것이 아니라 의사소통을 하는 과정에서 자생적으로 형성된 것이라는 말이다. 그런데, 이렇게 형성된 우리 한국말에 대해 정의롭다 아니면 정의롭지 못하다는 판단이 가당키나 한 일인가? 시장에 대해 정의(正義) 운운하는 것도 마찬가지다.

또 샌델은 시장경제가 정의롭지 못하다고 비판은 하면서도 그것을 대체할 수 있는 대안에 대해서는 끝까지 전혀 언급하지 않고 있다. 그는 왜 가격에 의해 배분되는 시장경제 시스템이 정의롭지 못하다고 하면서 그것을 대체할 수 있는 '정의로운' 배분 시스템에 대해서는 끝까지 언급하지 않는 것일까? 아마도 그의 머릿속에는 시장경제를 대체할 수 있는 '정의로운' 배분 시스템이 없기 때문은 아니었을까? 의심스럽다고 생각한다면, 스스로에게 한 번 이렇게 질문해보라.

당신은 부산 해운대에 위치한 한 호텔의 주인이다. 이 호텔은 객실 100개를 갖고 있다. 때는 한여름 휴가철이다. 호텔 주인으로서 당신은 호텔 방들을 당신 마음대로 배분할 수 있는 전권(全權)을 갖고 있다. 잘 알다시피 한여름 해운대에는 피서객들이 하루에도 수십만 명에서 백만 명 이상도 몰리는 곳이다. 이들에게는 잠잘 곳이 필요하다. 하지만 해운대 근처에서 숙박할 수 있는 호텔, 모텔, 여관 등을 모두 다 합해봐야 이들을 수용하기엔 턱없이 부족하다. 이런 기회를 틈타 다른 숙박업소에서는 모두 가격을 많이 올렸다. 하지만 당신은 그것은 바가지요금으로서 사람들이 더위를 피해 몰려온 것을 기회로 돈을 버는 것은 정의롭지 못하다면서 가격을 올리지 않았다. 그 소식을 접한 피서객들이, 예를 들어 1,000명이나 되는 피서객들이 당신 호텔로 몰려 들어왔다. 이제 전권을 갖고 있는 당신이 마음 내키는 대로 100개의 방을 1,000명의 사람들을 상대로 배분해 보는 것이다. 물론 그냥 배분하는 것이 아니라 '정의롭게' 배분해야 한다. 어떤 방법들이 있을까?

샌델이 정의롭지 못하다고 비판한 가격시스템 이외에도 자원을 배분할 수 있는 방법은 물론 많다. 예를 들어 어린이를 동반한 가족을 우선적으로 배려해서 나이가 어린 순서대로 배분할 수 있을 것이다. 그런데, 그러면 노약자들로부터 불만이 나올 것이다. '나이 먹은 것도 서러운데…' 하면서. 거꾸로 나이 많은 순서대로 배분하면 이제는 어린이가 있는 가족으로부터 항의가 빗발칠 것이다. 여성들을 우선 배려할 수도 있고, 남성들에게 우선적으로 방을 줄 수도 있다. 명분이야 만들면 된다. 달리기를 하도록 해서 선착순으로 할 수도 있을 것이고, 턱걸이를 시킬 수도 있다.[29] 아니면 면접을 봐서 당신 마음에 드는 사람들에게만 배분할 수도 있을 것이다. 그것도 아니면 내 가족, 친척과 친지들, 아는 사람들에게 우선적으로 배분할 수도 있을 것이다. 또 그것도 아니라면 당신에게 뒷돈을 많이 찔러주는 사람 순으로 배분할 수도 있을 것이다.

그런데, 그 어떤 배분 시스템도 '정의로운' 배분 시스템으로는 보이지 않는다. 배분하는 사람의 개인적이고 자의적인 판단기준에 따라 자원이 배분되고 있을 뿐이다. 게다가 후반부에 열거되고 있는 배분 시스템은 우리가 흔히 부정부패와 친인척 비리라고 부르는 그런 방식이다. '정의'와는 거리가 한참이나 떨어진 배분 시스템이다. 그러기 때문에 샌델도 시장의 가격시스템이 정의롭지 못하다고 비판은 하면서도 그것을 대체할 수 있는 다른 '정의로운' 배분 시스템에 대해서는 입을 다물었을 것이다.

위의 예에서도 볼 수 있듯이 자원배분 방식에는 크게 두 가지가 있다. 하나는 시장에서의 가격에 의한 자원 배분 방식이고, 다른 하나는 사람에 의한 배분 방식이다. 그런데, 사람에 의한 배분 방식은 배분하는 권한을 가진 사람의 자의적이고 변덕스런 판단기준에 따라 배분 결과가 얼마든지 달라질 수 있다. '정의'를 따질 겨를조차 없다. 더구나 사람에 의한 배분 방식에서는 배분을 받는 사람은 배분권자의 지시와 명령에 무조건 따를 수밖에 없다. 그가 절대적 권력을 가졌고, 배분을 받고자 하는 사람에게는 그 어떤 주체적인 행동과 선택의 여지도 없다. 하지만 가격에 의한 자원 배분 방식에서는 그렇지 않다. 최소한 결정 권한 전체가 배분권자에게 전적으로 넘어가 있지는 않다. 오히려 결정의 권한을 배분받고자 하는 사람, 즉 소비자가 주도적으로 행사할 수도 있다. 이처럼 여타의 다른 자원 배분 방식과는 달리 시장에서의 가격에 의한 배분 시스템에서는 적어도 배분을 받고자 하는 사람이 일방적이고도 속수무책으로 당하지는 않을 가능성이 존재한다는 말이다. 시장에서의 배분 시스템에서는 소비자에게 자유와 선택의 영역이 존재한다. 이것이야말로 시장에서의 가격에 의한 자원배분이 갖는 커다란 장점이며, 이런 이유만으로도 가격에 의한 자원배분 시스템이 다른 어떤 자원배분 시스템보다 우월하다고 할 수 있다.

3. 사유재산권의 의미와 중요성

시장에서 이루어지는 핵심적인 행위는 교환이다. 내가 가지고 있는 것과 다른 사람이 가지고 있는 것을 서로 교환하는 행위가 시장에서 이루어지는 주된 활동이다. 여기서도 즉각적으로 알 수 있듯이, 시장경제는 내가 가지고 있는 것 그리고 네가 가지고 있는 것이 먼저 확립되어 있다는 것을 전제하고 있다. 내 것이 아닌 물건을 시장에서 교환할 수는 없다. 즉, 사유재산권은 시장경제의 필수적인 전제조건이다.

사유재산권이란 어떤 물건을 타인의 동의를 받을 필요 없이 자유롭게 사용, 수익, 처분할 수 있는 배타적 권리이다. 그런데 이러한 사적 소유, 즉 개인이 재산을 자기 것으로 소유한다는 것은 어떤 의미를 가질까?

(1) 재산권과 자유

사유재산이 중요한 가장 큰 이유는 그것이 인간에게 자유를 누릴 수 있도록 해준다는 점이다.[30] 이를 이해하는 데에는 역으로 만약 사람이 자기 자신의 재산을 한 푼도 갖고 있지 않다면 어떻게 될까를 생각해 보는 것이 도움이 될 것이다.

자기 소유의 재산이 한 푼도 없는 사람은 누구일까? 노예들이다. 노예들에게는 자신들의 재산이 없다. 그리고 노예들에게는 자유도 없다. 자신의 재산이 없기에 자유가 없는 것이다. 노예들이 생존하기 위해서는 주인의 명령과 지시에 복종해야만 한다. 즉, 사유재산은 개인들이 다른 사람의 지시와 명령에 따라 그 다른 사람의 목적을 위해 일하도록 강제당하지 않고 자기 스스로가 설정한 자신의 목표를 추구할 수 있는 자유를 확보할 수 있게 해준다. 이런 면에서 북한의 동포들이 노예와 다를 바 없는 생활을 하고 있는 이유들 중 중요한 한 가지는 북한에는 사유재산이 인정되지 않고 있기 때문이다. 사유재산을 부정하는 사회는 필연적으로 노예사회일 수밖에 없다.

재산권은 곧 자유다. 굳이 극단적인 노예의 경우가 아니더라도 사유가 아닌 공유도 개인의 자유를 크게 제한한다. 토지가 공유재산이라고 할 때 벌어질 수 있는 일을 상상해보라. A는 그 땅에 농사를 짓고 싶은데 B는 건물을 짓고 싶어 하고, C는 자연보호지역으로 그대로 보존하고 싶어 한다면, A도 B도 그리고 C도 자유롭게 자신이 목적하는 바를 추구할 수 없다. 마찬가지로, 만약 인쇄기나 인쇄소를 모든 사람이 공유하면서 서로 자신의 것을 인쇄하기를 원할 때, 신청한 순서대로 자기 차례가 올 때까지 기다려야만 할 것이다. 아니면 누군가가 관리자가 되어 인쇄의 긴급성에 따라 우선순위를 정할 수도 있다. 어느 경우에나 인쇄를 통해 무언가를 전달하려는 언론과 출판의 자유가 상당히 제약될 것이다. 특히 인쇄소가 국유화되어 있을 때 자유의 제한은 극심할 것이다. 분명히 정부가 인쇄할 내용부터 검열하겠다고 덤빌 것이다. 당연히 권력자와 정부를 비판하는 내용은 검열을 통과하지 못하고 따라서 인쇄되지 못할 것이며, 언론과 표현의 자유는 사라진다. 이렇듯 공유와 국유 하에서 개인의 자유는 심각하게 위축될 수밖에 없다. 사유재산권은 자유사회와 강제사회를 구분하는 가장 중요한 기준이다.

(2) 사유재산과 동기부여(Incentive)

사적 소유는 개인은 물론 경제 전체의 발전을 위해서도 중요한 역할을 한다. 사람들은 자신들이 힘들여 이룩한 것을 자신이 가질 수 있을 때 더 열심히 일할 동기를 갖게 된다. 내가 열심히 일을 해서 이루어놓은 것을 다른 사람들과 똑같이 나누어 갖는다면, 이 사람이 열심히 일할 이유가 있을까. 자신이 일한 것의 결과는 자신이 갖는다는 사유재산권의 의미는 사람들에게 열심히 일할 동기를 부여하고, 나아가 경제성장과 부의 창출에도 지대한 영향을 미친다.

동유럽 사회주의 정권들의 붕괴와 북한의 참담한 경제 현실을 야기한 중요한 원인들 가운데 하나가 바로 재산권을 부정한 결과 사람들이 일할 의욕을 상실했기 때문이라는 것은 잘 알려진 사실이다.[31] 사정이 이러하기에, 사회주의자들을 비롯한 집단주의자들은 어떻게 하면 사람들이 '나'를 위해서가 아니라 '공동체'를 위해 열심히 일하도록 만들 수 있을까를 고민했고, 그 고민 끝에 들고나온 것이 인간형 개조다. 자기 소유에 집착하고 자기 이익을 추구하는 '자본주의적 반동적 인간형'에서 사회 전체를 위해 열심히 노력하는 인간형, 이른바 '사회주의형 인간'으로 개조시켜야 한다는 것이다. 그런데 수십만 년, 수백만 년을 거치면서 인간의 유전자에 각인되어 온 인간의 천성이 몇 번 혹은 몇 년의 세뇌교육으로 바뀔 리 만무하다. 당연히 이러한 인간 개조 과정은 무지막지한 처형과 폭력을 동반한다.[32] 사회주의 정권은 예외 없이 폭압정권이 되는데, 폭압 정치가 아니면 사회주의가 유지될 수 없기 때문이다.

(3) 사유재산과 자원의 효율적 이용: '공유지의 비극'

사유재산이 중요한 이유는 또 있다. 사유재산은 희소하고 소중한 자원을 효율적으로 사용하도록 촉구한다. 반면에 공유재산은 자원의 오·남용과 낭비를 초래한다. 자신의 집에 있는 화장실과 주변에 있는 공동화장실의 관리상태와 청결상태를 비교해보라. 지금은 많이 나아졌다고는 하지만, 대부분의 공동화장실은 여전히 더럽고 냄

새가 난다. 어느 공동화장실의 문에 이런 글귀가 쓰여 있었다. '본인의 화장실이라고 생각하면 깨끗한 화장실이 됩니다.' 맞는 말이다. 문제는 사람들이 공동화장실을 결코 내 화장실이라고 생각하지 않는다는 데 있다. 사람들에게 주인의식을 호소해서 해결될 문제가 아니다.

사유가 아닌 공유되는 모든 것에는 이런 문제가 발생한다. 이른바 '공유지의 비극'이라고 하는 잘 알려진 문제다.[33] 마을 공동으로 소유하는 목초지가 하나 있는데, 마을 공동 소유이기 때문에 마을 사람이면 누구나 자기 양떼를 몰고 와서 풀을 먹일 수 있다. 처음에는 이 목초지가 마을에 있는 양들을 먹이기에 적당했다. 그런데, 어느 날 양을 몇 마리 더 키우면 소득이 높아질 것이라고 기대한 마을 주민 A가 자신이 키우는 양의 숫자를 늘렸다. 하지만 이런 생각은 A만이 하는 것이 아니고, B도 하고, 또 C도 한다. 이렇게 목초지가 망가지든 말든 상관하지 않고 마을 주민들 모두가 자신들이 키우는 양의 숫자를 늘린다. 결국에는 양들이 풀뿌리까지 먹어버려 목초지는 더 이상 양을 키울 수 없는 황폐화된 땅으로 변해버린다. 소중한 자원을 효율적으로 사용하지 않고 남용한 결과이다. '모두의 것은 누구의 것도 아니다'는 말처럼, 자신의 목초지가 아니기 때문에 그것이 망가지든 말든 관계없이 행동하면서 벌어지는 비극이다.

이 목초지가 공유지가 아니고 사유지라면 어떨까? 목초지를 사유하고 있는 주인이 있다면 그는 현재만이 아니라 앞으로도 계속 양을 키워 수익을 얻고자 할 것이다. 그래서 목초지가 황폐화되지 않도록 관리하고 또 그에 따라 키우는 양의 숫자도 관리할 것이다. 그것이 목초지 주인에게 장기적으로 더 많은 수익을 안겨줄 것이기 때문이다. 이처럼 공유제도에서와는 달리 사유재산 제도하에서는 목초지의 황폐화 문제는 발생하지 않는다. 달리 표현하면, 사유재산권이 확립되면 자원을 소중하고 가치 있게 효율적으로 사용하게 된다는 말이다.

사유재산의 기적을 보여주는 역사적 사실들은 많다. 과거 소련에서 주민들에게 전체 토지의 5%를 텃밭으로 사용할 수 있도록 허용했던 사례가 그 단적인 예다. 주민들에게 실질적인 사유화가 허용되자 전체 토지의 겨우 5%인 이 텃밭에서 생산된 농산물이 소련 전체 농산물 생산의 70%를 차지하는 놀라운 일이 벌어진 것이다. 이런 결과는 사유재산이 일으키는 기적이라 아니할 수 없다.[34]

(4) 사유재산과 환경 및 동물보호

이 밖에도 재산권은 현대 사회에서 중시되고 있는 환경보호와 희귀동식물의 보존에도 효과적인 방법이다. 멀리 갈 것도 없이 우리가 먹기 위해 매일 죽이는 동물들에 대해서는 멸종 위기 운운하는 이야기가 전혀 나오지 않는다는 점을 상기하는 것으로 충분하다. 예를 들어 2017년 우리나라에서 도축된 닭이 모두 9억3,600만 마리였으며, 국민 1인당 계산하면 1년에 약 20마리씩 먹은 셈이라고 한다.[35] 우리나라에서만 1년에 10억 마리 가까운 닭이 죽어가고 있음에도 닭의 멸종 위기 운운하는 이야기가 전혀 나오지 않는다. 돼지와 소, 오리 등도 마찬가지다. 이것들은 모두 주인이 있는 동물들이기 때문이다. 반면에 호랑이나 늑대, 여우, 코끼리, 돌고래 등은 사람들이 대량으로 죽이지 않고 열심히 보호하고 있음에도 불구하고 멸종 위기에 몰려 있다. 이유는 분명하다. 그 동물들을 소유하는 주인이 없기 때문이다. 멸종 위기 동물들에게 주인을 정해주는 것이 이 동물들을 보호하는 효과적인 방법이라는 이야기다.

4. 분업과 전문화

사유재산과 더불어 시장경제에서 교환이 이루어지기 위한 또 하나의 전제조건은 분업이다. 너도나도 똑같은 일을 하고 똑같은 물건들을 생산하고 사용한다면, 교환에 나설 이유가 없다. 각자 자신의 능력과 처지, 상황, 필요 등에 따라 생산을 하고, 그것과 자신이 필요로 하는 것, 자신이 가치를 높게 평가하는 것과 교환하게 된다. 자신이 타인에 비해 상대적으로 잘할 수 있는 것에 집중하는 분업과 이를 통한 전문화는 개인은 물론 사회 전체의 경제발전에 지대한 공헌을 하게 된다. 현재는 이 분업과 전문화가 전 세계를 아우르는 국제적, 글로벌 분업으로까지 진전이 되었다.

(1) 분업과 전문화의 이익

분업의 중요성을 처음으로 알아보고 강조한 사람은 유명한 《국부론》을 쓴 애덤 스미스다. 《국부론》 제1편 제1장의 제목을 '분업'으로 정할 정도였다. 그가 목격한 핀 만드는 공장에서는 핀 만드는 공정을 18가지로 세분했다. 그러자 하루 20개도 못 만들던 한 사람의 근로자가 4,800개나 되는 핀을 만들었다. 하나의 공정을 세분화해서 각 근로자에게 한 가지 작업에 집중하도록 하는 분업을 통해서 생산량이 무려 240배나 늘어난 것이다. 분업이 불러온 기적과도 같은 생산성 향상이라 하지 않을 수 없다. 가끔 텔레비전에 달인이라는 사람들이 소개되는데 이들은 각 분야에서 믿을 수 없을 정도의 고도의 숙련도를 보여준다. 또 이 달인들은 통상 자신이 개발한 독특한 도구나 기계들을 사용하는 것을 볼 수 있다. 이런 것들은 수년간 한 가지 작업에 집중·반복하면서 얻을 수 있는 것들이다. 애덤 스미스 또한 이런 이유들로 인해 생산성이 향상된다고 보았다.[36)]

분업과 그 분업이 불러오는 생산성 향상은 앞서 애덤 스미스가 예로 든 생산공정에서의 분업에만 그치지 않는다. 우리가 사는 세상에는 수많은 직업이 있고, 우리 각자가 그 중의 한두 가지 직업에만 종사하고 있는 것도 분업이다. 한 공장에서 각 작업별로의 분업을 통해 생산성이 크게 증대되듯이, 한 사회 내에서 각 직업별로의 분업을 통해서도 우리 사회 전체의 생산성이 크게 증대된다. 그래서 선진국일수록 직업의 종류가 다양하고, 그렇게 다양한 만큼 생산성이 높다고 할 수 있다. 2017년도 현재 우리나라의 직업의 종류는 1만2,000개라고 한다. 1969년 3,260개에서 약 50년 동안에 직업의 종류가 무려 약 4배나 늘어난 것이다. 분업이 세분화된 만큼 우리 경제가 발전했고 생산성도 크게 높아졌다는 뜻으로 볼 수 있다. 한편, 미국은 직업의 종류가 30,000개, 일본은 20,000개라고 한다.[37] 직업이 세분화되고 전문화될수록 생산성이 높고, 생산성이 높은 곳이 다름 아닌 잘 사는 선진국이라는 말이다.

분업과 전문화는 국제적 규모로까지도 확대된다. 이른바 국제적 분업 혹은 글로벌 분업이다. 하나의 물건을 만드는 생산공정에서의 분업이건, 한 사회 내에서의 분업이건, 혹은 국제적 수준에서의 나라별 분업이건 분업이 의미하는 바는 같다. 한 공장 및 한 사회 내에서의 분업과 전문화가 분업에 참여하는 당사자들과 사회에 커다란 이득을 가져오듯이, 국제적 분업 또한 마찬가지다. 자급자족하겠다는 사회나 국가가 국제적 분업에 적극적으로 참여하고 있는 사회나 국가보다 잘 사는 경우가 있는가.

정리하는 의미에서 문제를 하나 풀어보자. 1,000명이 사는 외딴 섬 A가 있고, 10,000명이 사는 또 다른 외딴 섬 B가 있다. 다른 모든 조건은 인구 규모에 비례해서 동일하다고 한다면, 어느 섬 주민들이 잘살까? 그 이유는 무엇일까?

10,000명이 사는 섬 B의 주민들이 잘 살 것이다. 이유는 인구가 많고 시장이 크기 때문에 분업과 전문화가 더 세분화되어 이루어질 수 있고 따라서 생산성이 훨씬 높을 것이기 때문이다.[38]

그렇다면 이어지는 문제다. 1,000명이 사는 섬 A의 주민들은 영원히 섬 B의 주민들보다 못 사는 것은 아닐까? 섬 A의 주민들이 섬 B의 주민들의 생활 수준을 따라잡고 나아가 더 잘 살 수도 있는 방법은 무엇일까?

답은 섬 A가 섬 B와 교역을 하는 것이다. 무역을 함으로써 섬 A와 섬 B의 주민들이 모두 합쳐진 11,000명의 분업과 전문화 체계의 일원으로 참여하면 가능한 일이다. 이렇게 볼 때, '자급자족' '자유무역협정(FTA)은 제2의 을사늑약' 등을 내세우며 국제무역과 국제적 분업에 반대하는 사람들은 사실은 영원히 다른 나라에 뒤처져 살자는 이야기나 다름없는 소리를 하는 사람들이다.

(2) 분업과 전문화의 원리: 절대 우위 vs. 비교 우위

개인과 사회의 생산성을 크게 높여 경제성장에 크게 기여하는 분업과 전문화는 어떤 원리에 따라 이루어질까? 원리라고 해서 거창한 논리가 들어 있지 않다. 간단하다. 각자가 가장 잘하는 일에 집중해서 생산하고 각자가 생산한 것을 서로 교환하면 된다. 문제는 가장 잘하는 일이 의미하는 바가 무엇이냐 하는 점이다. 그것을 알아보기 위해서는 분업과 전문화가 발생하기 전인 자급자족 단계에서부터 차례로 살펴보는 것이 도움이 될 것이다.

예를 들어보자. A와 B 이렇게 두 명으로 이루어진 사회에서 생산하는 것도 두 가지가 있다. 즉, 농사를 짓는 일과 물고기를 잡는 일이 그것이다. 처음에는 두 사람 모두 농사도 짓고 물고기도 잡는다. 이른바 자급자족의 단계다.

A는 이른바 타고난 농사꾼이다. 반면에 물고기는 잘 잡지 못한다. 한편, B는 이른바 태생부터 어부라는 별명이 붙을 정도로 물고기를 잘 잡는다. 반면에 농사일은 잘하지 못한다.

이런 상황에서 두 사람 사이에 분업과 전문화가 이루어진다면, 어떻게 이루어질 것인지는 너무나 분명해 보인다. 타고난 농사꾼인 A는 농사일에 전념하고, 태생부터 어부인 B는 물고기 잡는 일에 전념함으로써 분업과 전문화가 이루어진다. 그래서 서로가 생산한 것을 적당한 비율로 교환하면 서로에게 이익이 된다. 분업과 전문화로 인해 생산성이 높아져 두 사람으로 이루어진 사회 전체의 생산량이 많아지고, 이에 따라 교환한 이후 두 사람은 자급자족하던 때와 비교해 더 많은 농작물과 물고기를 소비할 수 있게 된다.

경제학에서는 이런 식으로 이루어지는 분업과 전문화를 절대 우위(absolute advantage)에 따른 분업과 전문화라고 한다. 말 그대로 각자가 '절대적'으로 가장 잘하는 일에 특화하는 것이다.

그런데, 세상이 이렇게 '너는 이 일에서 최고, 그리고 나는 저 일에서 최고'라는 식으로 분명하게 갈라지면 좋을 텐데, 그렇지 않은 경우가 많은 것이 또 세상일이다. 학교에도 보면 공부도 잘하고, 운동도 잘하고, 게다가 인간성까지 좋은 친구들도 있는 법이다. A와 B로 이루어진 사회에서, A가 농사도 타고난 농사꾼 수준으로 잘 짓는데다가 물고기 잡는 실력도 달인 수준인 반면, B는 타고난 농사꾼 수준은 아니더라도 제법 잘하지만, 물고기 잡는 일에서는 초보자 수준을 벗어나지 못하는 형편없는 수준이라고 하자. 이런 상황에서도 분업과 전문화는 이루어질까? 이루어진다면 어떻게 이루어지게 될까?

앞서 언급했던 절대 우위 원리에 비추어 보면 B보다 농사도 잘 짓고 물고기도 잘 잡는 A가 농사는 물론 물고기 잡는 일까지 모든 것을 차지해야 된다. 바로 이런 상황이 보호무역주의자들이나 자급자족을 외치는 사람들이 국제무역을 하면 피해를 볼 수 있다고 주장하면서 내세우는 전형적인 상황이다. 즉, 외국이 우리에 비해 이것도 경쟁력이 있고 저것도 경쟁력이 있으니까 그들은 우리에게 팔기만 하고 우리는 사기만 해야 하는 것 아니냐는 것이다. 그러니 보호무역정책을 통해서 이런 사태를 막아야 한다는 것이다. 언뜻 들으면 설득력 있어 보이는 논리다. 하지만 조금만 생각해 보면 말도 안 되는 엉터리 주장이라는 것을 알게 된다.

그 이유는 다음과 같다. A와 B로 이루어진 사회에서 A가 두 가지 일 모두에 전문화해서 생산을 전담한다는 것은 B는 결국 아무 일도 하지 못한다는 말과도 같다. A가 모든 것을 다 생산해버리기 때문에 B는 아무것도 생산하지 못한다. 이런 상황에서는 교환 내지 무역이 가능할까? 만일 그렇게 되면 A는 B에게서 받을 것이 없기 때문에 교환하자고 제안할 이유가 없고, B는 교환을 위해 내놓을 것이 없기 때문에 교환에 응하고 싶어도 응할 수가 없다. 한쪽은 팔기만 하고 다른 쪽은 사기만 하는 그런 경우는 애초부터 발생하지 않는다는 말이다. 다시 말해, 교환 자체가 이루어지지 않는다. 따라서 이런 상황에서 절대 우위에 따른 분업과 전문화란 '너는 너, 나는 나' 식으로 교환 자체가 성립되지 않는 자급자족을 의미한다. 그래서 누구는 일방적으로 팔기만 하고 또 누구는 일방적으로 사기만 할 것이라는 보호무역주의자들의 우려와 주장은 전혀 맞지 않는 이야기이다.

그러면 이런 상황에서는 분업과 전문화가 이루어질 수 없는 것인가? 그렇지 않다. 우리 주변의 수많은 사람들을 둘러보아도, 그리고 국제적으로 일어나는 교역관계를 보더라도, 해당 부문에 최고가 아님에도 분업과 전문화에 참여해서 교환을 하는 것을 어렵지 않게 볼 수 있다. 절대 우위에 의해 설명되지 않는 이러한 분업과 전문화는 비교 우위(comparative advantage)의 원리에 따라 이루어지는 분업과 전문화로 설명할 수 있다.

비교 우위란 간단히 말해서 이것도 더 잘하고 저것도 더 잘하지만, 두 가지를 비교해 볼 때 '훨씬 더 잘하는 것'이 무엇이냐에 따라 분업과 전문화가 이루어진다는 뜻이다. 이 말은 역으로 이것도 잘못하고 저것도 잘못하지만, 그 중에서도 '비교적 덜 뒤처지는 것'이 무엇이냐에 따라 분업과 전문화를 한다는 의미도 된다.[39] 앞의 예에서 A는 타고난 농사꾼인 동시에 물고기도 잘 잡는 달인이다. 반면 B는 농사는 제법 잘 짓지만, 물고기 잡는 일에는 너무 서툴다. 이에 비추어 볼 때, A가 둘 다 잘하지만, 농사일에서의 B와의 능력의 차이와 물고기 잡는 일에서의 능력의 차이를 비교해보면 물고기 잡는 일을 '훨씬' 더 잘한다고 할 수 있다. 즉, A가 두 가지 일 모두에서 B보다 잘하지만, 물고기 잡는 일에서 '훨씬' 더 잘하고 있다. 이에 따라 A는 물고기 잡는 것에 특화하게 된다. 반면에 B는 두 가지 일 모두에서 A에 비해 뒤처지지만, 그나마 초보 수준인 물고기 잡는 일보다는 제법 잘하고 있는 농사일에서 상대적으로 덜 뒤처져 있다고 할 수 있다. 이에 따라 B는 농사일에 특화하게 된다. 이렇게 비교우위에 따라서 A는 물고기 잡는 일에, 그리고 B는 농사일에 전문화를 해서 생산을 하고 서로 교환을 하면 개인과 사회 모두가 이득을 볼 수 있다.[40)]

직관적으로 보면 분업과 전문화는 절대 우위에 의해서 이루어지는 것으로 보기가 쉽지만, 우리가 살고 있는 실제 경제 현상은 그렇지 않다. 물론 절대 우위에 의해 분업과 전문화가 이루어질 수도 있겠지만, 그것만 가지고는 사회에서 벌어지고 있는 대부분의 분업과 전문화 및 그를 통한 교환을 제대로 설명하지 못한다. 반면, 비교우위 원리에 따른 분업과 전문화는 절대 우위로 설명할 수 있는 분업과 전문화는 물론이고 그것이 설명하지 못하는 분업과 전문화까지 모두 다 설명할 수 있다. 즉, 우리의 직관과는 달리 분업과 전문화는 절대 우위가 아닌 비교 우위 원리에 의해 이루어진다고 하는 것이 맞다. 비교 우위는 절대 우위를 포함하는 보다 포괄적인 개념이다.

5. 교환의 의미

(1) 초등학생들의 교환 실험

어느 초등학교에서 있었던 '물물교환 놀이' 실험이 하나 있다.[41] 어린이들이 수집하기를 좋아하는 카드들이 있다고 하자. 그것을 종류별로 다 모으면 하나의 완벽한 세트를 이루게 되는 카드다. 그래서 대부분의 아이들은 이미 몇 장씩은 갖고 있다. 어느 날 교사가 수십 장의 카드를 준비했다가 아이들에게 몇 장씩 임의로 나누어 준 뒤에 자신들의 기쁨의 정도를 각자 표시하도록 했다. 그리고는 지금 가지고 있는 카드들을 그냥 가져도 좋고 아니면 친구들이 가지고 있는 다른 카드와 교환해도 좋다고 했다. 각자가 갖고 싶어하는 카드가 따로 있고, 또 그것이 모여서 하나의 세트를 이루기 때문에 빠진 것이 있으면 채우고 싶은 카드도 있게 마련이다. 시끌시끌한 교환의 시간이 지나고, 교사가 다시 자신들의 기쁨의 정도를 각자 표시하도록 했다. 아이들이 각자 표시한 결과들을 모아 비교해 보니, 당연히 교환 전에 비해 교환 이후에 아이들의 기쁨의 크기가 훨씬 커졌다.

아이들도 교환을 하는 것이 이득임을 알고 기꺼이 교환을 한 것이다. 초등학생들의 이 교환 실험은 교환에 대한 모든 것을 말해 준다.

(2) 교환은 상호이익이다

세상에는 3대 거짓말이 있다고 한다. 노인들이 '빨리 죽어야지' 하는 말, 젊은 청춘들이 '결혼 안 한다'는 말, 그리고 장사하는 사람이 '손해 보고 판다'는 말이 그야말로 3대 거짓말이라는 것이다. 앞의 두 말이 진실인지 거짓인지는 잘 몰라도, 마지막 세 번째는 진짜 거짓말이다. 앞의 실험에 참가했던 초등학교 학생들이 자기가 좋아하는 카드를 건네주고 그 대신 마음에도 안 드는 카드를 받는 손해 보는 교환을 할까?

타인의 강제나 위협이 없이 자유롭게 사고파는 자유시장에서 판매자가 손해를 보면서 팔 이유는 전혀 없다. 시장이 파할 때가 다가오면 생선이나 야채 등을 헐값에 떨이로 팔아버리는 판매자들이 있다. 그 가격에라도 팔아버리는 것이 본인에게 이득이기 때문에 파는 것이 아니겠는가. 구매자들도 마찬가지다. 어떤 것을 사라고 강제하고 협박하지 않는 자유시장에서 구매자가 손해를 보면서 물건을 사는 경우는 있을 수 없다. 결국, 파는 사람이나 사는 사람이나 교환하는 것이 자신에게 이득이라고 생각하기에 교환에 응하는 것이다. 그렇지 않다면 교환에 응할 이유가 전혀 없다. 시장에서의 교환은 누구는 이득을 얻고 누구는 손해를 보는 제로섬(zero-sum) 게임이 아니라, 교환에 참가하는 참여자 모두가 이득을 보는 윈윈(win-win) 게임이다.

(3) 등가교환인가 부등가교환인가?

사람들은 통상 교환되는 물건들이 등가(等價), 즉 동등한 가치이기 때문에 교환된다고 생각한다. 일반 사람들만이 그렇게 생각하는 게 아니고 일부 경제학 교과서에도 그런 내용이 있다. 하지만 이런 생각은 잘못이다. 오히려 정반대가 맞다. 위의 실험에서 초등학생들이 왜 자신이 가지고 있는 것을 내놓고 친구가 가지고 있는 것과 교환하려고 했을까를 생각해 보자. 당연히 내가 가지고 있는 것보다 친구가 가지고 있는 것이 더 내 마음에 들기 때문이다. 내가 교환을 위해 내놓는 것보다 상대가 갖고 있는 것이 더 가치가 있다고 생각하기 때문에 교환하려고 하는 것이다. 상대방 역시 마찬가지다. 자신이 갖고 있는 것보다 내가 갖고 있는 것의 가치를 더 높게 평가하기 때문에 교환하려고 하는 것이다. 즉, 교환하려고 내놓는 물건과 받고자 하는 물건은 결코 등가가 아니라는 의미다. 내가 갖고 있는 것이나 상대방이 갖고 있는 것이나 모두 동일한 가치라면 교환할 이유가 없다. 교환하려는 것이 부등가이기 때문에 교환하려는 것이다.[42] 따라서 성사되는 모든 교환은 부등가교환일 수밖에 없다.

모든 교환이 부등가교환이라는 사실은 여러 가지 의미를 함축하고 있다. 그 중의 하나는 부등가교환이기 때문에 교환을 통해 참여자 모두가 이득을 보게 된다는 사실이다. 교환이 이루어지고 나면, 교환에 참여했던 사람들은 모두 자신들이 이전에 갖고 있던 물건보다 더 높은 가치의 물건들을 갖게 된다. 교환을 통해 교환에 참여한 모두가, 그리고 그들이 속한 사회가 교환 이전에 비해 부자가 된다는 뜻이다.

(4) 시장에서의 교환이 착취?

앞서 언급했던 실험에서처럼 초등학교 어린이들도 알고 있는 교환의 원리와 이득을 전혀 이해하지 못하는 어른들이 많다. 교환의 원리와 이익에 대한 이해가 없는 사람들은 시장에서의 교환을 통해 한쪽은 이득을 보고 다른 쪽은 손해를 본다고 하면서 자유로운 교환을 하지 못하도록 가로막는 일에 나선다. 예를 들어, 대기업과 이 대기업에 납품을 하는 기업 사이의 거래가 납품업체에 일방적으로 불리하다면서 가격 등 거래조건에 강압적으로 개입하고, 또 노동시장을 자유로운 교환에 맡겨버리면 노동자가 착취를 당하므로 정부가 최저임금을 높은 수준으로 결정해 주어야 한다고 주장하는 정부 관료들이나 정치인들이 바로 그런 사람들이다.

노동시장의 경우를 보자. 대한민국에서 어느 누구도 어느 일자리에서 그리고 어느 기업에서 일하라고 명령을 내린 적도 없고, 또 그런 강제적인 지시를 받은 사람도 없다.[43] 스스로 찾아가서 일을 하겠다고 하는 것이고, 또 자율적으로 고용을 하는 것이다. 즉, 고용주나 근로자가 자발적으로 자유롭게 교환한 것이 전부다. 그리고 이 교환은 서로에게 이득이 되기 때문에 이루어진 것이다.[44] 기업이나 고용주가 제시하는 고용조건이 자신의 기대에 못 미치면 근로자는 교환에 응하지 않으면 된다. 마찬가지로 기업이나 고용주 또한 근로자가 내세우는 조건이나 그가 가지고 있는 능력 등이 기대에 못 미치면 교환에 응하지 않으면 된다. 따라서 자유로운 인간들의 시장 교환관계에서 착취란 있을 수 없다. 착취로 피해를 입게 될 사람이 교환에 응하지 않을 것이기 때문이다.

아이러니하게도 실제로 착취는 정부가 개입하기 때문에 발생한다. 고용주와 근로자 사이의 자율적인 계약에 따른 임금이 너무 낮다고 판단한 정부가 임금을 강제적으로 더 많이 주라고 하는 것이 최저임금제도다. 그러면 고용주는 이 명령에 복종하여 울며겨자먹기식으로 임금을 더 줄 수밖에 없다. 주어야 할 것 이상을 정부의 강제 때문에 더 주는 것, 이것이 착취가 아니면 무엇인가.[45] 근로자가 착취를 당하는 것이 아니라, 정부의 개입에 의해 고용주가 착취를 당하는 것이다.

그러면 이렇게 착취를 당하는 고용주들은 가만히 당하고만 있을까? 착취당하는 것을 회피하기 위해 고용주들은 근로자를 해고하거나 근로시간을 제한하는 등의 조치로 대응하게 된다. 2018년~2019년 최저임금의 급격한 인상으로 인해 대한민국에서 벌어지고 있는 대량해고 사태와 '일자리 구하기 전쟁', 그리고 이른바 '메뚜기 알바' 사태는 고용주들이 정부에 의한 착취를 회피하고자 하면서 벌어지는 당연한 현상이다. 자유시장에서 가만히 착취를 당하고만 있을 사람이 있겠는가. 시장경제의 자유를 침탈한 것에 대해 시장은 반드시 복수하고 응징한다.

자유 시장경제에서 착취는 존재하지 않는다. 착취를 금지시키고 감시해야 할 정부가 시장에 개입함으로써 오히려 착취가 초래된다. 자유 시장경제에서 착취가 있다면, 그 착취의 유발자는 다름 아닌 정부와 정치권이다.

6. 국제적 교환의 이점과 오해들

(1) 국제무역의 이점

앞서 보았듯이 분업과 전문화 그리고 교환은 한 기업조직 내에서의 울타리를 넘어 한 사회나 국가 내에서의 분업, 그리고 나아가 국제적 분업과 전문화 및 교역으로까지 확대·확산되었다. 한 기업 내에서나 한 사회 내에서의 분업과 교환이 가져오는 이득은 글로벌 경제시스템 하에서의 국가 간 분업과 교환에도 똑같이 적용된다. 다를 것이 전혀 없다. 더구나 국제 분업과 교역은 국내에서의 그것만으로는 얻을 수 없는 또 다른 이점도 갖고 있다.

우선, 국제 분업과 국제교역은 시장의 규모를 대폭 확대함으로써 규모의 경제를 가능하게 한다. 규모의 경제란 '산출량이 늘어남에 따라 평균비용이 하락하는 것'을 의미한다. 광대한 국제 시장을 상대로 대량생산을 할 수 있게 됨으로써 비용을 절감하고 효율성을 증대시킬 수 있다는 말이다.

또 국제무역은 외국 기업과의 경쟁의 압력을 높여 국내 기업들의 성장과 발전을 촉진시킨다. 외국 기업과의 경쟁에 노출되는 기업들은 경쟁력을 확보하고 유지하기 위해 노력하지 않으면 안 되기 때문이다.

마지막으로, 국제무역은 국가 간 평화에도 크게 기여한다. 국가 간 교역이 활발할수록 상호 간에 경제적 의존성이 높아지고, 그에 따라 전쟁이 발발할 가능성은 크게 줄어든다.[46] 많은 자유주의 경제학자들이 '재화가 국경을 넘을 수 없을 때 군대가 국경을 넘어온다'고 한 이유가 바로 여기에 있다.[47]

그럼에도 불구하고 여전히 많은 사람들이 우리 사회 내에서의 분업 및 교환과 외국과의 분업 및 교환은 다르다고 생각하는 경향이 있다. 그런 오해들 가운데 몇 가지를 보면 다음과 같다.

(2) 보호무역주의: 자급자족이 최고?

우리나라의 경우 국내총생산(GDP)의 3분의 2가 외국과의 무역인 수출입과 관련된 글로벌경제 속에서 살아가고 있다. 그럼에도 여전히 외국으로부터의 수입은 가능한 억제하고 국내에서 생산된 것으로 충당해야 좋은 것이라는 보호무역주의 사고를 갖고 있는 사람들이 적지 않다.

보호무역주의자들의 논리는 이렇다. 아무리 값싸고 질이 좋은 것이라도 외국의 것이라면 배척하고 대신에 '우리' 것을 사야 국내 기업도 살고 일자리도 보존되고 국민도 잘살게 된다는 것이다. 언뜻 들으면 그럴듯하다.

그런데, 이 논리를 조금만 더 진전시켜보면 도대체 말이 안 되는 어리석은 소리라는 것을 알게 된다.[48] 여기서 그럴듯하게 들리는 함정은 바로 '우리'라는 단어가 의미하는 범위가 무엇이냐에 숨겨져 있다.

대통령과 국회의원들은 대한민국에서 생산되는 '우리' 것을 구매하고 소비해야 대한민국이 잘 살고 국민이 부자가 될 수 있다고 주장한다. 그렇다면, 예를 들어 서울시장도 서울에서 생산되는 '우리' 것을 사고팔아야 서울시민이 잘살게 된다고 주장할 수 있다. 서울시에 있는 마포구청장 역시 마포구 안에서 생산되는 '우리' 것을 사고팔아야 마포구민들이 부자가 된다고 주장할 수 있다. 서울시 마포구 내에 도화동이라는 동네가 있는데, 이 도화동의 동장은 도화동 내에서 생산되는 '우리' 것을 사고팔아야 도화동 주민들이 부자가 된다고 주장할 수 있다. 이런 식으로 '우리'의 범위를 좁혀 가다 보면 결국 바로 나와 이웃하고 있는 '우리' 사람들이 생산하는 것, 나아가 마지막에는 '우리' 집에서 생산한 것을 소비하는 것이 내가 가장 잘 사는 방법이 된다. 이런 식으로 보호무역의 논리는 자급자족이 최고의 잘 사는 방법이라는 결론에 도달하게 된다.

논리적으로는 그럴 수도 있지만, 현실에서는 그런 일이 일어날 리 없다고? 그렇지 않다. 경기도의 성남시를 비롯해 몇몇 지자체에서는 복지혜택으로 주는 돈을 이른바 지역 화폐 같은 것을 발행해 주면서 지역 내에서만 사용하도록 하고 있다. 아직까지는 몇 군데 안 되는 지자체에서 소규모로 이루어지고 있다지만, 이것 역시 엄연한 지역적 보호무역정책이다. 성남시에서 그러는데, 그 옆에 붙어 있는 용인시나 이천시는 앞으로 가만히 있을 것이라고 장담할 수 있을까? 국가 간에 무역분쟁이 벌어지듯이 지역 간 무역분쟁도 일어날 수 있다.

사정이 이러하기에 보호무역주의는 국내적으로나 국제적으로나 우리 사회가 지향해야 하는 그런 정책이 절대 될 수 없다. 분업과 전문화 및 교환으로부터 스스로 멀어지는 것은 그것을 통한 생산성 향상과 경제발전의 기회를 스스로 저버리는 일이다. 그 결과는 경제발전의 정체 내지는 퇴보다. 보호무역 정책으로부터 이익을 보는 것은 이를 통해 표를 얻고 인기를 얻는 정치인들뿐이다.

보호무역주의는 또한 국가 간 갈등을 유발한다. 한 나라가 보호무역주의 정책을 펴면 다른 나라도 이에 맞서 대응하기 마련이다. 교환에는 항상 상대방이 있는 법이다. 따라서 보호무역주의 정책은 성공하기도 어려울뿐더러 국가 간 무역분쟁을 야기한다. 몇 년 전 우리나라에서 마늘의 주산지에 자신의 지역구가 있는 한 국회의원이 중국산 마늘 수입으로 인해 농가들이 피해를 보고 있다면서 중국산 마늘 수입을 중단하도록 촉구하고는 이를 관철시켰다. 그러자 중국은 우리나라 삼성전자 제품에 대한 수입 중단 및 축소로 대응했다. 이로 인해 마늘 수입액과는 비교도 되지 않는 엄청난 금액의 전자제품 수출길이 막혀버렸다.[49] 사정이 이러함에도 불구하고 그 국회의원은 훗날까지도 자신이 중국산 마늘의 수입을 막았다며 자랑을 늘어놓았다. 나라 경제와 국민은 아랑곳하지 않고, 오로지 자신의 표 획득의 유·불리만을 생각하는 편협하고 단기적인 시각을 가진 정치인의 전형적인 모습이다. 아니면 그런 보호무역조치가 우리나라 경제와 국민에게 진짜로 좋은 정책이라고 믿고 있는 어리석은 정치인이거나.[50)]

(3) 수출은 선, 수입은 악?

우리가 외국에 우리 물건을 파는 수출은 좋은 일이고 우리가 외국으로부터 사들여오는 수입은 나쁜 것이라는 인식도 국제적 교환에 대한 오해에서 비롯된 잘못된 생각이다. 우리가 수출을 해서 외화를 버는 이유도 우리가 통상적으로 열심히 일을 해서 돈을 버는 이유와 똑같다. 즉, 우리가 열심히 일해서 돈을 버는 이유가 그 돈으로 잘 먹고 잘살기 위해서, 다시 말해 잘 소비하기 위해서 하는 것과 마찬가지로, 외화를 벌어들이는 그 자체가 목적이 아니라 그렇게 수출해서 번 돈으로 우리가 필요로 하는 것을 외국으로부터 사서 잘 소비하기 위함이다. 이것을 잘못 이해하게 되면, 수출을 하는 진정한 목적은 사라지고 수출을 해서 외화를 벌어들이는 그 자체가 목적이 되어버리면서, 수출은 선(善)이고 수입은 악(惡)이라는 잘못된 인식이 자리 잡는다.[51)] 그리고 이런 잘못된 인식을 바탕으로 해서 보호무역주의가 활개를 친다. 개인이 되었든 국가가 되었든 우리가 열심히 일해서 돈을 버는 궁극적 목적은 잘 소비해서 잘살기 위함이다.

7. 시장경제에서의 경쟁과 협력, 그리고 보이지 않는 손

시장경제와 관련해서 자주 등장하는 비판이 바로 시장경제에서는 경제주체들이 서로 자기 이익만을 추구하는 경쟁을 하다 보니 사회적 협력 및 상호 조화를 이룰 수 없다는 것이다. 예를 들어 "서로 대립하게 만드는 환경이 협력을 조성할 것이라고 어느 누가 상상할 수 있겠는가? 이것은 어불성설이다. 더 많은 협력을 원한다면 우리는 협력하는 윤리를 가르쳐야 하고, 이러한 윤리를 뒷받침하는 경제 제도를 만들어내야 한다"는 주장이 있다. 이것은 시장경제에는 협력이 부재하다는 전형적인 비판의 하나다.[52)]

이러한 잘못된 비판은 시장경제에 대해 크게 두 가지의 오해에서 비롯된다. 하나는 시장경제에서의 경쟁에 대한 오해이고, 다른 하나는 시장경제에서는 협력을 기대할 수 없다는 오해이다.

(1) 시장경제에서의 경쟁

어릴 적 하던 '자리 차지하기 게임'을 한 번 떠올려보자. 이 게임에서는 참여하는 아이들의 숫자에 비해 의자가 항상 부족한 것이 특징이다. 처음에 수많은 어린이가 이 게임에 참여하고 또 수많은 의자들이 놓여있지만, 의자는 항상 부족하게 준비된다. 진행자가 호각을 불면 아이들은 자리를 차지하는 경쟁을 하며, 자리를 차지하지 못한 아이는 탈락하게 된다. 게임이 계속 진행되고 아이들이 탈락해도, 의자 또한 동시에 없어지기 때문에 자리 부족은 계속 이어진다. 게임이 진행되고 마지막에는 의자는 1개만 남아 있고, 남아 있는 아이들도 서너 명 혹은 대여섯 명으로 좁혀진다. 마지막 호각이 울리고, 최종 승자 1명이 그 자리를 차지하면 게임은 종료된다.

이 게임에서 차지하고자 하는 '의자'를 '자원' 혹은 '재화나 서비스'로 대체하면 경제주체들이 시장경제에서 벌이는 경쟁과 유사해진다.[53] 즉, 의자를 차지하고 싶은 아이들은 많은 데 비해 의자가 부족하듯이, 우리가 욕구를 해소하고 욕망을 채우며, 스스로가 세운 목적을 달성하기 위한 자원 및 재화와 서비스는 부족하다. 앞서도 말했듯이, 우리는 희소성이 지배하는 세상에 살고 있다. 희소성이 지배하는 세상이기 때문에 이 희소한 자원을 누가 차지하느냐 하는 경쟁은 피할 수 없다. 그렇기에 경쟁은 자본주의 시장경제에서만 나타나는 특수한 현상이 아니다. 그것은 사회주의든 공산주의든 자본주의든 관계없이 사람들이 모여 사는 사회라면 어디서든 나타나는 보편적인 현상이다.

희소한 자원을 차지하기 위한 경쟁은 보편적이지만, 경쟁의 양상과 결과는 시장경제와 사회주의경제 내지 통제경제에서 전혀 다르게 나타난다. 시장경제에서의 경쟁은 그야말로 소비자에게 구애를 하는 소비자를 향한 경쟁이다. 누가 소비자의 욕구와 욕망, 기대를 잘 충족시켜주는가에 따라 희소한 자원을 차지하게 된다. 즉, 소비자의 욕구를 보다 잘 충족시켜 주는 사람이 보다 많은 이윤을 얻고 사업을 확장하고 발전시키면서 보다 많은 희소한 자원을 차지하게 된다. 반면, 소비자의 욕구를 충족시켜주지 못하는 사람은 시장에서 퇴출되고, 그가 가지고 있던 자원은 다른 사람의 손으로 넘어간다. 이렇게 시장에서의 경쟁은 소비자를 향한 경쟁이며, 이 과정에서 희소한 자원은 그것을 가장 효율적으로 사용하는 사람이 차지하게 된다.

반면에, 사회주의 내지 통제경제에서는 희소한 자원이 권력자의 의지에 따라 인위적으로 배분된다, 그렇기 때문에, 자원을 누가 차지하느냐 하는 것이 필연적으로 권력과 밀접하게 연관되지 않을 수 없다. 사회주의 통제경제 및 개입주의 경제에서는 권력을 가진 자, 권력과 가까운 자, 권력을 등에 업은 자들이 우선적으로 자원을 차지하게 되기 때문이다. 그래서 이런 사회에서는 경쟁이 소비자를 향한 경쟁이 아니라, 권력을 차지하기 위한 경쟁, 권력자에게 잘 보이기 위한 경쟁이 된다. 이런 경쟁 과정에서 자원의 효율적 사용은 전혀 고려의 대상이 아니다. 경쟁의 양상이 이렇듯 다르기에 시장경제에서의 경쟁의 결과와 사회주의경제에서의 경쟁의 결과 혹은 성과도 판이하게 다를 수밖에 없다. 그 결과의 다름은 대한민국과 북한의 경제 실상이 극명하게 보여준다.

여기서도 우리가 알 수 있는 것은 시장경제에 대한 정부와 정치권의 개입이 증가하면 할수록 그들이 좌지우지할 수 있는 자원이 많아지고, 이에 따라 자원을 차지하기 위한 경쟁은 시장을 떠나 정치 영역으로 넘어간다는 점이다. 시장에 대한 정부 개입의 심화는 이른바 '경제의 정치화'로 이어진다는 말이다. 그렇게 되면 경쟁은 소비자를 향한 경쟁에서 이탈해 정치판에서의 권력투쟁과 이권투쟁으로 변질된다. 권력 차지하기, 권력에 줄 대기, 로비, 부정부패 등이 만연하고, 자원의 효율적 사용이란 먼 나라 이야기로 밀려나게 된다.

(2) 발견의 절차로서의 경쟁

시장에서의 경쟁은 희소한 자원을 누가 가장 효율적으로 사용하는가, 그리고 어떻게 사용하는 것이 가장 효율적인 사용방법인가를 찾아가는 과정이다. 경쟁을 통해 자원을 비효율적으로 사용하는 사람은 탈락하고, 자원을 효율적으로 사용하는 사람은 생존하고 번창한다. 이런 경쟁을 지속함으로써 보다 효율적인 자원의 사용방식을 지속적으로 발견해 나가는 것이다. 이런 의미에서 하이에크는 '경쟁은 발견의 절차'라고 하였다.[54] 이렇게 볼 때 경쟁은 구조적으로 무지한 인간이 이 무지를 극복하기 위한 매우 효과적인 장치다.

출발선상에 서 있는 달리기 선수들 중에서 누가 우승할지를 알 수 없듯이, 서로 경쟁하고 있는 재화들, 서로 경쟁하고 있는 생산방법들, 서로 경쟁하고 있는 경영 기법들, 서로 경쟁하고 있는 기업지배구조들 중에서 어떤 것이 효율적인 것인지, 어떤 것이 선택될 것인지를 사전에 알 수 있는 방법은 없다. 결국, 경쟁이라는 과정을 통해서 사후적으로 알 수밖에 없다. 그리고, 경쟁을 통해 어떤 것이 효율적이라는 것이 밝혀지면, 나머지 경제주체들에 의해 그것이 모방되고 확산되게 된다.

물론 경쟁을 통해 어떤 것이 효율적이라는 것이 밝혀졌다 하더라도, 그것이 영원히 효율적이라는 말은 아니다. 곧 그에 대항한 새로운 재화, 새로운 생산방법, 새로운 경영기법 등이 경쟁자로서 시장에 등장하기 때문이다. 그리고 그 경쟁의 결과는 앞서와 마찬가지로 사전에 알 수는 없다. 이렇게 경쟁과 이 경쟁을 통한 선발 과정이 되풀이되면서 우리는 한발 한발 보다 효율적인 것들을 발견해 나가게 된다.

한편, 이러한 경쟁의 특성을 이해하지 못하는 사람들이 있다. 예를 들어 '중소기업 적합업종' 제도를 내세우는 사람들, 또 '골목상권 보호'를 외치는 사람들이 그런 사람들이다. 이 사람들은 경쟁의 결과가 미리 정해져 있다고 믿는 사람들이다. 이들은 중소기업과 대기업이 같은 업종에서 경쟁을 하면 대기업이 이기고 중소기업은 몰락한다고 믿는다. 그래서 중소기업 적합업종이라는 것을 지정해서 대기업이 진출하지 못하도록 막아야 한다고 주장한다. 또 대형마트 등이 진출하면 골목에 있는 전통시장이 붕괴된다고 믿는다. 그래서 대형마트가 입점하지 못하도록 규제하고, 대형마트가 취급하는 품목과 영업시간도 규제해야 한다고 한다. 하지만 경쟁이란 그렇지 않다. 어느 것이 더 효율적인지, 어느 것이 소비자들의 욕구를 더 잘 충족시키는지를 사전에 미리 알 수 있는 방법은 없다. 경쟁을 통해서 비로소 알 수 있을 뿐이다.

경쟁의 결과가 얼마나 열려 있는지를 보여주는 일화가 하나 있다. 2011년 우리나라 대구에서 '대구 세계육상선수권대회'가 열렸다. 당시 100m 달리기의 우승후보자는 단연 자메이카 출신의 우샤인 볼트라는 선수였다. 그는 100m와 200m 세계기록 보유자였고 그때까지도 승승장구해오고 있었다. 대부분의 사람들이 볼트가 당연히 우승할 것으로 예상했다. 하지만 그는 결승전에서 뛰어보지도 못했다. 부정 출발을 하는 바람에 출발조차 못하고 탈락했기 때문이다.

이렇듯 경쟁은 예측을 불허한다. 그런데도 중소기업 적합업종을 결정하는 사람들, 대형마트의 입점을 불허하고 여러 규제를 쏟아내는 사람들은 자신들은 경쟁의 결과를 이미 알고 있다고 착각하고 있는 사람들이다. 구조적으로 무지한 인간이 '너 자신을 알라'는 소크라테스의 지적을 무시하고 '지식의 오만'을 한껏 부리고 있는 것이다.

(3) 시장경제에서의 협력: I, Pencil

시장경제에서는 자기 이익에만 몰두하고 서로 경쟁만 하기 때문에 협력이라는 것은 구조적으로 불가능하다고 주장하는 사람들이 있다. 이들의 주장은 눈앞에만 보이는 표면적이고 1차적인 현상만을 보고 그것이 마치 시장경제의 전부인 것처럼 착각하는 데에서

기인한 잘못된 주장이다. 보이지 않기 때문에 쉽사리 파악할 수 없는, 이면(裏面)에서 이루어지고 있는 어마어마한 규모의 협력과 조화를 볼 수 있었다면 그런 잘못된 주장을 하지 않을 것이다.

여기 소개하는 것은 레너드 리드(Leonard Read)의 '나는 연필입니다 I, Pencil'이라는 짧은 글이다.[55] 이 글은 나무, 아연, 구리, 흑연의 복합체로 만들어진 간단한 제품인 한 자루의 연필이 탄생되는 과정을 이야기식으로 묘사하면서, 얼마나 많은 나라의 얼마나 많은 사람들이 서로 협력하고 조화를 이루는가를 잘 보여준다.

연필의 재료가 되는 나무의 경우 그것을 심고 가꾸는 과정과 거기에 참여해서 일하는 사람, 잘 자란 나무를 베어 통나무 상태로 철로를 통해 제재소로 운반되는 과정과 사람, 제재소에서 연필 두께의 판자로 만들어지는 과정과 사람이 포함된다. 그리고 각 과정에는 그 사람들이 일을 할 수 있도록 도끼와 톱 등의 도구를 만든 사람, 그들이 작업할 때 식사를 준비해 주는 사람, 그 식량을 생산한 사람 등등이 포함된다. 그리고 연필 생산에 들어가는 재료 중 국내에서 생산되지 않는 것은 수입도 해야 한다. 예를 들어 지우개의 재료는 인도네시아로부터, 경석(硬石)이라는 재료는 이탈리아로부터 수입된다. 외국 및 외국인의 노동과도 협력하지 않으면 한 자루의 연필도 만들어지기가 쉽지 않다는 말이다. 이렇듯 얼핏 간단해 보이는 한 자루의 연필을 만드는 일에도 수백 명 혹은 수천 혹은 수만, 수십만 명의 협동, 그리고 수 개국의 국제적인 협동이 있어야만 가능하다.

이렇듯 시장경제에서는 '협력하는 윤리'를 일부러 가르치고 강요하지 않아도 저절로 협력이 이루어지고 있다. 사실 시장경제에서 이루어지고 있는 고도화된 분업과 전문화 자체가 참여자들의 협력과 조화를 전제하지 않고는 불가능한 일이라는 점을 이해한다면, 시장에서 저절로 이루어지는 협력과 조화가 새삼스러운 일도 아닐 것이다.

(4) 시장경제와 보이지 않는 손

시장경제는 아나키적(anarchistic), 즉 무정부적이라고 비판하는 사람들이 있다. 시장경제에서는 지시하고 조종하고 명령하는 사람이 없이 제멋대로 생산하고 제멋대로 투자하고 제멋대로 소비한다는 것이다. 그리고 이렇게 무정부적으로 움직이니까 협력이 이루어질 수 없고, 또 개인적으로는 합리적이고 이익일 수 있지만, 사회 전체를 위한 공익에는 이익이 아니라 오히려 손해를 끼칠 수 있다고 한다. 그러기에 정부가 나서서 질서를 잡는 '질서 있는 시장경제'가 되어야 한다고 주장한다.[56)]

비판자들의 말대로 시장경제는 본래가 무정부적이다. 시장경제에는 지시하고 명령하는 사람도 기관도 없다. 모든 경제주체가 각자 자신들의 목적과 계획을 갖고 그에 따라 제멋대로 움직인다.[57)] 그런데, 이런 무정부적 특성이야말로 시장경제를 특징짓는 징표다. 만약 시장경제가 무(無)정부적이 아니라 유(有)정부적이라면, 그런 시장경제는 더 이상 시장경제라 할 수 없다. 어디에 투자할 것인지, 무엇을 얼마만큼 생산할 것인지, 얼마에 팔 것인지, 누구에게 팔 것인지, 누구로부터 얼마에 구매할 것인지 등을 정부가 지시하고 명령하는 경제는 시장경제가 아니라 계획경제이며 사회주의경제이기 때문이다. 시장경제는 무정부적이어야 한다.

주목할 것은, 비판자들이 비판하는 것과는 정반대로, 무정부적으로 움직이는 시장경제에서는 각자가 자신의 이익을 추구하는 과정에서 협력과 조화, 그리고 공익의 실현이 자동적으로 이루어진다는 점이다. 앞의 '나는 연필입니다'의 예에서도 볼 수 있는 것처럼, 어린이들이 사용하는 간단해 보이는 연필 한 자루를 만드는 과정만 해도 수도 없이 많은 사람들과 기계장치들, 그리고 수많은 국가들이 참여하는 복잡한 협력 과정이다. 각자는 자신의 이익을 추구할 뿐이지만, 자신도 모르는 사이에 연필이 만들어지고 어린이의 손에 쥐어지기까지 서로 협력하고 있다. 또한, 어린이가 필요로 하는 연필을 어린이를 위해 만들어 주라는 지시나 명령을 내리는 사람이 없음에도 어린이는 자신이 필요로 하는 연필을 어렵지 않게 손에 가질 수 있게 된다. 이 과정에서 모든 사람들은 어린이를 위해서가 아니라 자신의 이득을 위해 일하지만, 자신도 모르는 사이에 어린이가 필요로 하는 것을 제공하는 역할을 하게 된다.

이렇듯, 시장경제에서의 자기 이익 추구가 자연발생적이고 자발적인 협력으로 이어지고, 나아가 공익의 실현에도 이바지하게 되는 것을 일컬어 '보이지 않는 손 (Invisible Hand)'이라고 한다. 애덤 스미스는 자기 이익 추구와 보이지 않는 손의 작동에 관해 이렇게 말한다. "우리가 식사할 수 있는 것은 정육점 주인·양조장 주인·빵집 주인의 자비에 의한 것이 아니라 자기 자신의 이익에 대한 그들의 관심 때문이다. 우리는 그들의 인간성에 호소하지 않고 그들의 이기심에 호소하며, 그들에게 우리 자신의 필요를 이야기하지 않고 그들의 이익을 이야기한다. 거지 이외에는 아무도 동료의 자비에 전적으로 의지하려고 하지 않는다."[58] 즉, 우리가 따뜻한 저녁을 먹을 수 있는 것은 정육점 주인 등이 우리에게 따뜻한 식사를 대접하겠다는 '공익적' 의도를 갖고 있기 때문이 아니다. 그들은 오직 자신의 이익만을 생각하며 행동하지만, 보이지 않는 손에 이끌려 결과적으로 우리가 따뜻한 저녁을 먹을 수 있도록 해준다는 것이다. 비록 의도하지는 않았지만, 타인들이 따뜻한 저녁을 먹을 수 있도록 해주는 것, 타인들이 원하는 것을 충족시킬 수 있도록 해주는 것이야말로 공공의 이익에 기여하는 행위라 하지 않을 수 없다.

시장경제는 무정부적이며, 이러한 시장경제에서 경제주체들은 자기 이익 추구에만 몰두하므로 정부가 개입해서 질서를 잡고 공공의 목적에 기여하는 방향으로 이끌어야 한다고 주장하는 사람들은 시장에서의 보이지 않는 손이 행하는 역할에 대해 전혀 모르거나 전혀 이해하지 못하는 사람들이다. 그래서 이들은 자신들이 볼 수 없고 이해하지 못하는 시장의 '보이지 않는 손' 대신에 볼 수 있고 이해할 수 있는 정부의 '보이는 손'으로 대체하고자 한다. 하지만 정부의 '보이는 손'이란 개입주의 및 사회주의 계획경제를 달리 부르는 이름에 불과하다. 정부의 '보이는 손'이 시장의 '보이지 않는 손'을 대체하게 되면, 경제는 추락하고 자유는 크게 훼손될 것이다.

공공의 이익을 입에 올리는 사람들에 대해 애덤 스미스는 한마디로 '헛소리 하지 마라'며 이렇게 일축해 버린다. '나는 공공의 이익을 위해 일한다거나 공공의 이익을 위해 일해야 한다고 떠드는 자들이 실제로 공공의 이익에 기여하는 것을 본 적이 없다.'[59]

4장

재화와 생산요소의 가치

1. 소비재의 가치
2. 생산요소의 가치
3. 소비자가 총사령관이다

4장

재화와 생산요소의 가치

모든 생산물은 크게 소비재(消費財)와 자본재(資本財)로 나눌 수 있다. 소비재는 소비자재(消費者財)라고도 불리는데, 최종 소비자가 자신의 욕구와 필요를 충족시키기 위해 직접 소비하는 재화를 말한다. 자본재는 소비재를 생산하기까지의 생산과정에서 투입되는 모든 재화들을 말한다.

자본재는 토지 및 노동과 더불어 생산과정에 투입된다. 생산과정에 투입되는 이러한 모든 것들을 생산요소라고 하는데, 이때 토지 및 노동을 본원적(本源的) 생산요소, 그리고 자본재를 생산된 생산요소라고 한다.[60] 생산과정에 투입되어 가공 또는 변형되는 원자재나 부품 등을 중간재라고 하여 자본재와 별도로 분류하기도 하지만, 여기서는 중간재도 자본재에 포함되는 것으로 본다.[61]

이하에서는 소비재와 생산요소들의 경우로 나누어 그것들의 가치가 어떻게 평가되는지를 살펴본다.

1. 소비재의 가치

(1) 한계효용과 가치의 역설

가치란 재화나 서비스, 자원 등이 각 개인이 필요로 하는 것 혹은 목표 등에 얼마나 기여하는가에 따라 각 개인이 주관적으로 내리는 평가를 말한다. 앞에서도 언급했듯이,[62] 어떤 사물의 가치는 그것에 고유한 물적, 기술적 속성에 의해 결정되는 것이 아니라, 그것을 이용하고 소비하는 사람이 자신의 욕구 해결 혹은 목표 달성에 그것이 얼마만큼 기여하는가에 따른 주관적이고 심리적인 평가다. 예를 들어, 동일한 재료와 동일한 시간과 노력을 들여서 두 척의 보트를 만들었는데, 한 척은 사막 한가운데에서 만들어 배로서 전혀 기능할 수 없고, 다른 한 척은 강가에서 만들어져 언제라도 이용 가능하다면, 각각의 가치에는 커다란 차이가 날 수밖에 없는 이치와 같다. 즉, 소비재의 가치는 해당 재화의 물적, 기술적 속성에 의해서 결정되는 것이 아니라 해당 재화가 소비자 개인의 목표 달성이나 욕구 충족에 얼마나 기여했는가에 관해 소비자 개인이 판단하는 주관적인 효용의 크기다.

그런데, 소비자는 재화를 어떻게 소비할까? 한 소비자가 사과 5개를 갖고 있다고 해서 사과 5개를 한꺼번에 먹지는 않는다. 한 개씩 차례로 먹을 것이다. 이때 추가로 소비하는 사과 1개를 한계(限界, marginal)단위라고 하며, 이렇게 추가로 소비하는 사과 1개, 즉 한계단위가 제공하는 효용을 한계효용(marginal utility)이라 한다. 이렇게 볼 때, 소비재의 가치는, 정확히 표현한다면, 소비자가 어떤 재화 1 단위를 소비하면서 주관적으로 평가한 한계효용의 크기다.

이 주관적인 한계효용의 개념은 이른바 '한계혁명'이라 불릴 정도로 경제학의 발전에 크게 기여했다. 그 중의 하나는 한계효용의 개념이 나타남으로써 고전파 경제학자들이 고심하고 또 고심하면서도 만족스럽게 해결하지 못했던 일명 '가치의 역설'이 비로소 해결되었다는 사실이다.

물은 우리 인간에게는 생명과도 직결되는, 없어서는 안 되는 중요한 재화다. 반면 다이아몬드는 없어도 사는 데에는 전혀 지장이 없는 재화다. 중요성과 유용성으로 따지면 당연히 물이 다이아몬드보다 가치가 훨씬 높아야 한다. 그런데, 역으로 시장에서는 물은 가치가 없는 반면, 다이아몬드는 엄청 높은 가치를 갖는다. 이런 현상이 곧 '가치의 역설'이다. 이 문제가 과거 경제학자들을 꽤나 고민하게 만들었던 과제였다.

이 가치의 역설에 대한 여러 틀린 대답 중 하나가 노동가치론에 기반한 대답이다. 노동가치론에 따르면 물은 큰 노력을 들이지 않고도 얻을 수 있는 반면에 다이아몬드는 광산 속에서의 노동 등 힘든 노동을 통해서만 얻을 수 있다는 것이다. 그래서 물보다는 다이아몬드가 가치가 높다는 것이다. 이렇게 본다면, 노동가치론에 의해 가치의 역설이 해소되는 듯 보이지만, 이 노동가치론은 그 자체가 허구라는 것이 밝혀지면서 배제되지 않을 수 없었다. 노동가치론에 따르면, 초보 주방장이 10분 걸려 만든 불어터지고 맛없는 라면이 노련한 주방장이 3분 걸려 만든 깔끔하고 맛있는 라면보다 가치가 높아야 한다. 그러나 시장에서는 그런 일이 일어날 리가 없으며, 오히려 그 반대의 현상이 나타나기 때문이다.

반면, 한계효용의 개념은 가치의 역설을 깔끔하게 해결한다. 이에 따르면 소비자는 물 '전체'와 다이아몬드 '전체' 중에서 선택하는 것이 아니라, 물 '1단위'와 다이아몬드 '1단위' 중에서 선택한다. 물이냐 다이아몬드냐 하면 당연히 생명과 직결되는 물이 가치가 높겠지만, 물 1단위와 다이아몬드 1단위 사이에서는 다이아몬드의 가치가 높을 수 있다. 이로써 가치의 역설이 깔끔하게 해결된다.

(2) 한계효용체감의 법칙

한 재화의 소비를 1단위씩 증가시킬 때마다 이 한계단위가 주는 한계효용은 지속적으로 감소한다는 것이 한계효용체감의 법칙(law of diminishing marginal utility)이다.

이 한계효용체감의 법칙을 통상적으로 설명하는 방식은 사람의 심리적이고 생리적인 현상으로 설명하는 것이다.[63] 예를 들면 다음과 같다. 힘든 운동을 막 끝내고 나서 마시는 첫 잔의 물은 그 무엇과도 바꿀 수 없을 정도로 시원하고 상쾌할 것이다. 즉, 효용이 굉장히 크다. 두 번째 잔은 첫 번째 잔의 물만큼은 아니지만, 여전히 타는 목을 식혀주는데 상당히 유용할 것이다. 여전히 효용이 크다.

세 번째 잔은 두 번째 잔만큼은 아니지만 조금 남아 있는 갈증을 완전히 해소해 준다. 작지만 여전히 효용은 있다. 이후 네 번째 잔부터는 별로 마시고 싶지 않다. 갈증도 해소된 데다가 많이 마신 물로 배까지 불러 더 마시는 것이 오히려 고역이 된다. 이때부터는 효용이 마이너스가 된다. 이처럼 한계단위의 소비가 증가할수록 그것이 주는 한계효용은 체감한다.

이렇듯 한계효용체감의 법칙을 인간의 심리적이고 생리적인 현상으로 설명하게 되면 그 법칙이 의미하는 바를 이해하기는 쉽다. 하지만 이러한 식의 설명은 법칙 적용의 범위가 너무 좁게 한정되어버린다는 문제가 있다. 법칙은 보편적인 적용이 가능해야 법칙인데, 위에서 예로 든 것은 한 명의 소비자가 하나의 재화(=물)를 한 가지 용도(=갈증 해소)로만 소비하는 경우만을 설명하고 있을 뿐이다. 그런데 하나의 재화를 내가 사용할 뿐만 아니라 다른 사람이 사용하게 할 수도 있고, 또 한 가지 용도로만 사용되는 것이 아니라 여러 가지 용도로도 사용될 수 있다. 예를 들어 물은 마실 수도 있지만, 샤워를 하는 데 사용할 수도 있고 꽃밭에 뿌릴 수도 있다. 이런 경우들에 대해서는 위에서처럼 인간의 심리적이고 생리적인 현상으로 설명한 한계효용체감의 법칙이 적용되지 않을 수 있다. 인간의 심리적이고 생리적인 현상으로 설명하는 것은 한계효용체감의 법칙을 이해하기 쉽게 전달하기 위한 하나의 방편일 뿐이다.[64)]

실제로 한계효용체감의 법칙은 다음과 같은 보편적 원칙으로부터 나오는 보편적 법칙이다. 즉, 한계효용체감의 법칙은 사람이 어떤 재화를 사용할 때 효용이 가장 큰 용도부터 효용이 작은 용도의 순서로 차례대로 사용하게 된다는 보편적 원칙으로부터 유도된 법칙이다. 마시기도 하고 샤워도 하고 정원에 물도 뿌리고자 하는 사람이 있는데, 이 사람에게 가장 긴급한 것은 마시는 물이고, 그리고 씻는 것이고, 그 다음이 아름다운 꽃을 감상하는 일이라고 하자. 만약 이 사람에게 사용할 수 있는 물이 1단위밖에 없다면 우선 가장 시급한 마시는 용도로 사용할 것이다. 그것이 가장 효용이 크기 때문이다. 물이 2단위가 있다면, 첫 번째 1단위는 우선 마시는 용도로 사용하고, 두 번째 1단위는 마시는 것보다는 효용이 떨어지는 샤워하는 데 사용할 것이다. 물이 3단위가 있다면, 첫 번째 1단위는 가장 효용이 큰 마시는 데 사용하고, 두 번째 1단위는 그보다 효용이 떨어지는 샤워하는 데 사용하고, 마지막 세 번째 1단위의 물은 가장 효용이 낮은 꽃밭에 뿌릴 것이다. 이렇게 물의 소비가 1단위씩 증가할수록 한계효용은 체감한다.

다시 말하면, 사람들은 자신이 판단하기에 가장 효용이 높은 욕구부터 효용이 낮은 욕구의 순서대로 해결한다는 보편적 원칙으로부터 한계효용체감의 법칙이 유도된다. 그리고 이 한계효용체감의 법칙은 언제 어디서나 보편적으로 적용되는 법칙이다.

2. 생산요소의 가치

(1) 모든 것은 소비재의 가치에 달려 있다

생산요소의 가치는 앞서 언급한 소비재의 가치평가와는 사정이 다르다. 그 이유는 다음과 같다. 만약 생산요소들을 투입하여 생산한 소비재의 가치가 전혀 없는 것으로 평가된다면, 그것을 생산하는 데 투입된 생산요소의 가치는 얼마가 될까? 소비재의 가치가 0(零, zero)이라면, 이것을 생산하는 데 투입된 생산요소의 가치 또한 0이 될 수밖에 없다. 반대로, 어떤 한 소비재의 가치가 매우 높게 평가된다면, 그것을 생산하기 위해 투입된 생산요소의 가치도 마찬가지로 높게 평가된다. 즉, 생산요소의 가치는 그것이 투입되어 생산된 최종 소비재의 가치에 의해 평가받는다.

마찬가지로 만약 소비재를 생산하는 데 투입된 생산요소를 생산요소1이라 하고, 생산요소1을 생산하는 데 투입된 생산요소를 생산요소2라 하면, 생산요소2의 가치는 생산요소1의 가치에 따라 달라지고, 생산요소1의 가치는 그것이 생산한 최종 소비재의 가치에 따라 달라진다. 결국, 생산요소2의 가치도 마지막 소비재의 가치에 의해 평가되는 것이다. 이런 식으로 소비재←생산요소1←생산요소2←…생산요소n까지 연결되어 있는 생산구조에서 모든 생산요소의 가치는 최종적으로 생산되는 소비재의 가치에 의해 평가된다.[65)]

(2) 한계생산물가치에 따른 분배

소비재가 소비자들에 의해 가치를 인정받으면, 이 소비재의 생산에 투입된 생산요소들도 비로소 가치를 얻게 된다. 그러면 이렇게 획득된 가치를 노동과 토지 그리고 자본재 등 각 생산요소별로 분배를 하게 되는데, 이 분배는 각각의 생산요소들이 이 가치의 창출에 얼마만큼 기여했는가 하는 기여도에 따라 이루어지게 된다.

각각의 생산요소가 가치의 창출에 얼마만큼 기여했는가를 알기 위해서는 먼저 각각의 생산요소가 생산물의 생산에 얼마만큼 기여했는가를 알아야 한다. 이것은 한계생산물 계산을 통해서 알 수 있다. 여기서 한계생산물이란 한 생산요소의 한계단위(marginal unit)가 투입되었을 때 생산물이 얼마만큼 추가로 생산되는가 하는 것으로서, 이는 투입과 산출의 계산을 통해 파악이 가능하다. 이렇게 파악된 각각의 생산요소의 한계생산물의 비교를 통해 각각의 생산요소가 생산에 기여한 기여도를 파악할 수 있고, 여기에 가치를 접목시키면 한계생산물가치를 알 수 있다. 이렇게 각각의 생산요소는 생산물의 가치 창출에 기여한 기여도에 따라 자기 몫을 분배받는데, 이것을 한계생산물가치에 따른 분배라고 한다.

사정이 이러하기 때문에, 생산에 투입된 생산요소에 대한 가치의 분배, 특히 노동의 대가인 임금에 대해 정의롭지 않다거나 혹은 착취를 당한다거나 하는 비판은 옳지 않다. 왜냐하면, 위에서 보았듯이, 각 생산요소는 그것이 생산물의 가치 창출에 기여한 만큼 자기 몫을 받는 것이기 때문이다. 이와 달리, 노동자가 자신이 기여한 것보다 더 많이 받는 것은 노동자가 착취하는 것이고, 반대로 자신이 기여한 것보다 덜 받는 것은 노동자가 착취를 당하는 것이다. 하지만 자유 시장경제에서 노동자는 자신이 기여한 만큼, 즉 노동의 한계생산물가치에 따라 분배를 받기 때문에 어떤 착취도 발생하지 않는다. 이처럼 시장경제에서는 자신이 기여한 만큼 몫을 받기 때문에 노동자 스스로도 정당하고 떳떳하다.

근로자가 자신의 몫을 높이기 위해서는 생산요소로서의 자신의 가치, 이른바 '몸값'을 올려야 한다. 근로자가 자신의 몸값을 올리는 데에는 크게 두 가지가 작용한다고 볼 수 있다. 하나는, 생산요소의 가치는 최종 소비재의 가치에 의해 좌우되므로, 무엇보다도 먼저 소비자들이 가치를 높게 평가하는 재화나 서비스를 생산하는 부문을 찾아 일을 하는 것이 중요하다. 소비자들이 외면하는 부문, 따라서 소비자들이 별 가치를 부여하지 않는 부문에 종사하는 것은 스스로의 몸값을 낮추는 일이다.

두 번째는, 근로자의 몸값은 해당 근로자가 가지고 있는 기술이나 지식의 희소성에 의해서 크게 영향을 받는다. 전문적 기술이나 지식이 필요 없이 누구나 처음부터 할 수 있는 일에 종사할 수밖에 없다면, 그 근로자의 몸값은 낮을 수밖에 없다. 기업이 절실히 필요로 하는 기술과 지식, 다른 사람으로 대체하기 어려운 자신만의 특수한 혹은 독특한 기술과 지식, 탁월한 숙련도나 자신만의 노하우를 갖고 있는 근로자의 몸값은 높기 마련이다.

3. 소비자가 총사령관이다

소비재의 가치가 소비자에 의해 평가되고, 나아가 자본재를 포함한 모든 생산요소들의 가치 또한 소비자가 평가하는 소비재의 가치에 의해 평가된다는 사실은 몇 가지 중요한 의미들을 함축하고 있다. 그 중의 하나는 시장경제의 총사령관은 소비자라는 사실이다.

소비자들은 시장에서 매일 그리고 매번 구매하고 소비하는 행위를 통해 소비재의 가치를 평가하며, 이를 통해 어떤 재화와 서비스가 생산되어야 하고 어떤 재화와 서비스는 퇴출되어야 하는지에 대한 결정을 내린다. 그리고 소비자들의 이 결정에 따라 해당 재화들을 생산하는 데 투입되는 자본재와 노동 등 생산요소들까지도 마찬가지로 시장에서 살아남거나 퇴출된다. 그것만이 아니다. 생산방식, 생산구조, 경영기법, 지배구조 등 시장경제 및 기업과 관련된 모든 것들도 소비자의 결정에 의해 동시에 판정이 난다. 간단히 말해서 소비자들은 시장의 총사령관으로서 매일 매일의 구매행위를 통해서 시장에서 계속 생산되고 성장할 것은 무엇이고 시장에서 퇴출되어야 할 것은 무엇인지 명령하고 있는 것이다.[66] 소비자의 이 명령을 충실히 따르는 생산자는 큰 이윤을 얻고, 이 명령에 불복하는 생산자는 큰 손실을 보고 퇴출되는 운명을 맞이하게 된다.

이런 관점에서 볼 때, 시장에서 한 경쟁자 때문에 다른 경쟁자가 죽어나간다는 주장은 말도 안 되는 억지다. 예를 들어, 대형마트의 진입으로 인해 전통시장과 골목상권이 무너진다는 것은 말이 안 된다는 얘기다. 왜냐하면, 전통시장과 골목상권을 죽이고 살리는 것은 대형마트가 아니라 시장경제의 총사령관인 소비자들이기 때문이다. 소비자들이 자신들의 매일 매일의 구매행위를 통해 전통시장은 '물러가고' 대형마트는 '앞으로 나서라'라는 명령을 내리고 있기에, 그 명령에 따라 전통시장은 '물러나고' 대형마트는 '앞으로 나서고' 있는 것뿐이다.

따라서 정부가 전통시장과 골목상권을 보호한다는 명분으로 대형마트의 진입을 규제하고, 영업 품목과 영업 일수를 제한하는 것은 결국 시장경제의 총사령관인 소비자의 명령에 거역하고 적을 이롭게 하는 이적행위에 비유할 수 있다. 전장에서 사령관의 명령에 불복하고 이적행위를 하는 군인들이 있는 군대가 승리할 수 없는 것과 마찬가지로 그런 행위가 벌어지고 있는 전장인 시장에서의 성과가 좋을 리 만무하다. 소비자들의 불편은 말할 것도 없고, 대형마트의 영업은 물론 전통시장과 골목상권의 영업까지 모두 축소되고 있는 것이 작금의 현실이다. 전장에서 사령관의 명령을 무시하거나 거역하면 작전은 실패하고 적의 보복을 당해 패하듯이, 시장에서 소비자의 명령을 무시하거나 거역하면 시장의 보복을 당하게 된다.

정부의 행태도 행태이지만 더 이해하기 어려운 것은 일부 소비자들, 특히 일부 소비자단체의 행태이다. 물론 일부이긴 하겠지만, 전통시장과 골목상권을 보호하기 위해 대형마트에 대한 규제를 강화해야 한다고 주장하는 소비자단체들이 있다. 그런데, 여러 설문조사 결과를 보면 이런 주장을 하는 소비자들 포함 대부분이 실제

쇼핑은 대형마트에서 하는 것으로 알려지고 있다. 본인이 쇼핑할 때는 전통시장과 골목상권을 외면하고 대형마트를 선호하면서, 다른 한편으로는 전통시장과 골목상권을 보호하기 위해 대형마트의 진입과 영업을 규제해야 한다고 주장하고 있는 것이다. 실제 행동으로는 전통시장과 골목상권을 무너뜨리면서 입으로는 살려야 한다고 외치는 행태는 자기기만이다. 아니면 본인이 직접 명령을 내린 총사령관이라는 사실조차 기억하지 못하는 심각한 건망증 환자이거나, 그도 아니라면 적과 내통하고 있는 변심한 총사령관이거나.

5장

가격의 형성과 가격의 기능

5장
가격의 형성과 가격의 기능

1. 가격과 가치, 그리고 잉여

(1) 가격과 가치, 그리고 잉여의 개념

가격과 가치는 서로 다른 개념이다. 가치는 어떤 재화나 서비스에 대한 개인의 주관적이고 심리적인 평가다. 그러기 때문에 한 사물에 대해 각 개인이 평가하는 가치는 각기 다를 수밖에 없다. 그리고 이렇게 가치평가가 서로 다르기 때문에 교환이 발생한다. 즉, 상대편은 내가 갖고 있는 것을 자신이 가지고 있는 것보다 높게 평가하고, 또 나는 상대편이 갖고 있는 것을 내가 가지고 있는 것보다 높게 평가하기 때문에 교환이 이루어진다.

이렇게 교환이 이루어질 때 서로 교환되는 교환비율이 나타나는데, 이때 나타나는 교환비율이 곧 가격이다. 다시 말해, 가격은 교환되는 두 상품 중 하나의 상품으로 표현되는 두 상품 간의 교환비율이다. 예를 들어 사과 5개와 쌀 1kg이 교환되었다고 하면, 사과 1개의 가격은 쌀 0.2kg, 혹은 쌀 1kg의 가격은 사과 5개가 된다.

가치와 가격 간의 관계를 좀 더 구체적으로 살펴보면 다음과 같다. A는 사과를, 그리고 B는 쌀을 갖고 있다고 하자. 사과를 갖고 있는 A는 자신의 사과 7개가 쌀 1kg의 가치가 있다고 생각한다. 따라서 그는 쌀 1kg과 교환하는 대가로 최대 사과 7개까지 내어줄 용의가 있다. 한편, 쌀을 갖고 있는 B는 자신의 쌀 1kg은 사과 4개의 가치가 있다고 생각한다. 따라서 그는 최소 사과 4개를 받으면 쌀 1kg을 내어줄 용의가 있다. 두 사람 간 협상이 시작되면, 협상은 쌀 1kg에 사과 4개와 7개 사이에서 이루어질 것이고, 가격은 이 범위 내에서 결정된다. 이 범위를 벗어나면 교환은 이루어질 수 없고, 가격은 형성되지 않는다. 최종적으로 사과 5개와 쌀 1kg의 교환이 이루어졌다고 하면 이때 밖으로 드러난 사과:쌀의 교환비율은 사과 5개:쌀 1kg이며, 사과로 나타낸 쌀 1kg의 가격은 사과 5개, 혹은 쌀로 나타낸 사과 1개의 가격은 쌀 0.2kg이다. 바로 이 교환비율이 가격이다. 그렇지만 이 교환비율, 즉 가격이 각자가 평가하고 있던 가치는 아니라는 것을 알 수 있다. 이렇게 가치와 가격은 엄연히 다르다.

위의 예에서 사과를 가지고 있는 A는 쌀 1kg에 사과 7개까지 내어 줄 용의가 있었다. 그런데, 실제 교환을 한 결과 5개만 내어주었다. 즉, 자신의 가치평가에 따라 내어줄 용의가 있는 것보다 낮은 가격에 교환할 수 있었기 때문에 사과 2개만큼의 주관적인 이익을 보았다. B도 마찬가지다. 그는 자신이 갖고 있던 쌀 1kg을 내어주는 대가로 최소 사과 4개면 교환할 용의가 있었는데, 실제 교환에서는 사과를 5개나 받았다. 사과 1개만큼의 주관적 이익을 본 것이다. 이렇게 교환을 통해 얻게 되는 주관적 이익을 잉여(surplus)라고 한다. 이 잉여가 생산자에게서 발생하면 생산자 잉여, 소비자 측에서 발생하면 소비자 잉여, 그리고 이 둘을 합쳐 사회적 잉여라고 부른다. 앞에서도 언급했고 여기서도 확인할 수 있듯이, 교환은 이렇게 상호 간 이익을 얻는 윈윈게임(Win-Win Game)이다.

(2) 가격과 가치의 관계

가치는 각 개인의 심리적이고 주관적인 평가이기 때문에 본인 이외에는 누구도 정확히 알 수가 없다. 하지만 교환 혹은 거래의 결과로서 밖으로 드러나는 가격은 관찰이 가능하다. 가격은 한 물건과 다른 물건이 어떠한 비율로 교환되었다는 것을 경제주체들에게 알려준다. 그래서 경제주체로서 우리가 기존 행동의 성과를 측정하거나 앞으로의 계획을 세우거나 할 때 필요한 각종의 경제계산에 가격을 이용할 수 있다. 회계 정리를 통해 이윤과 손실을 계산하며, 앞으로 어떤 것을 행해야 할 것인지 말 것인지를 판단하는 출발점으로 가격을 이용하게 되는 것이다.

가치와 가격은 다른 것이지만, 그렇다고 전혀 관계가 없는 것은 아니다. 우선 가격 자체가 가치와 전혀 무관하게 형성되지 않는다. 앞의 예에서도 보았듯이, 교환 당사자들이 각자 주관적으로 판단하는 가치의 범주 내에서 교환비율, 즉 가격이 결정되기 때문이다. 그 범주를 벗어나서는 거래가 이루어지지 않고 따라서 가격이 형성될 수 없다. 그리고 이렇게 결정된 가격은 다시 경제주체들의 가치평가에 영향을 준다. 물론 가격이 절대적인 영향력을 행사한다는 의미가 아니라, 가격이 가치평가의 주요한 참고자료로 활용된다는 의미이다. 그리고 이렇게 해서 새롭게 수정 평가된 가치는 다시금 미래의 가격형성에 영향을 주게 된다.

그러면 가격이 없이는 가치는 평가될 수 없는가? 그렇지 않다. 가격이 없더라도 가치는 평가될 수 있다. 왜냐하면, 가치는 각 개인이 주관적으로 느끼는 효용이기 때문이다. 그렇지만, 가격이 있다면 가치평가 및 이로부터 출발하는 교환과 같은 경제행위를 함에 있어 발생할 수 있는 시행착오를 상당 부분 줄일 수 있다. 예를 들어 어떤 상품의 가격이 있다면, 그 가격과 각자가 주관적으로 생각하는 가치와 비교해서 교환할 것인지 말 것인지를 사전에 계획할 수 있다. 가격은 경제주체의 가치평가와 행동을 안내하는 일종의 나침반의 역할을 함으로써 시행착오로 인한 시간과 노력을 상당 부분 줄여주는 유용한 도구라 할 수 있다.[67)]

2. 화폐경제에서의 가격

(1) 직접교환과 간접교환, 그리고 화폐의 등장

앞의 사례에서 우리는 쌀과 사과라고 하는 물건을 직접교환하는 경제를 상정했다. 먼 옛날에는 이런 식의 직접교환 혹은 물물교환 방식으로 교환이 이루어졌을 것이다. 그런데, 이 물물교환 방식은 언뜻 생각해도 상당히 불편하지 않을 수 없다. 우선 내가 원하는 것을 가지고 있는 사람을 찾아야 하고, 그 사람도 내가 가지고 있는 것을 원하는 사람이어야 한다. 즉, 서로에게 맞는 교환 상대자를 찾기가 수월하지 않다. 또 설령 서로가 원하는 것을 갖고 있는 사람을 찾았다 하더라도, 두 사람이 갖고 있는 물량이 서로 원하는 만큼씩 갖고 있다는 보장도 없다. 분할을 할 수 없거나 분할이 어려운 물건이라면 더더욱 그렇다. 교환할 물건의 종류가 동시에 충족되어야 함은 물론 교환을 원하는 물량도 동시에 충족이 되어야만 한다. 이런 직접교환의 불편함을 해소한 것이 간접교환 방식이다.

간접교환 방식에서는 우선 내가 가지고 있는 것을 원하는 사람과 교환한 후에 그 교환한 것을 가지고 내가 원하는 것과 교환하는 것이다. A는 사과를 갖고 있고 쌀을 원한다. B는 담배를 갖고 있고 사과를 원한다. C는 쌀을 갖고 있고 담배를 원한다고 하자. A는 우선 자신이 갖고 있는 사과를 B의 담배와 교환하고, 그리고 이 담배를 C에게 내어주고 쌀과 교환하는 것이 간접교환 방식이다.

언뜻 보면 이 간접교환 방식이 직접교환 방식에 비해 훨씬 더 복잡하고 더 큰 불편을 초래하는 듯 보인다. 직접교환에서는 교환 당사자 한 명만 찾으면 되었지만, 간접교환 방식에서는 최소 두 명을 찾아야 된다. 물량의 동시 충족 문제의 어려움은 말할 것도 없다. 그런데, 만약 위의 사례에서 담배가 교환의 대상물로서 모든 사람에 의해 언제나 기꺼이 수용되는 상품이라면 간접교환의 이러한 불편함과 복잡함은 사라져 버린다. 말하자면, 직접교환, 물물교환 방식에서처럼 나와 교환할 적정한 상대자를 일일이 찾아 나설 필요가 없다. 담배를 가지고 있는 누구에게나 사과를 건네주고, 이렇게 받은 담배로 쌀을 가진 어떤 사람과도 쌀을 원하는 만큼 교환할 수 있다. 담배는 수용성도 높고, 분할도 얼마든지 가능하기 때문이다. 여기서 담배가 하는 역할이 곧 교환의 매개물로서 화폐가 하는 역할이다.[68]

화폐의 유일한 기능은 이렇게 교환의 매개물로서의 기능이다. 간접교환을 간단히 말한다면, 교환의 매개물인 화폐를 받고 자신의 물건을 건네주고, 그렇게 받은 화폐로 자신이 원하는 물건과 다시 교환하는 것이다. 다만, 여기서 화폐가 현대의 우리가 일반적으로 생각하는 지폐가 아니라 하나의 상품이라는 차이만 있을 뿐이다. 담배처럼 상품이 화폐의 역할을 하는 것을 상품화폐라 한다. 또 금이나 은과 같은 금속이 화폐의 매개물로서 기능을 하면 이를 금속화폐라고 부른다.

사람들에 의해 널리 받아들여지는 수용성이 높은 상품을 시장성(marketability)이 높은 상품 혹은 다른 상품과의 교환 가능성이 높다는 의미에서 유동성이 높은 상품이라고도 하는데, 이러한 시장성이 높은 상품의 등장은 언제든지 다른 상품과 교환할 수 있는 교환의 가능성과 범위를 크게 높이고 확대함으로써, 분업과 전문화 및 생산성 증대에 크게 기여했다. 역사 속에서 화폐가 했던 역할이 바로 이것이다.

(2) 자생적 질서로서의 화폐와 화폐의 조건

화폐는 어떤 현명한 철인(哲人)이나 천재가 나타나 직접교환보다는 화폐를 이용한 간접교환 방식이 훨씬 편리하고 유용하므로 어떤 상품, 예를 들어 '금을 화폐로 이용하자'라고 해서 만들어진 것이 아니다. 역사상 직접교환의 불편함을 극복하고자 하는 수많은 다양한 방법들이 시도되었을 것이고, 수많은 다양한 상품들이 교환의 매개물로서 등장했을 것이다. 실제로 역사상 나타났던 교환의 매개물만 보더라도, 동물의 털이나 가죽, 조개, 화살촉, 옷감, 설탕, 소금 등 다양하다. 우리나라에서는 1960년대까지만 해도 쌀이 화폐의 역할을 하기도 했으며, 6·25 전쟁 중 거제도 포로수용소에서는 담배가 화폐로 쓰였다고도 한다.[69] 여러 가지 시도들이 서로 경쟁하고, 여러 가지 상품들이 서로 경쟁하면서, 점차 교환의 매개물로서 적합한 것들로 진화되는 과정을 거쳐 대부분은 우리가 금화나 은화라고 하는 금속화폐로까지 이어졌다. 이러한 사정들에 비추어볼 때, 화폐는 누군가에 의해 의도적으로 만들어진 것이 아니라, 직접교환의 불편함을 해결하고 교환을 용이하게 하기 위한 사람들의 무수한 시도와 노력 속에서 자생적으로 생겨나고 진화한 자생적 질서이다.

자생적 질서로서의 화폐는 여러 대안 상품들이 경쟁하고 선별되는 과정에서 교환을 용이하게 하는 특성들을 갖춘 상품들이 화폐로 선택받게 된다. 교환을 용이하게 하는 이러한 특성들을 화폐의 조건이라 하는데, 한 마디로 화폐의 수용성 혹은 시장성 또는 유동성이 높은 특성들을 말한다.

우선 화폐로 이용되는 상품은 상품 자체로 가치가 높아야 한다. 그래야만 많은 사람이 기꺼이 그 상품과 교환하고자 하며, 소량만 갖고도 대량 교환이 가능하며, 또 휴대와 이동도 용이하기 때문이다. 이외에도 화폐는 소액으로의 분할 가능성이 높을 것, 휴대나 이동이 편리할 것, 쉽게 변질되거나 부패되지 않는 내구성이 있을 것, 그리고 품질이 균일할 것 등의 조건도 충족되어야 한다. 이런 특성들을 두루 갖춘 것이 금과 은이다. 대부분의 국가에서 금이나 은이 화폐로 쓰였던 것은 결코 우연이 아니다.[70]

(3) 화폐경제에서의 가격

화폐경제에서 교환의 한쪽 대상은 항상 화폐가 된다. 즉, 사과와 쌀을 교환하는 직접교환에서 사과와 화폐의 교환, 그리고 화폐와 쌀의 교환으로 전환된다. 이처럼 화폐경제에서 교환의 한쪽 대상은 항상 화폐가 되므로, 이에 따라 자연스럽게 모든 가격은 화폐의 단위로 표시된다. 앞의 예에서 담배가 화폐의 역할을 하므로 사과의 가격과 쌀의 가격을 담배의 단위로 표시할 수 있다. 즉, 사과 1개는 담배 몇 개, 쌀 1kg은 담배 몇 개 하는 식이다. 만약 이때 담배'화폐'의 단위를 '개(個)'가 아니고 '원'으로 부른다면, 사과 1개는 몇 원, 쌀 1kg은 몇 원하는 식으로 표시되는 것이다.

(4) 상품으로서의 화폐

화폐로 기능하는 상품이 언제나 교환의 한쪽 대상물이 되고, 나아가 다른 상품들의 가격을 표시하는 단위로도 기능하다 보니, 화폐로 사용되는 상품 자체가 하나의 상품으로서 가치를 가지며 거래의 대상이 되고, 수요와 공급을 통해 결정되는 가격을 갖는다는 사실이 잊혀지거나 묻혀버리곤 한다. 더구나 현재는 과거와 달리 금화나 은화 등 상품화폐나 금속화폐가 아닌 법정불환지폐가 사용되기 때문에 이런 현상은 더욱 심하다. 통상적으로 우리는 어떤 물건을 사고 화폐를 '지불'한다고 하지 화폐와 '교환'한다고 하지 않는다. 하지만 시장에서의 핵심적 행동이 교환이듯이, 본래는 어떤 물건과 화폐를 교환한다고 하는 것이 맞다. 화폐 역시 하나의 상품으로서 가치를 갖고 거래되고 있으며, 가격을 갖고 있다는 사실이 간과되어서는 안 된다.

화폐의 그러한 특성을 고려하여 이 책에서 화폐를 말할 때는, 특별한 언급이 없는 한 그것은 상품화폐를 의미한다. 그래야만 시장에서 이루어지는 행동이 교환행동이라는 점이 분명해지고, 또 법정 불환지폐 제도 등에 의해 왜곡된 화폐시장이 아닌 본래 의미의 화폐시장을 이해하는 데도 도움이 될 수 있기 때문이다.[71] 현대의 법정불환지폐 제도하에서 정부가 화폐를 독점 공급함으로써 본래 자생적 질서인 화폐 및 화폐시장을 인위적 질서로 대체해버렸고, 이로 인해 수많은 문제들이 발생하게 되었다는 점만을 우선 언급해 둔다. 화폐가 거래되는 시장인 화폐시장에 대해서는 8장 '화폐와 화폐시장'에서 다룰 것이다.

3. 시장가격의 결정 과정

(1) 수요량과 공급량, 그리고 균형가격

시장에서 가격은 수요와 공급에 의해 결정된다. 정확하게는 수요량과 공급량 및 그것들이 조정되는 과정을 통해 결정된다. 각 가격에 대응해서 판매하고자 하는 수량을 공급량이라 하고, 각 가격에 대응해서 구매하고자 하는 수량을 수요량이라고 한다. 이때 수요량과 공급량은 시장 전체의 수요량과 공급량이다.[72]

수요량과 공급량의 변화는 모두 한계효용체감의 법칙으로부터 유도된다. 먼저 수요측면을 보자. 가격이 낮으면 수요자는 한계효용이 낮은 용도로도 사용하기 위해 많은 양을 구매하게 된다. 반면, 가격이 높으면 한계효용이 높은 용도로만 사용하기 위해 적은 양을 구매할 수밖에 없다. 즉, 가격이 낮아지면 수요량은 증가하고 가격이 높아지면 수요량은 감소한다. 이것이 이른바 '수요의 법칙'이다.

한편, 공급자는 가격이 낮아 판매로부터 얻게 되는 한계효용이 낮으면 생산을 줄이고, 가격이 높아 한계효용이 높으면 생산을 늘린다. 즉, 가격이 낮아지면 공급량이 감소하고, 가격이 높아지면 공급량이 증가한다. 이것이 이른바 '공급의 법칙'이다.

시장에서는 수요자가 구매하기를 원하는 가격들이 있고 또 공급자가 공급하기를 원하는 가격들이 존재한다. 양측 모두가 원하는 가격들 가운데 일치하는 경우가 생기게 되고 이로써 교환, 즉 구매와 판매가 이루어진다. 이처럼 수요량과 공급량이 일치할 때 시장이 균형을 이룬다고 한다. 그리고, 이때의 가격을 균형가격, 이때의 수요량 및 공급량을 균형량이라 부른다.

시장에서는 여러 가지 사정으로 수요량이 공급량을 초과하는 초과수요가 발생할 수 있다. 예를 들어 정부가 고유가에 대응한다는 명분으로 '최고가격제'를 실시하는 경우를 보자. 최고가격제란 가격의 상한선을 정해놓고 그 이상의 가격으로는 판매하지 못하도록 강제하는 조치이다. 이때 최고가격은 자유로운 시장에서 결정되는 가격보다 낮은 수준에서 결정된다. 그래야만 가격을 인상하지 못하도록 하는 최고가격제의 목적이 달성될 수 있기 때문이다. 최고가격으로 인해 가격이 낮게 유지되므로, 구매자는 더 많이 구매하려고 할 것이고, 반대로 공급자는 공급을 줄이려 할 것이기 때문에, 수요가 공급을 초과하는 초과수요가 발생한다. 초과수요 상황에서는 수요에 비해 공급이 부족하기 때문에, 수요자들은 서로 먼저 차지하려고 경쟁하게 되고, 이는 곧 가격상승의 압력으로 작용한다. 이에 따라 가격이 상승한다. 가격이 상승하면 판매자는 이익을 기대하고 공급을 늘리게 되고, 반대로 수요자는 구매를 줄이거나 다음으로 미루게 된다. 이렇듯 초과수요가 나타나면 가격은 상승하고 공급량은 증가하는 한편, 수요량은 감소하게 되는 조정과정을 거치게 된다. 최종적으로는 수요량과 공급량이 다시 일치하는 곳에서 균형가격이 형성되면서 조정과정은 마무리되고 시장은 균형을 이루게 된다.

만일 정부가 시장의 이런 자동적인 조정과정을 허용하지 않고 규제를 계속한다면, 초과수요가 사라지지 않고 지속될 것이다. 초과수요가 지속되면 수요자들이 해당 제품을 먼저 차지하고자 하는 구매 경쟁도 계속된다. 기름값을 통제하면 주유소에 주유하기 위해 차들이 길게 늘어서 있는 장면을 볼 수 있는데, 이런 장면은 초과수요를 제거하기 위한 시장의 조정과정이 허용되지 않는 한 사라지지 않고 계속해서 나타날 것이다.

다른 한편, 시장에서는 공급이 수요를 초과하는 초과공급이 나타날 수 있다. 예를 들어 정부가 일정 수준의 임금 이하로는 고용할 수 없도록 최저임금제라고 하는 '최저가격제'를 실시하는 경우가 그런 경우이다. 최저가격제는 가격의 하한선을 정해놓고, 그 이하로는 구매와 판매를 하지 못하도록 강제하는 정책이다. 이때 최저가격은 시장에서 자유롭게 결정되는 가격보다 높은 수준에서 결정된다. 그래야만 일정 수준 이하로 판매와 구매를 하지 못하도록 한 최저가격제의 목적이 달성될 수 있기 때문이다. 최저가격으로 인해 가격이 높게 유지되므로, 구매자는 수요를 줄이게 되고, 반면에 공급자는 공급을 늘리게 되므로, 공급이 수요를 초과하는 초과공급이 나타나게 된다. 이처럼 공급량이 수요량을 초과하는 초과공급의 경우에는 초과수요에서와는 정반대의 조정과정이 일어난다. 초과공급 상황에서는 공급이 수요에 비해 넘쳐나기 때문에, 판매자가 서로 먼저 판매하고자 경쟁하면서 가격하락 압력이 생기게 된다. 이에 따라 가격이 하락한다. 가격이 하락하면 이익 감소를 예상하는 판매자는 공급량을 줄이는 한편, 수요자는 수요량을 늘리게 된다. 이렇듯 초과공급 상황에서는 가격은 하락하고 공급량은 감소하는 반면, 수요량은 증가하는 조정과정을 거치게 된다. 최종적으로는 수요량과 공급량이 다시 일치하는 곳에서 균형가격이 형성되면서 조정과정은 마무리되고 시장은 균형을 이루게 된다.

여기서도 만일 정부가 초과공급을 해소하는 시장의 자동적인 조정과정을 허용하지 않는다면 초과공급이 사라지지 않고 계속될 것이다. 공급자들이 서로 먼저 판매하고자 하는 경쟁도 사라지지 않는다. 정부가 최저임금제를 계속 고집하게 되면, 노동을 공급하고자 하는 공급량은 많은 반면에, 노동을 수요하고자 하는 수요량은 적을 수밖에 없다. 최저임금제로 인한 초과공급을 해소하기 위한 시장의 조정과정을 허용하지 않는다면, 이른바 대량실업이 사라지지 않고 계속될 것이다.

한 가지 유의할 점은 시장균형 및 균형가격의 특성이다. 위에서 언급된 시장균형과 균형가격은 일단 시작된 시장조정 과정이 완전히 종료될 때까지 모든 조건들이 변하지 않는다면 달성될 수 있다는 것을 나타낸다. 다른 말로 하면, 시장균형과 균형가격이 현실 시장에서는 형성될 수도 없지만, 설령 그것이 어쩌다 형성되었다 하더라도 그것은 일시적일 뿐 결코 지속되거나 고정되는 것은 아니라는 말이다. 왜냐하면, 균형을 찾아가는 시장조정 과정 중에 예를 들어 새로운 정보와 새로운 사태의 등장 등 외부 여건이 변화하면 시장에서는 언제든 새로운 균형점을 향한 새로운 조정과정이 시작될 것이기 때문이다. 즉, 시장은 일단 시작된 조정과정이 완료되기도 전에 항상 새로운 조정과정이 시작되기 때문에, 언제나 조정과정 중에 있다고 볼 수 있다.

시장균형과 균형가격이 우리에게 알려주는 중요한 요점은 시장은 항상 스스로 균형을 찾아가는 경향이 있다는 점이다. 그리고 시장이 스스로 균형을 찾아가는 경향이 있다는 이 사실은 다음과 같은 몇 가지 중요한 시사점을 준다.

먼저, 정부의 모든 시장개입은 문제를 해결하는 것이 아니라 새로운 문제를 유발한다는 점이다. 조정과정 중에 있는 문제를 해결하겠다고 끼어드는 정부개입으로 인해 시장에는 새로운 여건이 등장하고, 이에 따라 조정과정이 새롭게 다시 시작되어야만 하기 때문이다.

두 번째, 따라서 정부의 모든 시장개입은 문제의 해결을 촉진하는 것이 아니라 문제의 해결을 지연시키고 고통을 연장시킨다.

세 번째, 정부의 시장개입이 계속될수록 문제는 점점 더 악성(惡性)으로 변한다. 점점 본래의 균형점으로부터 멀어지게 만들기 때문이다. 그러다 보니 시장에서 연착륙할 수 있는 문제도 경착륙하도록 만들고, 최악의 경우에는 폭발하게까지 만든다.

(2) 수요량 및 공급량의 변화와 수요 및 공급의 변화

앞서 설명한 부분에서는 가격이 변화할 때 수요량과 공급량이 어떻게 변화하는지를 볼 수 있었다. 이때 암묵적으로 전제하고 있는 것이 하나 있다. 그것은 바로 '가격 이외의 다른 여건은 변하지 않는다'는 가정이다. 이렇게 다른 조건은 불변(不變)인 상태에서 가격의 변화에 따라 수요량과 공급량이 변화하는 것을 수요량 및 공급량의 변화라 한다.

여기서 불변이라고 가정했던 다른 조건들이란 수요와 공급에 영향을 미치는 것들 중에서 가격을 제외한 모든 것을 말한다. 통상적으로 자주 언급되는 다른 조건들로는 소득의 변화, 재화에 대한 가치평가의 변화, 대체재나 보완재의 가격변화 등을 들 수 있다.

불변이라고 가정했던 이런 다른 여건들이 변화하게 되면 당연히 수요와 공급에도 변화가 나타나게 된다. 이렇게 불변이라고 가정했던 다른 여건들이 변화하면서 나타나는 변화를 수요량 및 공급량의 변화와 구별하여 수요 및 공급의 변화라고 한다.

우선 소득의 변화와 관련해서 살펴보자. 소득이 증가하면 모든 가격에 대응하여 구매하고자 하는 수요가 이전에 비해 증가할 것이다. 소득이 증가하면 신발 한 켤레로 만족하던 이전과 달리 두 켤레를 사서 번갈아 신는다. 이처럼 소득이 늘어 수요가 증가하면 당연히 가격은 상승하고 판매 및 구매하는 수량은 증가한다. 반대로, 소득이 감소하면 모든 가격에 대응하여 구매하고자 하는 수요가 이전에 비해 감소할 것이다. 소득이 줄어 수요가 감소하면 가격은 하락하고 판매 및 구매하는 수량은 감소한다.

이어서 대체재와 보완재의 경우를 보자. 대체재(代替財)란 두 재화가 동일한 혹은 유사한 유용성을 갖고 있어서 한 재화의 가격이 상승하면 그 재화에 대한 수요가 감소하고 대신에 그와 유사한 쓰임새를 가지고 있는 다른 재화에 대한 수요가 증가하는 재화들을 말한다. 다시 말해, 한 재화의 가격이 상승하면 다른 재화의 수요가 증가하는 관계에 있는 재화들을 대체재라고 한다. 예를 들어 육류소비라는 측면에서 돼지고기와 소고기는 대체관계에 있는 대체재라 할 수 있다. 만약 대체재인 소고기의 가격이 상승하면 상대적으로 저렴해진 돼지고기의 수요가 증가할 것이고, 반대로 소고기의 가격이 하락하면 상대적으로 비싸진 돼지고기의 수요가 감소할 것이다.

한편, 보완재란 대체재와 달리 한 재화의 가격이 상승할 때 다른 재화의 수요가 감소하고, 역으로 한 재화의 가격이 하락할 때 다른 재화의 수요가 증가하는 관계에 있는 재화들을 말한다. 예를 들어 바느질에 필요한 바늘의 가격이 상승하면 바늘의 수요가 감소하는

데 이때 바늘과 보완관계에 있는 실의 수요도 같이 감소하고, 바늘의 가격이 하락하면 바늘의 수요가 증가하는 데 이때 실의 수요도 같이 증가한다.

대체재와 보완재를 돼지고기와 소고기 및 바늘과 실을 예로 들어 설명을 했지만, 현실에서는 대체재와 보완재가 자로 재듯이 분명하게 구분되지 않는 경우도 많다. 예를 들어서 우리나라에서 소주와 맥주는 대체재일까 보완재일까? 통상적으로 소주와 맥주는 대체재의 관계라고 하지만, '소맥'을 즐겨 마시는 한국에서는 소주와 맥주는 보완재라고도 볼 수 있지 않을까?

4. 가격의 기능

(1) 가격은 정보의 보고(寶庫)

시장은 통상 상품이나 서비스가 거래되는 곳으로만 알려져 있다. 시장에서 상품과 서비스가 판매되고 구매되므로 겉으로 보기에는 당연히 그렇게 보이지만, 시장에서는 상품과 서비스의 거래만이 이루어지는 것이 아니다. 이와 더불어 헤아릴 수도 없는 엄청난 양의 정보 또한 들어오고 나가면서 서로 교환되고 있다는 점을 놓쳐서는 안 된다.

현대자동차를 예로 들어보자. 현대자동차 내에는 자동차에 대한 전문지식과 기술을 가진 사람들이 자신들이 가지고 있는 지식과 기술을 총동원하여 자동차를 생산하고 있다. 그들이 가진 지식과 기술이 바로 자동차에 구현되어 소비자들에게 전달되고 있다. 그뿐만이 아니다. 현대자동차 노동조합은 매년 파업하는 것으로 유명하며, 단 한 해인가를 제외하고는 수십 년째 매년 파업을 이어오고 있다. 현대차 노동조합이 매년 파업을 한다는 정보도 시장에 들어온다. 현대차 노동조합의 파업만이 아니라, 현대차의 어떤 조그만 협력업체에서의 노사 분규나 사고가 생겨도 그 정보 역시 시장에서 반영된다. 만일 해외에서 조달되는 부품에 이상이 생겨도, 부품을 싣고 오던 배에 문제가 생겨도, 그 정보 역시 반영된다. 현대차나 협력업체에서 새로운 기술이 개발되거나 경영혁신이 일어나도 마찬가지다. 나아가 차의 운용에 필요한 기름값의 상승과 하락 정보 역시 시장에 반영된다. 국내외의 다른 자동차 생산기업들에 대한 정보도 당연히 시장에서 반영된다.

소비하는 측의 수많은 정보들도 역시 시장에 들어온다. 우선 잠재적 구매자들의 경제력이 반영된다. 차를 구매할 수 있는 경제력을 갖춘 사람들, 사고는 싶지만 경제력이 뒷받침되지 않는 사람들과 관련된 정보가 당연히 고려된다. 좀 더 고급차를 원하는 사람, 아니면 저렴한 차를 원하는 사람, 기름이 덜 들어가는 차를 원하는 사람, 기름은 좀 들더라도 육중하고 안전한 큰 차를 원하는 사람들 등 다양한 차종에 관한 정보도 포함된다. 전자기기를 많이 활용한 차를 원하는 사람, 아니면 전자기기를 가능한 적게 활용한 차를 원하는 사람들의 정보도 포함된다.

이런 정보만이 전부가 아니다. 현대차를 개인적인 이유로 좋아할 수도 있고 또 싫어할 수도 있는데, 현대차에 대한 사람들의 이런 개인적인 호불호도 역시 시장에서 반영된다. 즉, 매년 파업하는 노동조합이 싫어 현대차를 구입하지 않겠다고 하는 사람들의 감정도 시장에서는 정보로 교환된다. 대한민국 사람이라면 국내에서 생산되는 현대차를 사야한다고 생각하는 사람의 태도도 반영된다. 환경을 위해 차를 타는 것을 자제해야 한다고 생각하는 사람의 정보도 반영된다. 국내만이 아닌 해외의 소비자들에 관한 정보도 역시 포함된다. 어느 국가가 최근 소득이 크게 올라 자동차 수요가 증가하고, 어느 나라는 거꾸로 소득이 줄어 수요가 감소하는지에 관한 정보도 또한 반영된다.

다시 말하면, 우리가 상상할 수도 없이 많은 세계 각지의 수많은 사람들이 갖고 있는 자동차와 관련된 정보들이 시장에서 반영되고 교환된다. 이 정보들 중에는 문자와 언어로 전달하고 습득할 수 있는 명시적 지식들도 있고, 또 글이나 말로는 설명할 수 없고 전달할 수 없는 암묵적 지식들도 함께 교환된다. 예를 들어, 현대차 내부에는 이른바 명장(名匠)이라 부르는 초(超)고급기술자들이 있다. 이들이 가지고 있는 명시적 지식도 중요하지만, 특히 중요한 것은 이들이 수십 년간의 개인적인 경험과 특별한 감각을 통해 습득한 암묵적 지식이다. 이들이 개인적으로 가지고 있는 암묵적 지식도, 비록 말이나 글로는 설명할 수 없고 전달할 수 없지만, 자동차 품질을 통해서 우리에게 전달될 수 있다. 그리고 그렇게 만들어진 좋은 품질의 자동차를 파악하는 수요자들의 지식도 시장에서 정보로 반영된다. 이렇듯 시장에서는 명시적 지식은 물론이고 암묵적 지식도 전달되고 교환된다.[73] 이처럼 시장은 세계 도처에 그리고 각각의 개인들에게 분산되어 있는 지식과 정보가 마치 파도처럼 밀려 들어오고 나가고 하면서 교환되는 곳이다.

온갖 지식과 정보가 밀려들고 나가면서 교환되고 있다는 의미에서 시장의 역할은 마치 인터넷의 기능과 유사하다고 할 수 있을 것이다. 인터넷에도 온갖 정보가 넘쳐나기 때문이다. 하지만 시장은 인터넷의 기능을 훨씬 뛰어넘는다. 인터넷에서는 필요한 정보를 하나하나 찾아야만 한다. 그리고 그 하나하나의 정보가 가치가 있는 것인지 아닌지를 판단해야 하고, 또 그 정보가 어떤 영향을 미칠 것인지도 평가해야만 한다. 게다가 나만의 평가가 아니라 타인의 평가도 알아내야 한다. 그래야만 그것이 내가 선택하고 결정하는 데 도움을 줄 수 있는 정보로서의 가치를 갖게 된다. 결코 쉽지 않은 일이며, 불가능한 일이기도 하다. '정보의 홍수에 빠져 허우적거린다'는 말이 공연히 하는 말이 아니다.

하지만 시장에서는 이 복잡하고 불가능해 보이는 문제가 아주 간단하게 해결된다. 바로 시장에서 형성되는 가격이 그 비결이다. 세상의 온갖 정보가 시장에 들어오고 나가고 하는 교환과정에서 각각의 정보는 자동적으로 해당 재화나 서비스의 수요와 공급 측면에, 그리고 이에 따라 가격형성 과정에 빈틈없이 반영된다. 그리고 이렇게 모든 정보가 반영된 결과 탄생하는 것이 가격이다. 그렇기 때문에 가격 속에는 해당 재화나 서비스와 관련된 모든 정보가 함축되어 있다고 말할 수 있는 것이다.

주목할 것은, 그 모든 정보를 일일이 다 알지 못해도 관계없으며, 또 일일이 다 알고자 할 필요도 없다는 점이다. 왜냐하면, 알든 알지 못하든 관계없이 모든 지식과 정보를 응축시켜 하나의 수치로 보여주는 지식과 정보의 결정체(結晶體)가 곧 가격이기 때문이다. 예를 들어, 중동에서 전쟁이 벌어지고 있는 사실을 우리가 모른다고 해도, 이 전쟁에 관한 정보는 원유 가격의 급등으로 표현되어 우리에게 전달된다.

다행스럽게도 시장과 가격시스템 덕분에 우리는 일일이 정보를 직접 수집하고 평가하는 수고로움을 하지 않아도 된다. 게다가 모든 정보가 가격이라는 단 하나의 수치로 표현되므로 매우 간단하고도 효율적으로 정보를 전달하고 또 획득할 수 있다. 지식과 정보의 수집 및 활용과 관련하여 시장 및 가격시스템이 갖는 최고의 우월성은 바로 여기에 있다. 가격시스템만큼 값싸고 편리하며, 쉽고 빠르고 효율적으로 정보를 전달해주는 것은 없다.

덧붙일 것은 시장에서의 정보의 교환이 정보의 교환 그 자체에만 머무르지 않는다는 점이다. 정보의 교환을 거치면서 우리의 정보창고에 있는 정보 중에서 잘못된 정보는 수정되고, 오래된 정보는 업데이트되고, 없었던 정보는 새로운 정보로 채워진다. 이러한 과정을 거쳐 새로운 계획과 새로운 선택이 이루어지고, 이것은 다시 시장에서 교환되고 검토된다. 이런 지속적인 과정을 거치면서

우리의 지식이 성장하고 발전한다.[74)]

(2) 가격의 기능

지식과 정보의 결정체로서의 가격의 기능은 한마디로 도로의 교통신호등이 하는 역할에 비유할 수 있다. 파란불에는 차량이나 사람이 지나가라는 표시고, 빨간불에는 차량이나 사람이 멈추라는 표시다. 가격 또한 마찬가지로 생산자와 소비자 등 경제주체들에게 지나가라거나 멈추라는 신호를 보낸다. 다만, 색으로 표현되는 신호등과는 달리 가격은 가격의 변동을 통해서 신호를 보낸다는 점이 다를 뿐이다.

먼저 어떤 재화의 가격이 상승하는 경우를 보자. 이 신호는 우리 사회가 해당 재화를 매우 시급하게 필요로 한다는 것 혹은 그것이 매우 부족해 많은 소비자들이 구매하기를 원하고 있다는 것을 나타낸다. 따라서 생산자에게 이것은 큰 이윤을 획득할 수 있는 기회라는 신호이며, 해당 재화를 더 빨리, 더 많이 생산하라는 신호가 된다. 한편, 소비자에게 이것은 해당 재화가 매우 값비싼 것이므로 아껴서 사용하고, 가능하면 당장의 구매를 자제하고 다음으로 미루는 편이 낫다는 신호이다. 투자자에게 이것은 해당 부문으로의 투자를 서두르라는 신호이고, 근로자에게 이것은 해당 부문의 임금이 높으므로 적극적으로 이 부문으로 진출하라는 신호다.

역으로 가격이 하락하는 재화는 우리 사회에 그것이 매우 풍부하다는 것을 나타낸다. 따라서 이윤이 매우 낮거나 거의 없을 가능성이 높다. 따라서 이것은 생산자에게는 해당 재화의 생산을 줄이거나 아니면 중단하고 다른 부문으로 옮기라는 신호가 된다. 소비자에게 이것은 값싼 물건이니 많이 구매하고 소비할 수 있다는 신호다. 투자자에게 이것은 이 부문의 투자를 회수하거나 다른 부문에 투자하라는 신호이며, 근로자에게 이것은 임금이 낮아지거나 극단적인 경우 회사가 문을 닫을 수도 있으므로 가능한 빨리 다른 부문에서 좋은 일자리를 구해보라는 신호다.

가격의 기능을 간단히 신호등에 비유하여 설명했지만, 가격의 기능을 자세히 나누면 다음 몇 가지로 구분할 수 있다.[75]

우선 가격에는 정보전달 기능이 있다. 앞서도 설명했듯이 가격에는 해당 재화나 서비스와 관련해서 세계 도처의 사람들이 갖고 있는 지식과 정보가 함축되어 있다. 가격은 이 지식과 정보들을 하나의 간단한 수치로 보여줌으로써 지식과 정보들을 간편하고 효율적으로 경제주체들에게 전달한다.

가격은 또한 자원배분 기능을 한다. 즉, 가격은 자원이 효율적으로 사용되도록 한다. 우리 사회가 매우 시급하게 필요로 하는 재화나 서비스 혹은 우리 사회의 필요에 비해 매우 부족한 재화나 서비스는 신속하게 그리고 더 많이 생산되어야만 한다. 반대로 매우 풍부하거나 쓸모가 없어진 재화나 서비스는 생산을 줄이거나 생산을 중단해야 한다. 가격은 이러한 사실을 가격의 상승이나 하락을 통해 전달함으로써 자원들이 풍부하거나 쓸모가 없어진 재화의 생산으로부터 빠져나와 매우 부족하거나 시급하게 필요로 하는 재화의 생산 쪽으로 옮겨가게 한다. 다시 말해, 가격은 자원들이 가장 효율적으로 사용될 곳으로 이동하게 만든다.

가격은 분배기능도 갖고 있다. 생산에 투입되는 생산요소들은 생산된 재화의 시장가격에 각 요소들이 기여한 만큼 보상을 받는다. 이 말은 서로 다른 재화를 생산하는 데 동일한 노동이 투입되었다 하더라도, 각 재화의 시장가격이 다르다면 이에 따라 노동에 대한 보상도 달라진다는 뜻이다. 이렇게 가격은 각 생산요소에 대한 보상, 즉 분배가 각 생산요소의 기여도에 따라 이루어지도록 한다.

마지막으로 가격은 수요와 공급의 불일치를 해소하는 조정기능을 한다. 가격이 높으면 생산자는 생산을 늘리고 소비자는 소비를 줄임으로써 수요와 공급이 접근되도록 한다. 가격이 하락하는 경우에는 그 반대의 과정을 통해 마찬가지로 수요와 공급의 불일치가 해소된다. 이렇게 가격에 대해 생산자와 소비자가 반응하도록 함으로써 수요와 공급의 불일치를 해소하는 기능을 가격의 조정기능이라 한다.

(3) 가격 규제는 가짜뉴스(Fake News) 유포행위

가격은 수많은 정보를 함축시켜 전달하는 정보전달자이다. 그리고 경제주체들은 수많은 정보들을 포함하고 있는 가격에 맞춰 어떻게 행동해야 할지를 판단하고 행동한다. 그런데 그 정보가 허위정보거나 왜곡된 정보라면? 당연히 경제주체들은 잘못된 판단과 엉뚱한 행동을 하게 된다.

가격 규제는 정부가 앞장서 허위정보를 퍼뜨려서 국민들로 하여금 잘못된 판단과 엉뚱한 행동을 하도록 만드는 것들 중 하나이다. 예를 들어보자. 산유국들이 모여 있는 중동에서 전쟁이 발발해서 원유 수급에 차질이 빚어질 것이라는 정보들은 고스란히 기름 가격의 급상승을 통해 우리에게 전달된다. 소비자들로서는 마땅히 자동차 운행을 자제하고 냉난방 장치의 가동을 줄이고, 기업들로서는 기름을 덜 쓰는 생산방법을 개발하는 등 기름을 아껴서 사용하고 구매를 최대한 자제하는 방향으로 움직여야 한다.

그런데, 기름 가격의 상승을 못마땅하게 여긴 정부가 일정한 가격 이상으로는 판매하지 못하도록 하는 이른바 '최고가격제도'를 도입하면 어떻게 될까. 그렇게 되면 기름 가격이 예나 지금이나 변함이 없으므로 사람들의 소비 패턴에도 변화가 있을 리 없다. 전쟁과 원유 수급 차질로 인해 공급은 실제로 대폭 감소하는 반면에, 소비 패턴에는 아무런 변화가 일어나지 않는 것이다. 공급의 감소로 주유소에는 기름이 없거나 턱없이 부족한데, 사람들은 예전과 똑같이 소비하고자 하고 있다. 이제 어쩌다 기름을 판매하게 되는 주유소에는 너도나도 사겠다고 길게 줄을 서는 진풍경이 벌어진다. 주유소에 길게 늘어선 구매행렬은 이른바 '오일쇼크' 때마다 정부의 가격 규제로 인해 목격하게 되는 전형적인 장면이다. 이런 현상은 전쟁이 발발하고 기름이 귀해졌다는 '진짜 정보'를 전쟁도 없고 따라서 기름 수급에 차질이 빚어지는 일도 없는 것처럼 정부가 '가짜 정보'를 만들어 퍼뜨리기 때문에 발생하는 것이다.

이처럼 정부가 시장가격에 개입해서 가격을 왜곡하는 것은 곧 사람들이 알아야 할 지식과 정보들을 감추거나 왜곡해서 허위정보를 퍼뜨리는 일과도 같다. 가격 규제는 의도적으로 소비자들을 눈뜬장님으로 만들고, 헛것 혹은 신기루를 보고 달려가도록 만드는 일이다. 이런 의미에서 가격 규제는 가짜뉴스를 유포하는 것과 다를 바 없다고 하는 것이다. 가짜뉴스가 개인과 사회에 치명적인 피해를 입히고 혼란에 빠뜨리듯이, 가격 규제도 경제주체들의 선택과 판단을 왜곡시키고, 그 결과 개인과 사회를 경제적 혼란과 파탄으로 이끌 수 있다. 많은 경제학자들이 가격에 대해 개입하지 말라고 경고하는 이유가 바로 여기에 있다.

가격 규제는 차량과 사람으로 붐비는 사거리의 신호등을 일부러 고장 내는 행위에도 비유할 수 있다. 신호등이 고장 나면 차량과 사람이 뒤엉켜 아수라장이 된다. 이를 정리하고 바로잡을 주체가 바로 교통경찰, 즉 정부다. 그런데, 가격 규제는 신호등이 제 기능을 하도록 잘 유지해야 할 정부가 오히려 스스로 나서서 신호등을 고장 내고 돌아다니는 것이나 다름없다. 아파트 등 부동산 가격 규제, 최저임금 규제 등이 바로 정부가 앞장서서 신호등을 깨고 다니는 바로 그런 사례들이다. 정부가 나서서 가짜 정보를 퍼뜨리고 정보를 왜곡하는 이런 시장에 혼란이 일어나지 않으면 그것이 오히려 이상한 일일 것이다.

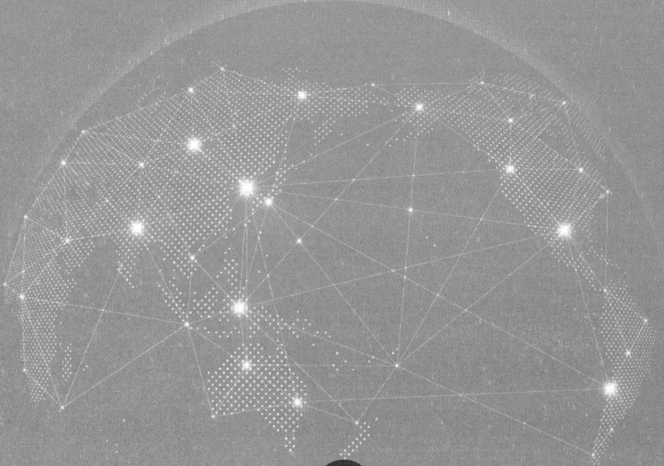

6장

시장경제에 대한 오해

1. 완전경쟁시장의 문제
2. 독점의 문제
3. 시장실패와 정부실패
4. 부익부빈익빈?
5. 보이는 것과 보이지 않는 것
6. 복지국가?

6장

시장경제에 대한 오해

1. 완전경쟁시장의 문제

(1) 완전경쟁시장은 완전 상상의 산물

시장에의 진입장벽이 없고, 수많은 공급자와 소비자가 있으며, 모든 생산자가 동일한 상품을 생산하며, 모든 소비자와 생산자가 완전한 정보를 가지고 있는 시장을 완전경쟁시장이라 한다. 그러기에 공급자와 수요자 모두 시장의 가격 결정에 아무런 영향도 미치지 못하고 주어진 가격을 그대로 수용하는 가격 수용자(price-taker)의 역할만을 하게 된다. 이것이 완전경쟁시장의 모습이다. 만일 이러한 완전경쟁시장이 성립되면 효율성의 극대화가 달성된다.

이 완전경쟁시장이 성립되기 위한 조건들을 하나하나 구체적으로 살펴보자. 첫째, 무수히 많은 다수의 공급자와 구매자가 존재하며, 이들 각자가 공급하거나 구매하는 양은 시장에서 교환되는 전체 수량에 비하면 아주 극소량에 불과하다. 따라서 이들 각자의 판매 및 구매 행동은 가격형성에 아무런 영향도 미치지 못한다. 이들은 모두 시장에서 정해진 가격을 수동적으로 받아들이는 가격 수용자의 역할만을 한다. 둘째, 시장에서 판매되는 제품은 모든 면에서 동질적(homogeneous)이다. 셋째, 시장에의 진입과 퇴출은 시간과 공간에 구애됨이 없이 자유자재로 이루어질 수 있다. 그리고 마지막 넷째, 시장참여자들은 관련되는 모든 정보를 다 알고 있다.

완전경쟁시장이 성립되기 위한 조건들을 얼핏 살펴보아도 알 수 있듯이, 현실의 시장은 이 가정들과는 너무도 차이가 크다. 완전경쟁시장이 현실에서는 결코 존재할 수 없는 상상 속의 시장이라고 하는 이유다.

먼저 첫 번째 가정을 보자. 판매자나 구매자가 정해진 가격만을 수동적으로 받아들인다는 가정은 당장 집 앞에 있는 작은 가게에만 가 봐도 현실과는 동떨어진 가정임을 알 수 있다. 아무리 작은 가게라도 각자 서로 다른 가격표를 제시하고 있으며, 판매자와 구매자 간에 흥정이 벌어지는 일도 심심치 않게 일어난다.

두 번째 가정인 시장에서 판매되는 제품은 모두 동질적이라는 것도 현실과는 거리가 멀다. 중국음식점에서 판매하는 짜장면이라고 해서 다 같은 짜장면이 아니다. 맛의 차이도 있고, 음식점 분위기의 차이도 있다. 실질적으로 같은 기업에서 생산하는 것이라고도 볼 수 있는 현대자동차와 기아자동차조차 사람들은 동질적 제품으로 보지 않는다.

셋째, 시장에의 진입과 퇴출이 시공을 초월하여 언제 어디서나 가능하다는 가정은 인간의 세상이 아닌 신들의 세상에서나 가능하다. 새로운 시장에 진입하기 위해서는 최소 몇 개월에서 몇 년간의 기간이 필요하다. 시장에서의 퇴출도 마찬가지다. 새로운 진입이 아니라 하더라도, 갑자기 크게 늘어난 수요를 충족시키기 위해서는 최소 며칠에서 몇 개월이 소요되는 것이 일반적이다.

마지막 네 번째 가정, 즉 경제주체들은 현재의 정보만이 아니라 미래에 일어날 일들까지도 포함한 관련 정보를 모두 다 알고 있다는 가정도 비현실적이기는 마찬가지다. 우리는 어디서 얼마나 더 저렴하게 혹은 비싸게 팔고 있는지, 품질이 같은지 다른지 등등을 모두 다 알 수는 없다. 현실에서는 같은 물건이라도 바로 옆 가게에서 더 저렴하게 판매하고 있다는 사실조차도 잘 모를 때가 많다. 저렴하게 구입했다고 좋아하다가도 곧바로 다른 사람은 훨씬 더 싸게 구매했다는 소식에 실망한 적이 몇 번씩은 있을 것이다. 하물며 미래에 어떤 일들이 어떻게 일어날 것인지를 알고 있을 수는 없다. 완전경쟁시장 모델에서 가정하고 있는 모습과 현실의 모습은 괴리 정도가 아니라 완전히 다른 차원의 세상이다.

모델은 현실을 설명하기 위해 현실을 단순화한다. 따라서 모델이 어느 정도 현실과 괴리되는 것은 당연하다. 주목할 것은, 여기서 현실과 괴리된다고 하는 이유는 설명하고자 하는 변수 이외의 다른 조건들은 변화하지 않는다고 가정하기 때문이다. 현실에서는 설명하고자 하는 것 이외의 다른 조건들도 역시 변화할 것이기 때문에 다른 조건들은 변하지 않는다고 가정하는 모델이 현실과는 괴리될 수 있다는 말이다. 하지만 설명하고자 하는 변수 자체는 현실과 괴리되어 있으면 안 된다. 예를 들어 수요의 법칙을 보자. 가격이 상승하면 수요는 감소하고 가격이 하락하면 수요는 증가한다는 것이 수요의 법칙이다. 이 자체는 현실과 괴리된 것이 아니라 현실과 잘 부합한다. 다만, 여기서 가격과 수요와의 관계를 설명하기 위해 가격 이외의 다른 조건들은 변하지 않는다고 가정하고 있기에 어느 정도 현실과는 괴리가 있을 수 있다고 하는 것이다.

그런데, 완전경쟁시장 모델은 그렇지가 않다. 일반적으로 모델은 현실의 조건들에서 출발한다. 그리고, 앞에서 보았듯이, 그 조건들 가운데 설명하고자 하는 하나의 변수를 제외한 여타 조건들은 변화하지 않는 것처럼 가정하는 것이다. 그런데, 완전경쟁시장 모델에서는 현실에 존재하는 조건들과는 전혀 무관하게 완전경쟁시장이 성립되기 위한 조건들을 완전히 새롭게 창조해낸 것이다. 마치 상상 속에서 천국의 모습은 이런 모습일 것이고, 그러기 위해서는 이러저러한 천사들이 모여 사는 세상이어야 된다고 하는 식이다. 완전경쟁시장 모델은 현실과는 아무런 관련도 갖지 않는 일종의 천국, 상상 속의 왕국을 묘사하고 있는 셈이다.

(2) 완전경쟁시장 모델은 '경쟁시장' 모델이 아니다

게다가 이 완전경쟁시장 모델은 이름만 '경쟁시장' 모델일 뿐, 실제로는 시장에서의 경쟁을 설명하기 위한 모델이 아니다. 왜냐하면, 여기서는 어떻게 경쟁이 이루어지는지, 경쟁의 과정은 어떻게 진행되는지 등에 대해 일언반구도 하지 않는다. 오히려 완전경쟁시장 모델은 아무런 경쟁이 없는 상태, 경쟁의 의미가 사라진 상태, 모든 것이 정지된 상태만을 나타내고 있을 뿐이다. '경쟁 모델'이란 이름 자체가 어울리지 않는 잘못 붙여진 이름이다. 왜냐하면, 다른 조건은 차치하고라도 경제주체들이 과거와 현재는 물론 미래의 일까지 포함한 모든 정보를 다 알고 있는 세계에서는 경쟁 자체가 성립되지 않기 때문이다. 모든 결과를 이미 다 알고 있는데, 경쟁을 할 이유도 없고 또 그럴 필요도 없다. 이 완전경쟁 시장의 세계는 더 이상의 경쟁도 없으며, 더 이상의 진전도 발전도 없고, 더 이상의 이윤도 없는 세계다. 어떤 기업이 이윤을 획득하자마자 순식간에 수도 없이 많은 공급자들이 이 시장에 진출함으로써 이윤을 제로(0)로 만들어 버릴 것이기 때문이다.

(3) 현실을 천국으로 만들려는 시도들

우리가 발붙이고 살고 있는 현실에서 지상천국을 건설하겠다고 하는 사람들이 종종 나타나듯이 시장에도 '천국의 시장'을 건설하겠다는 사람들이 있다. 시장을 불신하고 반대하는 반시장주의자 및 개입주의자들이 그런 사람들이다. 이들은 이 완전경쟁시장을 금과옥조(金科玉條)처럼 여긴다. 그러면서 현실의 시장이 이 완전경쟁시장에서 괴리되어 있으니 현실의 시장을 완전경쟁시장으로 만들어야 한다는 것이 개입주의자들이 내세우는 정부개입의 명분 가운데 하나이다.

이들이 완전경쟁시장을 특별히 선호하는 데에는 모델 앞에 붙어 있는 '완전(perfect)'이라는 단어도 큰 영향을 준 것으로 보인다. 그 이름 때문인지 사람들은 완전경쟁시장에서는 경쟁이 완전하고 완벽하게 이루어지기 때문에 시장의 결과도 훌륭하고 좋은 것이라는 환상을 갖고 있는 듯하다. 그리고 완전경쟁시장이 아닌 다른 경쟁시장은 불완전하고 잘못된 것이고, 따라서 그 결과도 자연적으로 '나쁜' '좋지 못한' '바람직하지 않은' 결과라고 보게 된다. 그래서 현실의 시장을 이 완전경쟁 모델이 보여주는 곳으로 강제로라도 끌고 가야 한다고 생각한다. 하지만 이것은 천국과 현실을 비교한 후 현실 세계를 천국으로 만들겠다고 하는 이상주의자들의 과욕이다.

경제학을 비롯한 사회과학의 핵심과제는 사람들 간의 상호작용과 그 결과에 대한 탐구다. 그런데, 완전경쟁시장에서는 행동의 주체인 인간이 전혀 보이지 않는다. 인간이 행하는 행동도 당연히 완전히 배제되어 있다. 인간들이 뛰노는 마당인 시장에서 인간과 그들의 행동을 완전히 배제시켜 버린 '인간 없는 시장'을 시장의 원형(原形)으로 보면서 그런 시장을 만들겠다고 하는 것은 지상천국을 건

설하겠다는 시도만큼이나 터무니없는 일이다.[76]

2. 독점의 문제[77]

(1) 일반적인 독점론에 대한 검토

a) 유일한 생산자 혹은 판매자?

일반적으로 어떤 재화나 서비스를 생산 혹은 판매하는 사람이 단 한 명(하나의 기업)일 경우 이를 독점이라고 한다. 어원적으로도 Monopoly는 유일(唯一) 또는 단 하나를 뜻하는 모노스(monos)와 판매를 뜻하는 폴레인(polein)의 합성어라고 하며, 따라서 유일한 생산자 혹은 판매자를 독점이라고 부르는 것이 어원적으로는 맞다고 할 수 있다. 하지만, 경제학적으로 이 정의는 논란의 여지가 너무 많다. 왜냐하면, 이런 식의 독점의 정의에 따라 어떤 한 생산자를 독점자라고 부르기 위해서는 그가 생산하고 판매하는 것이 유일한 것이어야 하는데, 그것이 유일한 것인지 아닌지를 판단하는 것이 말처럼 쉽지 않기 때문이다.

예를 들어 통상 열차 운송을 독점이라고 한다. 열차 운송은 한국철도공사 단독으로 운영하고 있기 때문이다. 다시 말해 한국철도공사가 유일한 공급자이며 따라서 독점자라고 할 수 있다. 그런데, 이동수단이라는 관점에서 보면 철도는 버스나 승용차 혹은 비행기와 같은 대체재와 경쟁관계에 있다고 할 수 있다. 이렇게 본다면, 열차 운송은 독점적 서비스가 아니다. 주목할 것은, 독점의 정의를 유일한 생산자 혹은 공급자로 규정하게 되면, 대체재의 범위를 어떻게 한정시키는가에 따라 독점인지 아닌지가 결정되는 일이 발생하게 된다. 즉, 독점이냐 아니냐의 판단이 매우 자의적으로 이루어질 수 있다는 말이다. 더구나 이 대체재의 범위는 시장에서 소비자들의 주관적인 판단과 행동에 의해서만 구체적이고 사실적으로 알 수 있다. 생산자 혹은 판매자가 유일한 경우를 독점이라고 한다는 정의는 소비자들의 주관적 평가에 따라 달라지는 매우 불확정적인 정의일 수밖에 없다는 것이다.

따라서 어떤 재화나 서비스를 생산 혹은 판매하는 사람(기업)이 단 한 명일 경우 이를 독점이라고 하는 독점에 대한 정의는 적절하지 않으며 또한 무의미하다.

b) 가격 혹은 산출량 제한 능력?

독점에 대한 또 다른 정의에 따르면 생산자가 가격 혹은 산출량에 대한 지배력을 행사할 수 있는 경우 이를 독점이라고 부른다. 독점가격 설정 혹은 수량 제한이 나타날 경우 이를 독점으로 본다는 것이다. 독점을 이렇게 정의하게 되면 앞에서의 정의처럼 생산자가 유일한가 아닌가 하는 것과는 관계없이 독점을 정의할 수 있고, 그래서 앞서 제기됐던 문제점을 피할 수 있다.

하지만 이런 식의 독점 정의에도 문제가 있다. 여기서 제기될 수 있는 문제점으로는 우선 비싼 가격을 받을 것을 기대하면서 공급을 제한하는 행동이 이른바 독점자만의 고유한 행동이라고 할 수 있느냐 하는 점이다. 그것이 독점자만이 보이는 고유한 행동이어야 비로소 그 특성을 기반으로 독점을 정의하는 것이 옳기 때문이다. 하지만, 이런 행동은 독점자만이 보이는 독점자의 고유한 행동이 아니다. 오히려 이런 행동은 통상적으로 모든 경제주체들이 하는 지극히 정상적이고 보편적인 행동이다. 예를 들어, 어떤 재화의 공급자가 현재가 아닌 다음에 가격이 크게 오를 것이라는 예상 하에 현재의 판매를 유보하고 다음으로 미룰 수 있다. 또 노동을 제공하는 근로자가 노동의 추가적인 공급으로 잃게 되는 여가의 가치를 고려하여 노동 공급을 제한할 수도 있다. 이들이 이런 행동을 한다고 해서 이들을 독점자라고 부르지는 않는다.

이렇게 통상적이고 보편적으로 이루어지는 공급제한과 이른바 독점자가 하는 공급제한을 구별하는 것은 불가능하다. 따라서 공급제한 행태를 독점자의 고유한 행태라고 하는 독점의 정의는 설득력이 없다.

(2) 정부의 특혜로 만들어지는 것이 독점

독점에 대해 정확하게 정의하자면, 독점이란 국가가 특정 개인이나 집단 혹은 기업에 특권을 제공함으로써 형성되는 특혜다. 이들에게 부여된 특권으로 인해 특정한 부문에서 다른 사람 혹은 기업의 진입이 허락되지 않기 때문에 독점이 형성되고 유지된다. 이런 의미에서 독점은 경쟁의 반대 개념이다.

'독점은 정부가 제공한 특권'이라는 이 독점 개념은 16~17세기 영국에서 상업과 무역의 독점 및 영업의 자유를 둘러싼 논란으로부터 유래된 개념으로서 이것이 본래 의미의 독점이다. 애덤 스미스 역시 특권으로서의 독점을 잠재적 경쟁자를 배제할 배타적인 권리를 정부가 제공하는 것으로 파악하고, 그것이 잔인하고 가혹한 법률에 의해 지탱되고 있다고 비판했다. 우리가 독점에 대해 가지고 있는 부정적 인식, 즉 '독점은 나쁜 것'이라는 인식도 바로 이 초창기 독점의 좋지 않은 모습에서 연유된 것이다. 초창기 독점에 대해 갖고 있던 독점에 대한 이 부정적 인식이 현재까지 이어지면서 결코 정부의 특권 부여에 의한 것이 아니라 시장에서 자연스럽게 형성된 대기업과 집중화된 시장구조까지 똑같은 독점으로 보고 비난하는 오류를 범하는 원인이 되고 있는 것이다.

어떤 시대, 어떤 산업에도 선구자는 항상 유일한 생산자, 즉 독점자였다. 경쟁이 제한되어 있지 않은 자유시장에서 어떤 기업이 독점기업이라는 사실은 이 기업이 다른 기업에 앞서서 소비자의 욕구나 필요를 가장 잘 해결해왔다는 증거다. 자유시장에서 이런 과정을 통해 자연스럽게 형성된 독점은 정부의 특혜에 의한 독점과는 전혀 다른 것이며, 또 결코 소비자들에게 해를 끼치지 않는다는 점에 주목해야 한다.

3. 시장실패와 정부실패

자유 시장경제를 전면적으로 부정하는 사회주의와는 달리 시장경제의 이점과 우월함을 인정하지만, 시장경제로는 적절히 해결되지 않는 문제들이 있다고 한다. 그리고 이런 문제들과 관련해서는 시장경제가 해결하지 못하기 때문에 정부가 나서서 문제를 해결할 수밖에 없다는 주장으로 이어진다. 이른바 시장실패가 발생하기 때문에 정부가 시장에 개입해서 이를 바로잡아야 한다는 것이다.

현재 광범위하게 벌어지고 있는 시장에 대한 정부개입의 상당 부분은 그것의 정당성의 근거를 바로 이 시장실패 논리에 두고 있다. 따라서 시장실패가 어떻게 발생하는지, 시장실패를 이유로 하는 정부의 개입은 정당한 것인지, 그리고 정부의 개입으로 시장실패가 교정될 수 있는 것인지 등에 대해 살펴보는 것은 정부 개입정책의 당부당(當不當)을 파악하는 데 매우 중요하다 할 수 있다.

시장실패가 발생한다고 하는 경우는 크게 세 가지이다. 공공재, 외부효과, 그리고 정보의 비대칭과 역선택의 경우가 바로 그것이다.

(1) 공공재

재화나 서비스가 소비의 비경합성(非競合性, Non-rivalry)과 배제불가능성(排除不可能性, Non-excludability)이라는 두 가지 특성을 가지고 있을 때 이를 공공재라고 한다.

공공재가 갖는 첫 번째 특성은 소비에서의 비경합성이다. 소비에서의 비경합성이란 어떤 사람이 한 재화나 서비스를 소비하고 있는 동시에 다른 사람도 함께 소비할 수 있는 특성을 말한다. 즉, 하나의 재화나 서비스를 수많은 사람들이 동시에 아무런 문제 없이 소비할 수 있다는 뜻이다. 예를 들어 국방과 같은 서비스의 경우에는 한 사람이 그 혜택을 받았다고 해서 다른 사람이 받을 수 있는 혜택이 줄어들지 않는다. 모든 사람이 동시에 국방서비스를 소비할 수 있다는 의미에서 여기에서는 소비에서의 경합성이 존재하지 않는다고 한다. 하지만 대부분의 다른 재화나 서비스의 경우에는 사정이 다르다. 예를 들면, 사과가 한 개 있는데, A가 그것을 먹어버리면, 즉 소비하면, B는 그것을 먹을 수 없다. 이런 경우에는 소비의 경합성이 존재한다고 한다. 우리가 일상적으로 마주하게 되는 거의 모든 재화나 서비스에는 이러한 소비의 경합성이 존재한다.

공공재가 갖는 두 번째 특성은 배제불가능성인데, 이것은 어떤 재화나 서비스에 대한 대가를 지불하지 않은 사람이 소비하더라도 그것을 막을 수 없다는 의미이다. 통상적인 거의 모든 재화나 서비스는 대가를 지불한 사람만 소비할 수 있는 배제의 원칙이 적용된다. 어떤 가게에 맛있게 보이는 사과가 있다고 해서 돈을 지불하지 않고 집어갈 수는 없다. 그러나 국방과 같은 서비스의 경우에는 세금을 내지 않는 사람이라 하더라도 국방서비스의 혜택을 받지 못하도록 배제시킬 수가 없다.[78]

이런 두 가지 특성을 갖는 재화를 공공재라 하는데, 이러한 공공재의 경우에는 시장을 통해서는 생산과 공급이 제대로 이루어질 수 없다. 그 이유는 이른바 무임승차자 문제(無賃乘車者問題, Free Rider Problem) 때문이다. 예를 들어 마을 앞에 큰 강이 놓여 있어서 건너편으로 가기 위해서는 한참을 우회해서 가야만 하는 마을이 있다고 하자. 이 강 위에 다리를 놓으면 마을 사람 누구나 혜택을 받을 수 있다. 그래서 다리를 건설하자는 데에는 누구나 찬성할 것이다. 하지만 다리 건설에 들어가는 비용을 각자가 다리의 이용으로부터 얻는 효용에 비례해서 부담하자고 한다면, 대부분은 비용부담을 피하고자 다리를 이용할 일이 별로 없다고 응답할 것이다. 본인이 비용부담을 하지 않더라도 막상 다리가 건설되고 나면 그 혜택을 온전히 누릴 수 있기 때문이다. 이런 행태를 무임승차자 문제라고 하는데, 소비자들의 이런 무임승차자 행태로 인해 공공재는 시장기능에 의해 제대로 공급되지 못한다. 결국 정부에 의해 공급되며, 이에 소요되는 비용도 강제적 성격을 띠는 조세에 의해 충당되어야 한다. 이것이 공공재의 특성을 갖는 재화나 서비스들을 생산하는 데 있어서 시장이 기능을 못하고 실패하므로, 정부가 나서서 공급해야 한다는 주장의 요지다.

이와 관련해 먼저 생각해 볼 것은 이러한 공공재의 특성을 갖고 있는 재화나 서비스에는 어떤 것들이 있는가 하는 점이다. 대표적인 것은, 앞에서도 예로 들었듯이, 국방서비스다. 국방서비스가 공공재라는 것에 대해서는 별다른 이론(異論)이 없다. 그러나 그 이외에 공공재의 예로 많이 들고 있는 도로나 항만, 통신과 우편 등은 공공재로서의 특성을 갖추고 있지 못하다. 일례로 공공재라고 일반적으로 인식되고 있는 우리나라 고속도로는 통행료를 지불해야만 이용할 수 있다. 이것은 우리나라 고속도로가 공공재가 갖추어야 할 특성인 배제불가능성을 갖추고 있지 않다는 것을 의미한다. 우리나라 고속도로는 비용을 지불하지 않는 운전자를 배제할 수 있으며, 또 실제로 배제하고 있다. 즉, 일반적 인식과는 달리 우리나라 고속도로는 공공재가 아니다. 이렇듯 우리가 일반적으로 생각하고 있는 것과는 달리 공공재의 특성을 갖는 재화와 서비스는 극히 드문 경우로만 한정되어 있다.[79] 일반적으로 공공재라고 널리 알려져 있는 등대가 사실은 정부의 개입 없이도 이미 민간이 건설하고 서비스를 제공했었다는 것이 역사적 사실이다.[80] 이렇게 공공재라고 하여 정부에 의해 공급되고 있는 것의 거의 대부분이 사실은 공공재가 아닌 '사이비 공공재'에 불과한 것들이다. 결국, 공공재의 특성으로 인한 시장실패를 이유로 정부가 시장에 개입할 여지는 실제로 많지 않다.

게다가 공공재의 특성을 갖는 재화나 서비스라고 해서 반드시 국가가 독점 공급할 이유는 없다는 점도 간과해서는 안 된다. 공공재의 예로 많이 언급되는 것이 국방과 치안인데, 치안서비스의 경우는 이미 상당 부분을 민간이 담당하고 있으며, 치안에 특화된 민간 기업들이 정부와 경쟁하고 있는 것이 현실이다. 국방서비스까지도-물론 아직까지는 비현실적인 것으로 인식되고 있지만-시장에서 민간에 의해 보다 효율적으로 제공될 수 있다는 견해도 있다.[81]

이렇게 본다면, 공공재의 특성을 갖는 재화나 서비스는 극소수에 불과하며, 그것조차도 정부가 독점 공급할 것이 아니라 민간의 진출을 허용하는 것이 맞다. 민간의 진출이 광범위하게 허용되어 있음에도 불구하고 공급이 되지 않는 재화나 서비스가 있다면, 그런 재화나 서비스야말로 정부에 의해서만 공급될 수 있는 '진짜 공공재'일 가능성이 높다. 그런 극히 제한된 경우에 한해서만 공공재로서 정부에 의한 생산과 공급이 허용되어야 한다. 그렇지 않으면 시장실패가 정부개입을 선호하는 개입주의자들에 의해 자의적으로 해석되고 오·남용될 가능성이 높기 때문이다.[82]

(2) 외부효과

시장실패로 인해 정부가 개입할 수밖에 없다는 정부개입 정당화의 두 번째 근거는 외부효과(externality)이다. 외부효과란 생산 및 소비로 인해 발생하는 비용과 효용이 거래 당사자 외의 제3자에게도 영향을 미칠 때 발생한다. 어떤 사람이 자기 집 마당에 꽃밭을 조성하면 지나가던 행인들도 그것을 보면서 효용을 얻는 경우 정(正, plus)의 외부효과가 있다고 한다. 반대로, 자동차를 타는 사람이 내뿜는 매연으로 지나가는 행인이 피해를 입는 경우 부(否, minus)의 외부효과가 있다고 한다. 이렇게 정의 외부효과나 부의 외부효과가 나타날 때 시장실패가 나타나며, 이를 교정하기 위한 정부의 개입이 정당화될 수 있다는 주장이다.

구체적으로 자동차의 경우를 예로 들어보자. 자동차가 내뿜는 매연은 자동차를 이용하고 있지 않은 사람들에게도 영향을 준다. 즉, 자동차의 매연으로 인해 자동차 이용과는 무관한 사람들이 영향을 받는 부의 외부효과가 발생한다. 부의 외부효과가 발생한다는 것은 해당 재화가 사회의 최적 수준을 넘어서 너무 많이 생산되고 또 너무 많이 소비된다는 의미를 갖는다. 왜냐하면, 거래 당사자들은 자기 자신들의 비용과 효용만 생각할 뿐 그것이 타인들에게 미치는 비용과 효용에는 무관심하기 때문이다. 만약 타인들에게 미치는 부의 외부효과까지 고려한다면, 자동차를 이용함으로써 발생하는 사회적 실제 비용은 높아지고 효용은 낮아질 수밖에 없다. 그러므로 외부효과를 고려하게 되면 외부효과를 고려하지 않을 때에 비해 자동차의 생산과 소비가 감소되어야 한다.

그런데, 시장에서는 거래 당사자들만의 비용과 효용만 고려하기 때문에 사회적 최적 수준을 넘어 너무 많은 차량들이 이용되고 있다. 사회적 최적 수준을 넘어서 자동차가 이용되고 있기에 시장이 실패한 것이다. 그러므로, 정부가 개입하여 이를 사회적 최적 수준으로 교정해야 한다. 이때 정부개입의 핵심은 생산자와 소비자로 하여금 외부효과까지 고려하도록 만드는 것이며, 이를 위한 방법으로는 자동차를 이용하는 사람들에게 환경세나 유류세와 같은 세금을 부과하는 방법 등 다양한 정책수단을 동원할 수 있다. 이상이 외부효과로 인해 시장실패가 발생하며, 그것을 교정하기 위해 정부개입이 필요하다는 주장의 요지다.

이와 관련하여 생각해 볼 것은 무엇보다도 지식의 문제다. 외부효과로 인한 시장실패를 교정하기 위해 정부가 시장에 개입해야 한다는 주장이 정당성을 얻기 위해서는 최소한 두 가지 지식의 문제가 해결되어야만 한다. 먼저, 정부는 자동차 이용으로 인한 외부효과의 크기를 정확히 알아야만 한다. 그래야만 자동차 이용의 사회적 최적 수준을 알 수 있다. 두 번째는, 어느 정도의 세금을 부과해야 사회적 최적 수준이 될 것인지 그 개입의 강도(强度)를 정확히 알아야만 한다. 그래야만 사회적 최적 수준으로 교정할 수 있기 때문이다.

외부효과로 인한 시장실패 및 이를 교정하기 위한 정부개입의 필요성을 내세우는 주장은 이 두 가지 지식의 문제가 이미 해결된 것으로 간주하고 있다. 즉, 정부는 외부효과의 크기를 정확히 알고 있으며, 이에 따라 그에 합당한 세금을 부과할 수 있다는 것을 전제하고 있다.

그런데, 문제는 실제로는 이 두 가지 지식의 문제가 전혀 해결될 수 없다는 점이다. 정부는 외부효과의 크기가 어느 정도인지, 그리고 어느 정도 세기의 강도로 개입을 해야 사회적 최적 수준에 도달할 것인지에 대해 아무런 지식도 가질 수 없다. 왜냐하면, 그 정보들은 시장을 통해서만 비로소 획득할 수 있는 것들이기 때문이다. 따라서 아무런 정보도 없는 정부가 목표로 하는 수준이 최적 수준일 수 없으며, 정부가 시행하는 정책수단이 그 최적 수준으로 이끌 수도 없다. 한마디로 캄캄한 어둠 속에서 더듬거리다 손이 멈추는 곳이 최적 수준이라고 하는 것밖에 되지 않는다.

결론적으로, 외부효과로 말미암아 시장의 결과도 사회적 최적 수준을 달성하지 못하지만, 정부가 개입한 결과도 마찬가지로 사회적 최적 수준은 아니다. 시장도 실패하지만 정부도 마찬가지로 실패한다는 말이다. 그런데도 정부가 시장실패를 교정하겠다고 개입할 이유와 근거가 있는가.

외부효과 문제는 정부의 직접적인 개입이 아니라 소유권을 분명하게 확립하는 간접적인 방식으로 해결해야 한다는 지적이 많은 경제학자로부터 지속적으로 제기되어 왔다. 재산권이 확정되면 외부효과 문제가 시장의 교환 메커니즘을 통해 보다 효율적으로 해결될 수 있기 때문이다. 탄소배출로 인한 외부효과를 해결하기 위해 '탄소배출권 거래제도'를 도입한 것도 재산권 확정 및 시장을 통한 거래 메커니즘을 활용한 하나의 사례다.[83]

(3) 정보의 비대칭과 역선택

시장실패가 나타나고 이를 교정하기 위한 정부의 시장개입이 필요하다는 정당화의 세 번째 이유는 정보의 비대칭이다. 중고차 시장에서 판매자는 자기가 팔고자 하는 차의 성능이나 결함에 대해서 정확히 알고 있는 반면에, 구매자는 그렇지 못하다. 이런 상황을 정보의 비대칭 상황이라 한다.

이런 정보의 비대칭 상황에서 중고차의 가격은 어떻게 형성될까? 만일 구매자가 중고차에 대해 잘 알고 있다면, 즉 정보의 비대칭이 존재하지 않는다면, 중고차의 가격은 중고차 각각의 품질에 따라 정확한 가격이 형성될 것이다. 하지만, 현실에서 중고차에 대해 잘 아는 구매자는 흔치 않다. 이런 상황에서는 중고차의 가격은 평균적인 중고차의 품질에 의존해서 결정되게 된다.

이에 따라 결함이 많은 중고차는 차의 실제 가치보다도 높은 가격을 받게 되고, 반대로 결함이 없는 중고차는 차의 실제 가치보다도 낮은 가격을 받게 된다. 이렇게 되면, 품질이 좋은 중고차의 소유자는 자신의 차가 성능에 비해 너무 저평가되므로 중고차 시장에 차를 내놓으려 하지 않을 것이고, 반면에 품질이 나쁜 중고차의 소유자는 자신의 차가 성능에 비해 고평가되므로 차를 내놓으려 할 것이다. 즉, 중고차 시장에서 좋은 품질의 중고차는 사라지고 나쁜 품질의 중고차만 남게 된다. 중고차 시장에서 가격은 평균적인 중고차의 품질에 의해 결정되므로 중고차의 가격이 내려갈 수밖에 없다. 그러면, 이렇게 낮아진 가격을 기준으로 품질이 좋은 중고차는 사라지고 품질이 나쁜 중고차만 남는다. 또다시 가격이 하락한다. 이런 식으로 중고차 시장에서 거래되는 중고차의 평균가격과 품질은 점점 더 낮아지게 된다.

이런 과정을 통해 결과적으로 중고차 시장에는 품질이 나쁜 중고차만 남고, 품질이 좋은 중고차는 사라지는 현상이 나타나게 된다. 이런 현상을 정보의 비대칭에 의한 역선택(adverse selection)이라고 한다. 정보의 비대칭과 이로 인한 역선택으로 인해 시장에서의

자원 배분이 제대로 이루어지지 못하고 저급품만 유통되는 시장실패가 발생하게 된다.[84)]

중고차 시장뿐만 아니라 보험시장과 의료시장도 정보의 비대칭 문제의 사례로 자주 등장한다. 보험시장에서는 보험회사가 보험에 가입하는 보험가입자와 관련된 세세한 사항을 잘 모르기 때문에, 그리고 의료시장에서는 환자가 의료에 대해 의료인만큼 잘 알지 못하기 때문에 정보의 비대칭 문제가 발생할 수 있다.

그런데, 정보의 비대칭 문제가 있다고 해서 그것이 정부가 시장에 직접 개입해야 하는 정당화의 근거로 충분한가? 정보의 비대칭 문제가 있으므로 정부가 시장에 개입해야 한다는 것은 너무 성급한 결론이다. 왜냐하면, 정보의 비대칭 문제는 이미 대부분 시장에서 훌륭하게 해결되고 있는 사안이기 때문이다.

우선 각각의 시장에서는 해당 부문에 관련되는 정보들을 소개하는 전문 잡지 및 소식지들이 발간되고 있다. 이를 통해 정보의 비대칭 문제는 상당 부분 해소된다. 나아가 각 시장의 상황에 맞추어 정보의 비대칭 문제를 해소하기 위한 여러 방법이 개발되어 시행되고 있다. 예를 들어, 중고자동차 시장에서는 판매자가 구매자에게 보증기간을 제공한다. 몇 년 혹은 몇만 km까지는 이상이 있을 때는 차량 반환 혹은 무상 수리 등을 제안함으로써 해당 차량이 판매자가 말하는 품질을 갖추고 있음을 증명하는 것이다.

또 보험시장에서는 보험가입자가 정보의 비대칭을 이용해서 보험을 오남용하지 못하도록 본인 부담 제도를 운영한다. 보험에 가입되어 있다 하더라도 사고가 나면 그 피해액의 일정 부분을 본인이 부담하도록 하는 제도이다. 이 제도를 통해 보험가입자가 매우 위험한 행동을 한다거나 사고에 대한 주의(注意)를 소홀히 하는 것을 막을 수 있다.

정보의 비대칭 문제가 시장에서 얼마든지 해결이 가능하다는 사실과는 별개로 생각해 볼 문제가 있다. 정보의 비대칭 문제는 근본적으로 이른바 뜨내기손님의 경우에 발생할 수 있는 문제라는 점이다. 다시 말하면, 오늘 보고 다시는 안 볼 손님에게는 거짓과 왜곡된 정보를 제공하여 상대편에게 불리한 거래를 성사시킬 수 있다. 하지만 반복적이고 지속되는 거래에서는 이런 식의 정보의 비대칭 문제는 발생하기가 어렵다. 한 번 속이기는 쉬워도 두 번 세 번 속이기는 쉽지 않을 것이기 때문이다.[85] 더구나 인터넷의 발달은 뜨내기손님에게조차 절대 소홀히 할 수 없는 환경을 만들었다. 소비자의 마음에 들지 않게 행동하거나 상품의 질이 낮거나 고객을 속이거나 부당한 요구를 하는 판매자는 인터넷상에서 바로 공표가 되고 수많은 사람들이 그 소식을 접하게 된다. 즉, 인터넷의 발달은 단발적인 거래조차 일종의 지속적인 거래처럼 만들어 버린다. 정보의 비대칭이 들어설 자리는 더더욱 없어지는 것이다.

(4) 시장실패와 정부실패

이상에서 보았듯이, 시장실패는 실제로 존재하지 않거나 존재한다고 하더라도 극히 예외적인 극소수의 경우에 불과하다. 게다가 그조차도 시장 메커니즘을 통해 충분히 해결해 나갈 수 있고 또 해결해 나가고 있기 때문에, 시장실패를 정부가 시장에 적극적으로 개입할 근거로 보기는 어렵다. 그리고, 설사 공공재라고 하더라도 그 부문에 민간의 시장 참여를 막을 이유는 더더욱 없다. 물론 정부가 적극적으로 역할을 할 부분은 있다. 특히 외부효과 같은 경우에는 정부가 신속하고 적극적으로 재산권을 확정해 줌으로써 시장 메커니즘이 작동할 수 있도록 지원하는 중요한 역할을 할 수 있다.

시장실패와 관련해서 이제까지의 논의와는 별개로 다음과 같은 보다 근본적인 질문을 할 수 있다: '시장의 실패라고? 무엇에 실패하는데?'

누군가 혹은 어떤 조직이 무엇인가에 실패했다고 말할 때는 그 사람 혹은 그 조직의 의도나 목표가 전제되어야 한다. 즉, 어떤 학생이 이번 시험에 반에서 1등을 하겠다는 목표를 세우고 열심히 노력했으나, 아쉽게도 1등을 하지 못했을 경우 목표를 이루지 못하고 실패했다고 말할 수 있다. 조직의 경우도 마찬가지다. 한 프로야구팀이 올 시즌 우승을 목표로 열심히 했으나, 우승하지 못했을 경우 올해 목표 달성에 실패했다고 말한다. 국가도 마찬가지다. 국민의 생명과 재산과 자유를 보호해야 할 국가가 외침에 무너지던지 내부 치안이 불안하거나 혹은 국가 스스로가 국민의 생명과 재산과 자유를 침해한다면 국가가 실패했다고 말할 수 있다.

그런데 시장은 어떤가? 시장은 어떤 의도를 갖고 만들어진 것인가? 시장에는 시장이 달성해야 할 목표가 있는가? 없다. 시장은 누군가가 어떤 특정 목표를 달성하기 위해 의도적으로 만든 인위적 조직이 아니라, 어떤 의도나 목표 없이 자생적으로 생겨난 자생적 질서이기 때문이다. 거기에는 달성하고자 하는 또 달성해야 할 의도나 목표 자체가 존재하지 않으며, 따라서 실패라는 것 자체가 있을 수 없다. 시장실패라고 하는 것은 자생적 질서인 시장에는 있을 수 없는 '실패'라고 하는 허명(虛名)을 씌운 것에 불과하다.

결국, 시장의 실패 운운하는 것은 개입주의자들의 엉뚱한 혹은 과장된 딱지 붙이기에 불과하다는 말이다. 시장실패라는 죄목(罪目)을 붙임으로써 개입주의자들은 자신들의 시장개입과 시장통제에 대한 욕망을 감추고 그것을 정당화시키는 데에는 성공할 수 있다. 하지만 이들은 시장에 대한 개입을 통해서 자신들이 의도하는 목적을 달성하지 못할 뿐만 아니라 시장을 왜곡하고 통제함으로써 수많은 부작용과 비용을 유발한다. 이것을 정부실패라고 한다. 미제스(Mises)의 말을 빌리면, '사실 경제사는 실패한 정부 정책들의 장기적 기록'이다.[86] 정부실패의 규모와 파장은 시장실패와는 비교할 수 없을 정도로 크고 광범위할 수밖에 없다. 시장실패가 아니라 오히려 정부실패에 주의를 기울여야 하는 이유다.

4. 부익부빈익빈?

시장경제에 대한 오해들 가운데 가장 빈번하게 등장하는 것이 바로 부익부빈익빈일 것이다. 시장경제에서는 부자들은 더욱 부자가 되고 가난한 사람들은 점점 더 가난해진다는 것이다. 양극화 논란도 바로 여기서 비롯된다.

가장 빈번하게 등장하는 것에 비해 그렇게 주장하는 탄탄한 논거는 사실상 찾아보기 어렵다. 아니, 실제로 부익부빈익빈의 논거를 찾을 수 없다는 것이 옳은 말일 것이다. 왜냐하면, 사실상 관련 자료들은 이 주장과는 전혀 다른 모습을 보여주기 때문이다.

가난한 사람들과 부자들 간의 소득이 어떻게 분포되어 있는지를 보기 위해서는 소득 집단을 통상 5개의 그룹(5분위)으로 나눠 각 집단이 한 사회의 전체 소득 중 어느 만큼을 차지하고 있는가를 보게 된다. 한 사회의 소득 집단을 소득이 매우 낮은 집단 20%, 소득이 낮은 집단 20%, 중간 집단 20%, 소득이 높은 집단 20%, 그리고 소득이 매우 높은 집단 20% 등 5개 그룹으로 나누고, 이렇게 나누어진 각 그룹이 그 사회의 소득에서 차지하는 비중이 얼마인지를 살펴보는 것이다.

세계은행(World Bank)에서 발표하는 World Development Indicators의 자료들을 근거로 한 분석들을 보면 흥미로운 사실을 하나 발견하게 된다. 이런 분석에 따르면, 시장경제가 거의 혹은 전혀 작동하지 못하는 사회-예를 들어 북한-나 우리나라처럼 시장경제가 활성화되어 있는 사회, 그리고 미국이나 영국처럼 시장경제가 매우 활성화되어 있는 사회에 따른 구분 없이 어느 사회에서나 각 소득 집단이 차지하는 비중은 대체로 비슷하게 나타난다는 점이다. 구체적으로 보면, 시장경제의 활성화 정도에 관계없이 어느 사회든지 소득이 가장 낮은 집단이 사회 전체 소득의 약 5~6%, 차상위 집단이 약 10%, 중간 집단이 14~15%, 소득이 높은 집단이 약 20%, 그리고 소득이 가장 높은 집단이 약 48~50% 정도를 차지하는 것으로 나타난다. 다시 한번 강조하면, 이런 분포 구조는 시장경제의 도입이나 활성화 정도와는 전혀 무관하게 어떤 사회에서나 비슷하게 나타난다.

이것은 무엇을 의미할까? 만일 시장경제가 부익부빈익빈을 초래한다면, 시장경제가 활성화되면 될수록 맨 아래 20% 계층의 소득 비중은 줄어들고, 맨 위 20% 계층의 소득 비중은 늘어야 한다. 그런데, 시장경제의 활성화 정도와는 무관하게 어느 사회에서나 각 소득 계층이 차지하는 비중에는 차이가 없으며, 소득이 가장 낮은 계층의 소득 비중과 소득이 가장 높은 계층의 소득 비중에도 차이가 없다. 이 말은 곧 시장경제와 부익부빈익빈과는 전혀 아무런 관계가 없으며, 부익부빈익빈이라는 현상 자체가 존재하지 않는다는 뜻이다. 나아가 이것은 소득불평등은 시장경제 여부와 관계없이 어느 사회에서나 존재하는 보편적인 현상이라는 의미도 함께 알려준다.

한편, 경제자유도와 빈곤지수(Human Poverty Index)의 관계를 분석한 자료들에 따르면, 경제자유도가 높을수록 빈곤지수가 낮아진다. 즉, 시장경제가 활성화되면 될수록 그 사회에서는 가난한 사람들이 점점 사라진다는 의미다. 북한과 같이 시장경제가 활성화되지 못하고 경제자유도가 낮은 사회의 빈곤지수는 40 가까이 치솟는 반면, 미국과 같이 시장경제가 활성화되고 경제자유도가 높은 사회의 빈곤지수는 15 이하로 떨어진다. 풍요의 상징이라고도 할 수 있는 미국에 밥을 빌어먹어야 할 정도로 가난한 사람들이 여전히 존재한다고 비판을 하지만, 만약 시장경제가 아니었다면 일부가 아닌 상당수의 국민이 가난한 나라가 되었을 것이다. 이러한 사실을 극명하게 잘 보여주는 사례는 바로 북한이다.

이 두 가지의 사실관계를 바탕으로 정리하자면 다음과 같다. 부익부빈익빈이란 말은 사실이 아닌 지어낸 말이다. 사실은 이렇다. 시장경제와 무관하게 어떤 사회에서든 부익부빈익빈이라는 현상은 발견되지 않는다. 하물며 시장경제와 부익부빈익빈을 함께 연관시키는 것은 터무니없다. 소득불평등 또한 시장경제와 무관하게 모든 사회에서 발견되는 보편적 현상이며, 그 불평등의 정도도 모든 사회에서 거의 동일하게 나타난다. 마지막으로 경제자유도가 높아지고 시장경제가 활성화될수록 가난한 사람들은 점점 더 적어진다.

이런 사실들만 보더라도 우리 사회가 어디를 지향해 나가야 하는지는 너무나 자명하다. 경제자유도를 높이고 시장경제를 활성화하는 방향으로 가는 것이 곧 우리 사회가 지향해야 할 길이라는 것은 두말할 필요도 없다.

부익부빈익빈이나 소득불평등과 관련하여 또 하나 유의할 점은 어제의 부자가 오늘의 부자가 아니며, 어제의 가난한 자가 오늘의 가난한 자가 아닐 수 있다는 사실이다. '부자 삼대 가기 어렵다'는 말도 있듯이, 어제의 부자가 오늘도 부자일 가능성은 생각보다 높지 않다. 오늘의 부자들은 어제의 가난한 사람들, 혹은 어제의 중산층들이 사다리를 밟고 올라온 경우가 많다. 역으로 오늘의 빈자가 어제는 부자였을 가능성도 배제하지 못한다. 어제의 부자가 오늘도 부자가 되고, 어제의 가난한 자가 오늘도 가난한 자가 되는 사회는 정체되고 발전이 없는 사회의 모습이다. 전형적으로 과거 신분제도하에서의 경우가 그러했다. 발전하고 다이내믹하게 변화하는 사회, 자유 시장경제와 자유로운 경쟁이 충만한 사회에서는 계층 간의 이동이 활발하며, 이에 따라 부자와 가난한 자의 위치는 수시로 바뀔 수 있다. 계층 간의 이동을 가로막고 부자는 부자로 가난한 자는 가난한 자로 머물 수밖에 없도록 만드는 장애물은 시장경제가 아니다. 오히려 시장경제는 계층 간의 이동을 촉발하고 촉진시킨다. 이런 시장경제를 규제하고 통제하는 것은 계층 간의 이동을 막고 현재의 상태를 고착화시키려는 시도와 다름없다. 계층 간의 이동을 방해하는 장애물은 시장경제가 아니라 시장경제의 원활한 작동을 방해하는 것들, 즉 정부와 정치권, 그리고 이들이 쳐놓은 시장에 대한 촘촘한 규제들이라는 말이다.

사실이 이러함에도 시장경제에 대한 회의(懷疑)를 여전히 품고 있는 사람이 있다면, 다음을 읽어볼 것을 권한다. "이 지구촌의 사람들을 100명이라고 했을 때… 그 중 80명은 집이라고 할 수도 없는 곳에서 살고 있다… 70명은 문맹이고… 50명은 영양실조에 시달리고 있다. 대학에 갈 수 있는 사람, 컴퓨터를 가진 사람은 각각 한 명뿐이다."[87] 우리나라 대학 진학률은 80%나 된다. 우리나라에서는 대부분 학생이 대학에 진학하지만, 전 세계적으로 볼 때 대학에 진학하는 사람은 최상위 1%에 속하는 사람들이다. 우리나라 국민 대다수는 전 세계 상위 1%에 속할 정도로 진짜 잘 사는 사람들이라는 말이다. 이런 부와 번영의 원천은 다름 아닌 시장경제이다.

5. 보이는 것과 보이지 않는 것

경제 정책을 이해하고 판단하는 데 있어 가장 큰 걸림돌은 아마도 우리가 보이는 효과에만 신경을 쓸 뿐, 보이지 않는 효과에 대해서는 전혀 모르거나 관심을 갖지 않기 때문이 아닐까 생각한다.

경제 정책에서의 보이지 않는 효과의 중요성에 대해 누구보다도 먼저 그리고 정확하게 지적한 사람은 바스티아(Frederic Bastiat)다. 그는 유명한 '깨어진 유리창' 이야기를 통해 보이는 것만이 아니라 보이지 않는 것을 보아야만 하며, 그럴 때만 경제 현상과 경제 정책을 올바르게 이해할 수 있다고 강조한다.[88)]

깨어진 유리창 이야기는 한 아이가 유리창을 깼다는 것으로부터 시작된다. 보이는 것만을 보는 사람들은 통상 이렇게 생각한다. 유리창이 깨졌기 때문에 그 유리창을 새로 끼워야 하고, 그로 인해 유리를 끼우는 사람, 유리를 만드는 사람, 유리와 연관된 직업을 가진 사람들의 소득이 늘고, 이들이 늘어난 소득으로 소비를 하면서 전체 경제도 활기를 띠게 된다. 즉, 아이가 유리창을 깨버리면 경제가 살아날 수 있다는 것이다. 이렇게 되면 우리는 유리를 깬 아이에게 감사해야 한다.

그런데 이것은 눈에 보이는 효과에 불과하다. 이런 생각은 그 유리를 끼우기 위해 돈을 지불해 버림으로써 다른 물건에 대한 지출이 그만큼 줄었다는 것을 간과하고 있다. 만약 유리가 깨지지 않았다면 그 사람은 그 돈으로 다른 물건을 샀을 것이다. 결과적으로 이 사람은 깨지지 않은 유리창은 물론이고 새로 산 물건까지도 갖게 된다. 이로써 이 사람은 이전에 비해 더 부유해질 수 있다. 그리고 이런 사실은 개인이나 사회나 마찬가지로 타당하다. 결국, 유리가 깨지지 않았다면 사회 전체적으로도 더 많은 물건을 소유할 수 있게 된다. 이것이 보이지 않는 효과다.

그럼에도 우리 사회에는 눈에 보이는 것만 보면서 이에 기반한 주장들이 쏟아져 나오고 있다. 농산물 시장을 개방하면 우월한 경쟁력을 갖춘 외국산 농산물의 수입으로 인해 국내 농가는 초토화된다고 한다. 우월한 경쟁력을 갖춘 대기업이 중소기업의 영역에 침범하면 열악한 조건의 중소기업은 다 망하게 되기 때문에 중소기업 보호제도를 실시해야 한다고 한다. 대형마트와 SSM이 진출하게 되면 골목상권이 전부 무너지므로, 골목상권을 살리기 위해서는 대형마트와 SSM의 진출을 규제해야 한다고 한다. 근로시간을 단축하여 남는 시간을 실업자들에게 나누어주게 주면 실업이 줄고 근로자들의 여가는 늘어 내수경기도 살아난다는 주장도 있다. 근로자들의 임금을 인위적으로 높게 올려 주면 소비가 늘고 이를 통해 경제가 활성화되고 성장한다는 이른바 '소득주도 성장론'도 있다. 한결같이 눈에 보이는 것들만을 보고 있는 것이다.

정부가 벌이는 공공사업도 마찬가지이다. 우리는 흔히 공공근로 사업에 참여하여 부지런히 일하고 있는 근로자들을 보게 된다. 그리고는 정부가 일자리를 만들었다고 생각한다. 하지만 이것은 눈에 보이는 효과일 뿐이다. 그런데, 공공근로 일자리를 만들기 위해서는 재정이 필요하고, 이것은 세금으로 충당될 수밖에 없다. 이 세금은 개인이나 기업이 다른 용도로 사용할 자금을 끌어들이고, 그럼으로써 민간의 소비와 투자를 감소시킨다. 이처럼 공공근로 일자리라고 하는 눈에 보이는 효과 이면에는 공공근로 일자리를 만들기 위한 세금 납부로 인해 민간의 소비와 투자가 감소하고 이로 인해 일자리를 잃는 근로자들이 생겨난다. 이것은 보이지 않는 효과다. 최저임금의 급격한 인상으로 일자리를 유지하고 있는 근로자의 소득은 증가하지만, 이로 인해 일자리를 잃게 되는 많은 근로자들도 있다. 전자는 눈에 보이는 효과지만, 후자는 눈에 보이지 않는 효과다.

경제활동이나 경제정책에서 나타나는 효과는 즉각적인 효과만이 있는 것이 아니고 일련의 연속된 효과들을 만들어내며, 그 가운데 당장 나타나는 효과는 극히 일부분에 지나지 않는다. 바스티아는 당장 눈에 보이는 효과만을 중시하고 주목하는 사람들, 특히 그런 경제학자들을 '사이비 경제학자'라고 불렀다. 그는 사이비 경제학자와 진정한 경제학자를 구분하면서 이렇게 말한다. "사이비 경제학자들은 오직 눈에 쉽게 띄는 효과들에만 집착한다. 반면, 진정한 경제학자들은 보이는 효과뿐만 아니라 시간을 두고 나타나는 간접적인 효과까지도 내다볼 수 있다… 그래서 사이비 경제학자들은 당장 눈에 띄는 하잘 것 없는 이득에 집착한 나머지 두고두고 사회에 해악을 끼친다. 반면 진정한 경제학자들은 당장은 고통스럽지만 오랜 기간에 걸쳐 나타나는 더 큰 이득을 추구한다."[89] 진정한 정치가와 사이비 정치꾼과의 차이도 이와 마찬가지이다.

6. 복지국가?[90]

(1) 복지국가는 반드시 실패한다

복지국가는 반드시 실패한다. 복지국가가 반드시 실패할 수밖에 없는 이유는 크게 세 가지다. 정보 및 지식의 문제, 잘못된 인성관의 문제, 그리고 원시공동체로의 회귀의 문제가 그것이다.

우선 정보, 즉 지식의 문제다. 지식의 문제는 앞서도 언급했듯이, 절대 극복되지 않는 구조적인 문제다. 아무리 좋은 의도를 갖고 복지국가를 건설하고자 해도 어떤 국민이 어떤 복지를 어느 정도까지 요구하는지를 파악할 수가 없다. 이 지식의 문제를 해결할 수 없기 때문에, 정치인들은 통상 자신들이 생각하기에 바람직한 복지, 그리고 자신들이 생각하기에 바람직한 수준의 복지를 천편일률적으로 모든 국민에게 적용시킨다. 그런데, 이것은 마치 모든 국민에게 똑같은 밥과 반찬을 주면서 '맛있는 밥'이니 먹으라고 강요하는 것과도 같다. 이때의 '맛있는 밥'은 해당 정치인의 입맛에 맞는 밥일 뿐이다. 우리 입맛이 천차만별이듯이, 복지에 대한 수요도 천차만별일 수밖에 없다. 이 천차만별인 국민들의 복지에 대한 요구와 정보를 세상의 어떤 정치인도 다 가질 수 없고, 따라서 결코 만족시킬 수 없다.

두 번째로 복지국가가 실패할 수밖에 없는 이유는 복지국가가 그 정책들을 실행하는 정치인들과 관료들에 대한 잘못된 인성관(人性觀)에 기반하고 있기 때문이다. 복지국가를 생각할 때 우리는 보통 암묵적으로 청렴하고 공정하며, 국민의 행복만을 생각하고 그것을 이룩하기 위해 노심초사하는 그런 정치인과 고위 관료를 상정하고 있다. 그래서 국민들이 내는 세금, 국민들이 내는 사회보장부담금을 내 돈처럼 알뜰하게 사용하는 것은 물론이고, 정치인이나 관료 개인의 사익을 위해서는 사용하거나 이용하지 않는 사람들로 상정하고 있다. 하지만, 정부 고위 관료들이나 정치인들도 일반 국민들과 똑같이 자기 개인의 이익을 추구하는 존재들이라는 것은 경제학에서는 이미 논란의 여지없이 분명하게 밝혀진 사실이다. 스스로에게 다음과 같이 질문해 보자. '나는 평생을 모은 거액의 내 노후 자금을 내가 사는 지역의 국회의원, 경제부총리 혹은 대통령에게 맡아서 운용해 달라고 기꺼이 줄 용의가 있는가?' 여기에 대해 '그렇다'라는 대답을 할 사람이 과연 몇 명이나 있을까.

복지국가가 실패할 수밖에 없는 세 번째 이유는 복지국가가 현대 문명사회의 문명인들에게 원시시대의 야만인들처럼 살라고 강요하는 것이기 때문이다. 해서는 안 되는 일, 결코 실현될 수 없는 일을 하는 것이기에 실패는 필연적이다. 복지국가의 기본 슬로건은 '만인(萬人)은 일인(一人)을 위하여, 일인은 만인을 위하여'이다. 이것은 원시공동체에서 통용되던 질서다. 복지국가란 바로 이러한 원시공동체의 질서를 토대로 하여 구축된다. 그래서 이루어질 수 없는 망상이다. 멀리 갈 것도 없이 스스로에게 질문을 해보라. '나는 만인을 위해서' 살고 있는가? 30명~40명이라는 씨족사회가 아닌 5천만 명이 사는 거대사회, 대면사회가 아닌 익명사회에서는 어떤 식으로든 덜 내고 어떤 식으로든 더 많이 받아내고자 하는 것이 일반적으로 보이는 행태가 된다. 이런 행태들에 대해 도덕적으로 비난할 수는 있겠지만, 그런다고 해서 시스템의 몰락을 막을 수는 없다.

(2) 복지란 합법화된 강탈일 뿐이다

생명에 관한 권리, 사유재산을 소유할 권리 등 이론의 여지가 없는 기본권 이외에 현대 복지국가에서 새롭게 추가되는 권리들이 있다. 이른바 '사회권' 내지 '복지권'이란 이름의 권리들이 그것이다. 복지국가에서는 무상의료나 무상교육, 반값 등록금 등등의 혜택과 특권이 국민이 당연히 누려야 하는 권리가 되고 있다. 하지만 이러한 것들은 권리가 아니다. 엄밀히 따지면 그것들은 합법화된 강탈에 불과하다.

등록금의 예를 들어 살펴보자. 대학생 1명과 직장에서 일하는 청년 1명, 이렇게 두 사람으로만 이루어진 사회가 있다고 하자. 이 사회에는 정부나 정치인은 없다. 학생은 대학에서 공부를 하고 싶어 한다. 그런데 등록금을 낼 형편이 못 된다. 이런 사정이 있는 학생이 공부를 할 수 있는 방법은 무엇인가? 직장에서 일하는 청년을 찾아와 도와 달라고 부탁하는 일밖에 없다. 그러면 이 청년이 장학금을 지급하여 도와줄 수도 있고, 도와주지 않을 수도 있다. 만약 이 청년이 자선(慈善)의 은혜를 베풀지 않는다면, 그리고 학생이 여전히 공부를 포기할 마음이 없다면 남은 방법은 무엇인가? 훔치든 강제로 빼앗든 청년의 의사에 반해 가져가는 일밖에 없다. 즉, 강탈이다.

위와 같은 사회에 이제 국가와 정치인을 등장시켜 보자. 학생은 이제 일하고 있는 청년에게 가서 부탁하지도 않고 사적으로 빼앗지도 않는다. 그 대신에 곧장 정치인에게로 달려간다. 학생의 표를 얻고 싶은 정치인은 국가 공권력을 동원하여 청년으로부터 세금이라는 명목으로 강제로 돈을 걷어 학생에게 등록금으로 준다. 이게 다름 아닌 정치인들이 내세우는 반값 등록금의 진실이다. 즉, 학생 개인이 다른 청년 개인의 재산을 사적으로 강탈하는 것에서 국가가 공권력으로 개인의 재산을 강탈하여 나누어 주는 것으로 바뀔 뿐, 그 청년 개인의 의사에 반해 강제로 뺏어가는 강탈이라는 사실은 변하지 않는다. 이런 식으로 강탈은 합법화되고, 나아가 권리라는 이름까지 얻는다. 게다가 학생은 실제로는 본인이 타인의 재산을 강탈한 것임에도 불구하고 아무런 도덕적 부담도 느끼지 않는다. 오히려 강탈을 진짜 '권리'라고 착각한다. 이런 식의 합법화된 강탈로 이루어지는 복지국가와 복지혜택을 결코 도덕적이라고 할 수는 없다.

(3) '필요 최소한'이 복지의 제1원칙

결론적으로 복지국가는 그 구성원리 자체의 문제점으로 인해 반드시 실패하게 되어 있다. 또한, 복지국가는 시장경제를 근본으로 하는 우리의 경제 질서와 어울리지 않는 제도다. 심지어 복지국가는 비도덕적이기까지 하다. 이런 복지국가 건설이 우리 사회가 지향해야 할 목표가 될 수는 없다.

시장경제와 어울리는 복지제도의 제1원칙은 '필요 최소한'이 되어야 한다. 그리고 국가가 스스로 나서기보다는 개인들의 자선 행위를 장려하여 복지의 많은 부분이 민간에 의해 이루어지도록 하는 것이 옳다. 인간은 근본적으로 타인에 대한 동정과 연민, 그리고 공감의 능력을 갖고 있으며, 실제로 민간의 자선과 봉사, 그리고 기부가 큰 역할을 해온 것이 역사적 사실이다. 국가에 의한 복지제도가 확장될수록 개인의 기부와 자선 행위는 크게 줄어들었다는 외국의 사례는 복지국가와 관련해서 많은 점을 시사한다.

7장

시간시장과 이자 및 이윤

1. 시간시장의 개요
2. 자본재와 자본, 자본가의 소득
3. 기업가와 이윤 및 손실

7장

시간시장과 이자 및 이윤

모든 경제행위는 시간과 더불어 이루어진다. 한 소비자가 어떤 물건을 소비하기로 결정했다면, 그 결정한 순간부터 구매하고 소비하고 효용을 얻기까지의 시간이 필요하다. 경우에 따라서 그는 미래에 소비하기 위해 현재의 소비를 포기할 수도 있다. 특히 생산과 관련해서는 시간이 매우 중요한 역할을 한다. 생산요소를 구입하고, 그것을 투입하여 최종 재화를 만들어 판매하기까지의 생산과정은 시간의 경과와 함께 이루어진다. 이처럼 경제행위, 특히 생산과정에서 시간과 결부되어 나타나는 문제들을 다루는 시장이 시간시장이다.

시간과 관련하여 고려되어야 하는 중요한 요소들은 크게 두 가지이다. 하나는 기다림이고, 다른 하나는 불확실성이다. 어떤 재화를 현재 소비할 수 있음에도 불구하고 소비하지 않고 저축하면서 미래에 소비할 때까지 기다린다는 의미에서의 '기다림'이 시간시장에서 고려해야 하는 첫 번째 요소이다. 만약 현재의 소비를 참고 저축하면서 기다리는 비효용을 감수하는 저축자가 없다면, 저축 및 자본의 축적이 이루어질 수 없고 따라서 경제는 발전할 수 없다.

시간시장에서 고려해야 할 두 번째 요소인 불확실성은 행동은 현재 이루어지지만 그 결과는 미래에 가서야 나타나기 때문에 그 결과를 정확히 알 수 없다는 문제로 인해 발생한다. 미래에 가서야 비로소 알 수 있게 되는 결과의 불확실성이라는 위험을 무릅쓰는 사람이 없다면 타인을 위한 생산은 존재하지 않을 것이고 따라서 경제의 발전은 기대할 수 없다.

여기서 첫 번째 요소, 즉 기다림은 이자와 연계되고, 두 번째 요소, 즉 불확실성은 이윤 및 손실과 연계된다는 점에 주목할 필요가 있다. 아래에서는 불확실성이라는 개념이 다시 등장하기 전까지는 불확실성은 없다고 가정한다.

1. 시간시장의 개요

(1) 현재재와 미래재

시간시장은 간단히 말하면 현재와 미래라고 하는 시간이 교환되는 시장이다. 보다 구체적으로 말하면, 시간시장이란 시간과 연계된 재화와 서비스가 교환되는 시장으로서, 현재의 소비를 위한 현재재와 미래의 소비를 위한 생산에 투입되는 미래재가 교환되는 시장이다.

화폐경제에서 현재재를 대표하는 것은 화폐이다. 화폐는 언제 어디서나 현재의 소비를 위한 재화나 서비스로의 전환이 용이하기 때문에 대표적인 현재재이다. 반면에 현재재인 화폐를 차용하고 내어주는 차용증서는 미래의 어떤 시점에 그것을 제시하면 돈이나 물건으로 돌려받는다는 약속증서로서 미래재이다. 또한, 노동과 토지, 그리고 자본재 등 생산요소들의 서비스는 현재의 소비를 위한 것이 아니라 미래의 소비를 위한 재화나 서비스의 생산에 투입되는 미래재이다. 미래의 시점에 돈이나 물건으로 돌려받기 위해 타인에게 현재재인 현금을 빌려주고 차용증서를 받는 행위나 재화를 생산하기 위해 현재재를 제공하는 대신 생산요소들을 구매하는 행위는 모두 투자행위라고 할 수 있다.

시간시장에서는 현재재와 미래재가 교환되므로 현재재를 수요하는 사람은 그 대가로 미래재를 제공하고, 역으로 미래재를 수요하는 사람은 그 대가로 현재재를 제공한다. 즉, 시간시장에서 현재재의 수요자는 동시에 미래재의 공급자이고, 미래재의 수요자는 동시에 현재재의 공급자가 된다.

(2) 시간선호와 시간선호율

시간선호란 현재의 만족과 미래의 만족 혹은 현재의 소비와 미래의 소비 중 현재의 소비를 미래의 소비보다 더 선호한다는 것을 말한다. 같은 자동차라면 지금 현재 자동차를 갖는 것과 1년 후에 갖는 것 중 어느 것을 선호할지는 자명하다. 간단히 말해서, 미래의 만족이나 미래의 소비보다는 현재의 만족이나 현재의 소비에 더 높은 가치를 두는 것을 시간선호(time preference)라고 한다. 현재 100만 원을 받는 것과 1년 후 100만 원을 받는 것 중 선택하라면 누구나 현재 100만 원을 받는 것을 선호할 것이다. 시간선호는 모든 사람에게 보편적으로 적용되는 인간행위의 공리(公理)이다.

재화에 대해 각 개인이 주관적으로 가치평가를 하는 것과 마찬가지로, 시간, 즉 현재와 미래와 관련해서도 개인들 각자가 주관적으로 가치평가를 한다. 시간선호의 공리에 따라 모든 사람이 미래의 소비보다는 현재의 소비를 선호하지만, 어느 만큼이나 더 선호하는지는 제각각 다르다는 말이다. 미래의 소비보다는 현재의 소비를 극단적으로 선호하는 사람이 있는가 하면, 약간만 선호하는 사람도 있을 수 있다. 이렇게 한 개인이 현재의 소비를 미래의 소비에 비해 얼마만큼 더 선호하는가 하는 것을 시간선호율(time preference rate)이라고 한다. 시간선호율을 달리 표현하면, 어떤 한 사람이 시간시장에서 현재재와 미래재를 교환하고자 하는 교환비율이라고 할 수 있다. 물론, 재화나 서비스에 대한 주관적인 가치판단에서와 마찬가지로, 시간선호율도 개인 각자의 주관적인 평가이기 때문에, 그것이 어느 만큼이나 되는지를 객관적으로 측정하고 비교할 수는 없다.

시간선호율은 앞서 설명했던 재화나 서비스에 대한 개인의 주관적인 가치평가와 동일한 의미를 갖는다. 그렇기에 시간선호율이라는 용어로 표현되고는 있지만, 이것이 의미하는 바는 어떤 구체적인 비율이 아니라, 현재재를 미래재보다 선호하는 정도를 말하고 있을 뿐이다. 사정이 이러함에도 불구하고, 마치 하나의 구체적인 비율처럼 오해될 수 있는 시간선호율이라는 용어를 사용하는 것은 시간시장의 가격인 이자율과 대비하기 위해서이다. 재화나 서비스와 관련해서 '가치와 가격'이라는 용어가 사용된다면, 시간시장에서는 '시간선호율과 이자율'이라는 용어가 그와 동일한 의미로 사용된다고 보면 된다.

재화에 대한 선호가 한계효용체감의 법칙의 영향을 받듯이, 시간선호 역시 한계효용체감의 법칙의 영향을 받는다. 즉, 시간선호는 현재재나 미래재를 얼마만큼 보유하고 소비할 수 있느냐에 따라 달라질 수 있다. 현재재를 대표하는 것이 화폐이므로 화폐를 갖고 설명하자면, 현재재인 화폐를 많이 보유할수록 현재재의 한계효용은 체감하고 이에 따라 미래재의 가치는 상대적으로 높아진다. 다시 말해, 화폐 보유가 많아지면 많아질수록 현재재를 미래재의 가치에 비해 여전히 높게 평가하기는 하지만(=시간선호) 그 선호의 정도는 낮아지게 된다. 이를 시간선호율이 낮아진다고 말한다. 반대로, 화폐 보유가 적어지면 미래재보다 현재재의 가치를 높게 평가하는 선호의 정도가 높아지게 되며, 이를 시간선호율이 높아진다고 말한다.

여기서 화폐의 보유가 많거나 적다는 것은 해당 경제주체가 부자라든가 혹은 가난하다든가 하는 것과는 직접 관련이 없다. 다시 말해, 화폐보유액의 절대량과는 직접 관련이 없다는 의미로써, 화폐의 절대량이 많은 부자는 시간선호율이 낮고, 화폐의 절대량이 적은 가난한 사람은 시간선호율이 높다고 할 수는 없다는 뜻이다. 돈 많은 부자들이 흥청망청 쓰는 경우(즉, 시간선호율이 높은 경우)도 있을 수 있고, 돈 없는 가난한 사람일지라도 악착같이 저축하는 경우(즉, 시간선호율이 낮은 경우)도 있을 수 있다. 위에서 언급하고 있는 화폐 보유의 많고 적음과 시간선호율과의 관계는 각각의 개인에게 있어 이전(以前)에 비해 화폐 보유가 많아지거나 적어짐에 따라 그 사람의 시간선호율이 낮아지거나 높아지는 것이 일반적이고 보편적인 법칙이라는 뜻이다.

(3) 이자 및 이자율

시간시장에서는 현재재와 미래재가 교환되는데, 시간선호가 존재하기 때문에 현재 소비하는 것이 미래에 소비하는 것에 비해 항상 선호된다. 그러므로 시간시장에서 미래재를 공급하면서 현재재를 수요하는 사람은 미래까지 기다리지 않고 현재 소비하는 효용을 얻고자 하는 사람이며, 그러기 위해서는 이에 대한 대가를 지불해야 한다. 대가를 지불하지 않는다면, 자신들이 선호하는 현재재를 앞당겨 소비할 수 없다. 역으로, 시간시장에서 현재재를 공급하면서 미래재를 수요하는 사람은 자신의 현재 소비를 억제하고 미래에 소비할 수 있을 때까지 기다려야 하는 비효용을 감수하는 것이며,

따라서 이에 대한 보상을 받아야 한다. 보상이 없다면, 자신의 현재재를 타인에게 공급하면서 미래까지 기다리는 비효용을 감수할 이유가 없다.

이렇듯, 미래까지 기다릴 필요 없이 현재 소비할 수 있도록 효용을 제공해주는 것에 대해 지불하는 대가, 혹은 현재 소비할 수 있음에도 불구하고 그것을 타인에게 제공하고 미래까지 기다리는 비효용을 감수하는 것에 대한 보상이 다름 아닌 이자(interest)이다. 그리고 이 이자가 바로 시간시장에서의 가격이다.

모든 재화와 서비스가 화폐로 표시되는 화폐경제에서는 현재재와 미래재 및 이자가 모두 화폐 단위로 표시된다. 그리고 화폐 1단위, 즉 1원에 대한 이자를 백분율로 표시한 것이 이자율(interest rate)이다. 예를 들어, 현재재 1,000원의 시간시장 가격인 이자가 50원이라면, 현재재 1원의 이자는 0.05(=50/1,000)원이며, 이를 백분율로 나타낸 이자율은 5%가 된다.

주의할 것은, 재화시장에서 결정되는 가격이 이 교환에 참여한 각 개인이 주관적으로 평가하고 있는 가치와 차이가 있듯이, 시간시장에서 결정되는 시간의 가격인 이자도 이 교환에 참여하고 있는 각 개인의 주관적인 평가인 시간선호와는 차이가 있다는 점이다. 시간시장에서 미래재를 공급하고 현재재를 수요하는 사람은 자신의 주관적인 시간선호율이 이자율보다 높다고 할 수 있으며, 반대로 현재재를 공급하고 미래재를 수요하는 사람은 자신의 주관적인 시간선호율이 이자율보다 낮다고 할 수 있다. 개인의 주관적인 평가인 시간선호율과 이자율과의 이러한 차이가 시간시장에 참여하고 있는 참여자들에게 잉여를 발생시킨다. 즉, 재화시장에서 가격과 각 개인이 평가하고 있는 가치와의 차이에서 잉여가 발생하듯이, 시간시장에서도 각 개인의 시간선호율과 이자율 간의 차이에서 잉여가 발생하는 것이다. 그리고 이러한 잉여가 존재하기 때문에 시간시장에서 현재재와 미래재의 교환에 참여하는 모든 당사자가 이익을 보게 되며, 사회적으로도 이익이 된다. 이러한 점 또한 재화시장에서와 다름이 없다.

강조하자면, 이자는 흔히 오해하고 있듯이 대부하고 차용할 때 오고 가는 화폐의 가격이 아니다. 현재의 만족을 포기하고 미래까지 기다리는 비효용을 감수하는 것에 대한 보상 혹은 미래까지 기다리지 않고 현재 소비할 수 있도록 해준 것에 대해 지불하는 대가가 곧 이자이다. 즉, 이자란 기다림 혹은 앞당김이라고 하는 시간시장의 가격이다.[91)]

2. 자본재와 자본, 자본가의 소득

(1) 자본재와 자본

a) 자본재와 자본

우리가 흔히 자본(capital)이라 부르는 것을 제대로 이해하기 위해서는 먼저 자본재(capital goods)라는 개념부터 이해해야 한다. 자본재가 존재하지 않으면 자본도 존재하지 않기 때문이다.

자본재(capital goods)란 생산된 생산물이면서 동시에 생산에 투입되는 생산요소를 말한다. 이렇듯 자본재는 생산요소이기는 하지만 노동과 토지와는 다른 특성을 가진 생산요소이다. 노동과 토지는 자연적인 생산요소임과 동시에 독립적인 생산요소인데 반해, 자본재는 독립적으로 존재할 수는 없으며 반드시 노동과 토지 등 다른 생산요소들에 의해 생산되어야만 하는 생산요소이다. 자본재가 가지고 있는 바로 이런 특성 때문에 자본재를 '생산된 생산요소'라고도 부른다.

자본재는 노동과 토지 등의 생산요소에 의해 생산된 생산요소이기 때문에, 이미 그 자체로 하나의 생산물이다. 따라서 자본재를 '생산물로서의 생산요소'라고도 부른다. 노동과 토지 등 생산요소들이 투입되어 생산된 생산물인 각종 기계와 도구들, 중간재, 그리고 무언가를 생산하는 기간 동안 소비하기 위해 축적해 놓은 소비재 등등이 생산된 생산요소인 자본재에 속하는 것들이다.

한편, 자본(capital)은 시장에서 화폐로 평가한 자본재의 총액을 말한다. 자본의 특성을 구체적으로 설명하면 다음과 같다. 먼저, 시장에서 화폐로 평가한 자본재의 총액이 자본이므로, 자본이 얼마인지 파악하기 위해서는 우선 자본재가 존재해야만 한다. 자본재가 없이는 자본이 있을 수 없으며, 자본은 언제나 일정한 자본재의 형태로 존재한다. 둘째, 자본을 파악하기 위해서는 자본재를 화폐로 평가하는 가격이 있어야만 하는데, 잘 알다시피 이 가격은 시장에서의 교환과정을 통해 창출된다. 즉, 자본을 파악하기 위해서는 자본재를 사고파는 시장이 존재해야만 한다. 셋째, 시장에서 교환이 가능하고 또 이를 통해 객관적인 교환가치인 가격이 창출되기 위해서는 자본재에 대한 사적 소유가 이루어져야만 한다. 사유재산이 없다면 교환이 이루어질 리 없고, 따라서 가격을 알 수 없기 때문이다. 그러므로 생산수단이 사적으로 소유되고 시장이 존재하는 자본주의 시장경제 사회에는 자본재와 자본이 존재하지만, 생산수단을 국유화하고 있고 시장이 존재하지 않는 사회주의 사회에는 자본재는 있어도 자본은 있을 수 없다. 자본은 자본주의 시장경제에서만 의미를 갖는 개념이다.[92]

'자본은 자본주의 시장경제 사회에서만 의미를 갖는다'는 말 또는 '사회주의 사회에 자본재는 있어도 자본은 존재하지 않는다'는 말은 경제질서의 차이, 즉 자본주의 경제와 사회주의 경제라고 하는 경제질서 간의 뚜렷한 차이를 나타냄과 동시에 그 경제질서가 낳는 경제적 성과에서의 현격한 차이도 나타낸다. 사회주의 사회에 자본이 존재하지 않는다는 말은 사회주의 사회에는 자본재 시장이 존재하지 않으며, 따라서 자본재의 가격도 존재하지 않는다는 뜻이다. 자본재의 가격이 존재하지 않는다면, 가장 먼저 직면할 수밖에 없는 의문은 자본재라고 하는 자원의 배분이 어떻게 이루어져야 하는가 하는 것이다. 누차 강조했듯이,[93] 자본주의 시장경제에서 자원의 배분은 시장에서 형성되는 가격에 의해 이루어진다. 어떤 자원을 어디에 투입하는 것이 가치가 있는 일인지, 같은 자원이더라도 그것을 어디에 투입하는 것이 더 가치가 있는 일인지를 알 수 있는 방법은 가격을 고려하여 기대 수익과 기대 비용을 비교하고 판단하는 이른바 경제계산이 있기에 가능하다. 그런데, 사회주의 사회에서는 자본재 시장이 존재하지 않고 따라서 자본재의 가격이 존재하지 않기 때문에, 자본재와 관련한 경제계산이 불가능하다. 자본재와 관련한 경제계산이 불가능하기 때문에 사회주의 사회에서 자본재라고 하는 자원이 배분되는 방법은 가격이 아니라 계획자나 독재자의 임의적이고 정치적인 판단에 따르는 수밖에 없다. 그리고 이렇게 자의적이고 정치적으로 결정되는 자본재의 배분이 사회가 가장 필요로 하며 가장 가치가 있는 재화나 서비스가 생산되도록 이루어질 가능성은 전혀 없다고 하지 않을 수 없다.

이런 문제의 제기 및 이를 둘러싼 논쟁이 바로 '사회주의 경제계산 문제'였다. 시장과 가격이 존재하지 않는 사회주의에서는 경제계산의 문제를 해결할 수 없기 때문에 사회주의 경제 자체가 지속될 수 없다는 문제의 제기였다. 사회주의에서와는 달리, 자본주의 시장경제에서는 경제계산의 문제는 시장과 가격을 통해 자연스럽게 그리고 효율적으로 해결된다.

자본재라고 하여 그것이 소비재와는 구분되는 독특한 물리적 특성을 갖는 것은 아니다. 동일한 재화라고 해도 그것이 한편으로는 자본재로, 다른 한편으로는 소비재로 사용될 수 있다. 예를 들어, 쌀 1,000kg을 저축해서 가지고 있는 사람이 이 가운데 500kg

으로는 근로자를 고용하고, 300kg으로는 기계와 건물을 구입하고, 100kg으로는 원재료를 구입하여 생산활동을 한다면, 여기에 사용된 900kg의 쌀은 자본재이다. 그리고 이를 제외한 나머지 100kg을 자기 가족들의 식량으로 사용한다면, 이 100kg의 쌀은 소비재로 사용된 것이다. 물리적으로는 같은 쌀이지만 그것이 어떻게 사용되는지에 따라 자본재와 소비재가 구분되는 것이다.

b) 자본의 형성

그렇다면 자본은 어떻게 형성되고 누가 형성하는가?[94] 앞서 언급한 바와 같이, 자본은 생산된 생산요소로서 각종 기계와 도구들, 중간재 등과 생산기간 동안 소비하기 위해 축적된 소비재 등이 여기에 속한다. 이로부터도 알 수 있듯이, 자본에는 세 가지 속성이 내포되어 있다. 첫째, 자본은 생산된 생산물이라는 점이다. 둘째, 자본은 생산된 생산물로써 생산에 투입되는 생산요소라는 점이다. 셋째, 첫째와 둘째로부터 알 수 있듯이, 자본은 생산된 생산물 가운데 즉각 소비되지 않고 남은 것, 즉 저축된 것이라는 점이다. 말하자면, 자본은 생산된 생산물로서 즉각 소비되지 않고 저축되었다가 생산에 투입되는 생산요소이다. 자본은 저축을 통해 형성되며, 따라서 저축이 없이는 자본은 형성될 수 없다. 자본을 형성하는 사람은 근본적으로 저축을 하는 저축자이다.

생산된 생산물 모두를 소비하지 않고 그 가운데 일부를 저축함으로써 자본이 형성되는 과정을 간단히 예시하면 다음과 같다.

무인도에 불시착한 A라는 사람이 있다. 그가 하루 8시간을 맨손으로 고기를 잡으면 하루 3마리 이상을 잡지 못한다. 하루 3마리면 한 끼에 한 마리씩이니 배고픔이 가실 길이 없다. A는 배고픔을 면하기 위해서는 무엇보다도 먼저 낚싯대를 만들어야겠다고 생각한다.

그런데, 그러기에는 문제가 있다. A가 낚싯대를 만들기 위해서는 재료를 구하는 것부터 시작해서 최소 3일은 필요한데, 이 3일 동안 낚싯대 만드는 일에 시간을 다 쓰다 보면 물고기를 잡지 못하고 결국 그동안은 굶을 수밖에 없다. 이 문제를 해결하기 위해 고민 끝에 그는 당분간 허리띠를 졸라매기로 결심한다. 즉, 하루에 잡는 물고기 3마리 중 2마리만 먹고 1마리는 저축(저장)을 하기로 한 것이다. 낚싯대를 만드는 3일 동안 굶지 않고 최소한 하루에 2마리씩의 물고기를 먹기 위해서는 6마리는 저축을 해야 된다. 그래서 A는 6일 동안 매일 1마리의 물고기를 남겨 총 6마리의 물고기를 저축한다.

6마리의 물고기를 저축한 A는 이 물고기를 먹으며 3일 동안 낚싯대 1개를 완성했다. 이렇게 완성된 낚싯대를 이용해서 물고기를 잡으니 하루에 6마리의 물고기를 잡을 수 있게 되었다. 한 끼에 적어도 물고기 2마리씩을 먹을 수 있게 되어 배고픔을 면할 수 있게 되었다.

위의 예에서 A는 맨손으로 생산한 생산물(물고기)을 즉각 소비하지 않고 매일 1마리씩 저축을 했다. 이렇게 저축을 해서 모은 6마리의 물고기는 자본이 되어 낚싯대를 만드는 생산과정에 생산요소로 투입되었고, 그 결과 새로운 생산물인 낚싯대가 생산되었다. 이를 통해 이제 A는 이전에 비해 두 배의 물고기를 잡을 수 있게 되었다. 만약 A가 저축을 하지 않은 채 생산한 생산물을 모두 소비해 버렸다면, 그는 자본을 형성하지 못한 채 여전히 맨손으로 3마리의 물고기를 잡는 것에 그쳤을 것이다. 다시 강조하면, 자본은 생산된 생산물로서 저축을 통해 형성되어 생산과정에 투입되는 생산요소이다.

c) 자본의 변환, 자본의 소비 및 자본의 축적

즉각 소비하지 않고 저축한 생산물을 통해 형성되는 자본은 생산에 투입되어 생산이 이루어지는 과정에서 그 모습을 달리해가면서 결국 소멸하게 되지만, 저축과 자본은 경제적으로는 소멸되지 않고 다른 자본이나 소비재로 변환된다. 즉, 자본은 생산과정에 투입되어 생산이 이루어지는 과정에서 다른 생산물로 모습이 바뀔 뿐, 저축과 자본은 그 다른 생산물로 고스란히 전이된다는 말이다.

위의 예에서 A가 저축을 통해 마련한 자본인 물고기 6마리는 낚싯대를 만드는 생산과정에서 그 모습은 소멸되었지만, 실상은 그 모습만 바뀌었을 뿐 낚싯대라는 새로운 자본으로 변환된 것이다. 또 낚싯대라는 새로운 자본은 물고기를 낚는 생산요소로 투입되어 최종 소비재인 물고기로 나타나게 된다. 다시 말하면, 최초 저축된 물고기인 자본이 낚싯대라는 자본으로 변환되었다가 다시 물고기라는 최종 소비재로 변환된 것이다. 즉, 저축과 자본은 그 겉모습은 변할지언정 경제적으로는 사라지지 않는다. 이를 자본의 변환이라고 한다.

주의할 것은, 자본이 변환한다고 해서 자본이 영구히 존속된다는 의미는 아니다. 위의 예에서 최초의 자본인 물고기 6마리가 그 모습을 바꾸어 낚싯대로 변환되었지만, 그 낚싯대를 영구히 사용할 수는 없다. 언젠가는 낚싯대가 부러지거나 줄이 끊어져 못 쓰게 될 수 있다. 이 경우에 이 자본은 소멸되어 버린다. 이렇듯 자본이 소멸되거나 줄어드는 것을 자본의 소비라고 한다.

자본이 소비되어 버리면, 즉 자본이 소멸되거나 축소되면 생산은 줄어들고 가난이 다시 찾아든다. 물고기 6마리를 저축하여 이를 자본으로 낚싯대 1개를 만들어서 하루에 3마리가 아닌 6마리를 잡게 된 A가 앞으로의 일에 대해서는 전혀 걱정하지 않은 채 6마리 물고기 모두를 다 소비해 버리는 경우를 생각해 보라. 그가 현재 사용하고 있는 낚싯대를 더 이상 사용할 수 없게 되었을 때, 즉 자본의 소비가 이루어졌을 때 그는 다시 맨손으로 물고기를 잡아야만 하고 하루 종일 3마리밖에는 생산할 수 없을 것이다.

따라서 자본의 소비를 막고 적어도 현재의 생활수준을 유지하기 위해서라도 저축이 지속적으로 이루어지고 자본이 지속적으로 최소한 현재의 수준을 유지할 수 있도록 해야 한다. A가 가지고 있는 낚싯대가 적어도 1개는 계속해서 유지될 수 있어야 한다는 말이다.

이를 위해서는 A는 낚싯대를 이용해서 잡는 물고기 6마리를 모두 당장 소비하는 대신에 그 가운데 1~2마리를 지속적으로 저축하여, 사용하고 있는 낚싯대가 소멸될 때를 대비해 새로운 낚싯대를 만들어 가지고 있어야 한다. 즉, 사용하고 있는 1개의 낚싯대가 소멸될 때 새로운 낚싯대로 대체하기 위한 대체투자가 이루어져야만 한다. 그래야만 현재의 생활수준을 계속 유지할 수 있다.

나아가 현재의 생활수준을 유지하는 것에서 멈추지 않고 더 나은 삶을 영위하기 위해서는 대체투자를 넘어서는 추가적인 투자가 이루어져야만 한다. 무인도에 불시착한 A의 이야기를 계속 이어가 보자.

물고기 6마리를 저축해서 이를 자본으로 생산과정에 투입함으로써 낚싯대 1개를 생산한 A는 이 낚싯대를 이용해 매일 6마리의 물고기를 잡을 수 있게 되었다. '앉으면 눕고 싶다'는 말이 있듯이, 이제 배고픔은 면했지만, 잠시도 쉴 틈이 없이 하루 종일 낚시만 해야 하는 것이 불만이었다. 잠시라도 휴식을 취했으면 좋겠고, 나아가 동물 사냥을 통해 획득할 수 있는 육류와 나무에 열려 있는 열매 등 물고기 이외의 다른 음식물도 먹어보고 싶다. 그러기 위해서는 물고기를 잡기 위해 하루 종일 물고기 잡는 일에만 매달려야 하는 것으로부터 잠시라도 해방되는 시간을 가져야 한다. 그래야만 그 시간을 이용해 사냥이나 열매 채집을 할 수 있을 것이다.

그래서 A는 낚싯대를 하나 더 생산하기로 한다. 이를 위해서 A는 또 다시 현재 잡고 있는 물고기를 모두 소비하는 대신 그중 일부를 저축하여 자본을 만들어야 한다. 그리고 이 자본을 활용하여 새로운 낚싯대 하나를 추가로 만들게 된다. 이렇게 두 대의 낚싯대를 갖게 된 A는 이제 하루에 6마리가 아닌 10마리의 물고기를 잡을 수 있게 됨으로써, 필요한 만큼의 물고기를 잡고 난 이후 남는 시간에 휴식을 취할 수도 있고, 열매를 채집하러 돌아다닐 수도 있게 된다.

위의 예에서 낚싯대 1대를 갖고 있던 A는 연이은 저축을 통해 낚싯대 1대를 추가로 만들어 이용했다. 즉, 기존에 있던 자본인 낚싯대 1대에 추가적으로 낚싯대 1대라는 자본이 추가된 것이다. 이렇게 자본이 누적되는 것을 자본의 축적이라고 한다. 이처럼 자본의 축적은 현재 이용되고 있는 자본을 대체하는 수준을 뛰어넘는 저축과 투자가 이루어져야만 가능하다.

d) 자본의 의미: 시간 절약, 생산성 증대와 발전

저축을 통해 형성되는 자본은 어떤 의미를 갖는가? 자본이 갖는 가장 중요한 의미는 시간이다. 시간시장을 설명하는 장(章)에서 자본을 논하는 이유가 바로 여기에 있다. 하루에 맨손으로 3마리의 물고기를 잡던 A는 낚싯대라는 자본을 가짐으로써 이제 하루에 6마리를 잡게 되었다. 그의 생산성이 두 배나 향상된 것이다. 이를 다른 말로 표현하면, 이전에는 물고기 3마리를 잡기 위해 하루 종일 일해야 했다면, 낚싯대를 가지게 된 A는 이제는 그 절반인 반나절만 일해도 3마리의 물고기를 잡을 수 있다. 이처럼 자본이 의미하는 것은 다름 아닌 시간의 절약이다. 생산성의 향상은 시간의 절약이고, 시간의 절약이 곧 생산성의 향상이다.

자본이 의미하는 바가 시간의 절약이고 생산성의 향상이라면, 이것들이 의미하는 바는 또 무엇일까? 우선 낚싯대라는 자본을 소유하게 된 A에게 일어나는 변화 중 하나는 우선 배고픔으로부터의 해방이다. 하루에 3마리가 아닌 6마리를 잡을 수 있게 됨으로써 그는 이제 한 끼에 두 마리씩의 물고기를 먹을 수 있게 되었고, 배고픔으로부터 벗어날 수 있게 되었다. 나아가 자본이 축적되고 생산성이 더욱 증가한 결과 A는 약간의 여유의 시간을 가질 수 있게 되었다. 낚싯대 3~4대를 소유하게 되면서 그는 하루에 10마리 이상의 물고기를 잡을 수 있고, 이제는 반나절 정도만 일을 해도 먹고 살기에 부족함이 없는 양의 물고기를 잡을 수 있다. 이 여유 시간을 이용해 A는 휴식을 취할 수도 있고, 아니면 다른 물건, 예를 들어 사냥을 한다든가 아니면 열매를 채취한다든가, 아니면 야채 등 채소를 재배할 수도 있다.

이런 것들이 의미하는 바는 바로 발전이고 성장이다. 이제까지 생산해 왔던 물건을 더 많이 생산하고 소비할 수 있게 되거나, 이제까지는 만들지 못했던 새로운 물건을 생산하고 소비할 수 있게 되거나, 또는 휴식을 취하고 문화적인 생활을 즐길 수 있게 되는 것 등이 의미하는 바는 모두 성장이고 생활 수준의 향상이며 발전이다.

현대 경제에서 많이 언급되고 있는 노동생산성도 마찬가지이다.

앞의 사례에서 보았듯이, 노동생산성은 근로자가 활용할 수 있는 자본의 양에 의존하며, 그것이 실질임금을 상승시킨다. 수 세기에 걸쳐 이루어진 점진적인 생활 수준의 향상은 저축되고 축적된 자본의 양과 질 덕분이다.[95)]

(2) 자본가와 자본가의 소득

a) 자본가란?

자본가란 누구인가? 자본가의 역할은 무엇일까? 자본가란 당연히 자본을 소유하고 있는 사람을 말한다. 맞는 말이기는 하지만, 이 개념은 자본가를 너무 피상적으로만 규정하고 있다. 자본가를 이렇게 피상적으로만 규정하게 되면, 자본가가 하는 역할이 무엇인지에 대해 파악하기 어렵다. 그리고 자본가에 대한 이러한 피상적인 개념 규정 및 그로 인한 자본가의 역할에 대한 무지(無知)가 자본가가 획득하는 소득에 대한 오해를 불러일으키고, 나아가 자본가가 노동자를 착취한다는 잘못된 결론으로 이끄는 원인 중의 하나가 된다.

자본가란 당연히 자본을 소유하고 있는 사람을 말한다. 하지만 자본가란 단순히 자본을 소유하고 있는 것에 그치는 것이 아니라, 소유하고 있는 자본을 활용하여 생산활동에 참여하는 사람이다. 여기서 자본가가 행하는 중요한 역할은 시간시장에서 현재재와 미래재가 교환될 수 있도록 현재재를 제공함으로써 재화나 서비스의 생산이 이루어질 수 있도록 하는 것이다.[96] 만약 저축을 통해 축적된 자본이 없다면, 노동이나 토지 그리고 생산요소 등의 미래재를 수요하는 대신 그 반대급부로 공급할 현재재가 존재할 수 없다. 따라서 이런 자본을 소유하고 있는 자본가가 없다면, 현재재와 미래재가 교환되는 생산과 연계된 시간시장은 존재하지 않을 것이다.

자본가와 자본이 존재하지 않고 이에 따라 생산과 연계된 시간시장이 존재하지 않는다면, 앞에서 자본의 의미에서 살펴보았던 것처럼, 생산시간의 절약과 생산성 향상과 이를 통한 경제성장 및 경제발전도 기대할 수 없다. 자본주의(capitalism)라는 용어를 누가 어떤 의미에서 만들었는지와는 관계없이 이것은 경제발전에서 자본이 핵심적인 역할을 담당하고 있다는 것을 제대로 표현해주는 용어라 하지 않을 수 없다.

b) 자본가의 소득: 이자

그렇다면 자본가는 어디서 어떻게 소득을 얻는가? 시간시장에서 자본가는 생산요소의 소유자들로부터 노동력이나 토지 등 미래재인 생산요소들을 구매하면서 그 대가로 임금이나 지대 등의 이름으로 현재재를 제공하는 역할을 한다. 다른 한편, 생산요소의 소유자들은 자본가에게 미래재인 노동력과 토지 등 생산요소를 공급하면서 그 대가로 자본가로부터 임금이나 지대 등의 명목으로 현재재를 제공받는다. 여기서 자본가가 제공하는 현재재는 먹을 식량, 입을 옷, 잠을 잘 수 있는 집 등 현재의 소비에 충당될 수 있는 것들이다. 물론 현대 경제에서 자본가는 생산요소의 소유자들에게 임금이나 지대로 직접 식량이나 옷, 주택 등을 제공하지는 않는다. 잘 알다시피, 현대 화폐경제에서는 이런 물품 대신 대표적인 현재재인 화폐로 지불하게 된다. 대표적인 현재재인 화폐가 식량이나 옷, 주택 등과 쉽사리 교환될 수 있기 때문이다. 이렇게 현재재와 미래재가 교환되는 시간시장에서 자본가는 어떻게 소득을 얻는가?

이와 관련하여 고려해야 할 것은 두 가지이다. 하나는, 이미 살펴보았듯이, 자본가가 생산요소의 소유자들에게 제공하는 임금이나 지대 등은 각 생산요소가 생산물의 가치 창출에 기여한 정도에 따라, 즉 각각의 생산요소가 창출하는 한계생산물가치에 따라 지불된다는 점이다.[97] 고려해야 하는 또 다른 하나는, 자본가가 생산요소의 소유자들에게 제공하는 임금이나 지대 등은 생산요소가 생산에 투입됨과 동시에 지불되지만, 생산요소의 소유자들이 생산을 통해 창출해 내는 가치는 일정 기간에 걸쳐 생산활동이 이루어지고 난 이후에야 비로소 실현된다는 점이다. 다시 말하면, 자본가는 생산요소의 소유자들에게 그들이 제공하는 것에 대한 대가를 생산에 투입되는 현재 시점에 지불하지만, 그 생산요소가 창출하는 가치는 일정 기간이 지나 제품이 생산되어 판매가 이루어지고 난 미래에 가서나 실현된다는 뜻이다. 배 한 척을 건조하는 데 1년이 걸린다고 하면, 이와 관련해서 노동자가 받는 임금은 매달 지불되는 반면, 해당 노동자가 창출하는 가치는 1년이 지나 배가 건조되고 판매가

되어야만 비로소 실현된다는 말이다.

이 두 가지 사항을 고려하면, 자본가는 생산요소의 소유자에게 그가 창출할 한계생산물가치 만큼을 임금이나 지대로 지불하되, 한계생산물가치가 실현되는 미래가 아니라 생산요소로서 생산에 투입되는 현재 시점에 미리 지불한다는 것을 알 수 있다. 또 노동자 등 생산요소의 소유자들은 자신들이 창출할 한계생산물가치 만큼을 임금 등으로 지불받되, 한계생산물가치가 실현되는 미래가 아니라 생산요소로서 투입되는 현재 시점에 미리 지불받는 것이다. 이를 다른 말로 표현하면, 자본가는 미래에 가서나 판매 및 소비가 가능할 재화를 미리 구매하고 그 대금을 현재 시점에 선불(先拂)하는 셈이며, 생산요소의 소유자들은 자신들이 미래에 생산하고 소비할 수 있는 것을 자본가에게 미리 판매하고 그 대금을 앞당겨 받는 것과도 같다.

이 교환과정에서 자본가는 생산요소가 창출할 미래의 한계생산물가치를 현재 시점에 지불하므로, 미래의 한계생산물가치를 현재가치로 계산해서 지불하게 된다. 즉, 미래의 한계생산물가치를 일정한 할인율로 할인해서 현재 시점에서 현재가치-할인된 한계생산물가치-로 지불한다는 말이다. 생산요소의 소유자 측에서 보면, 임금이나 지대 등은 현재 수취하지만, 그 대가인 한계생산물가치는 미래 시점에 지불하므로, 현재 수취하는 것을 일정한 이자율로 계산해서 미래 시점에서 미래가치로 지불하게 된다. 이때 미래가치인 한계생산물가치와 현재 시점에서 지불하고 수취하는 현재가치의 사이에 차이가 발생하며, 이 차이가 바로 시간시장에서의 가격인 이자가 된다.[98] 다시 말하면, 한계생산물가치와 할인된 한계생산물가치의 차이가 곧 이자가 된다.

달리 표현하면, 한계생산물가치는 미래에 가서야 비로소 실현되는 것이므로, 생산요소의 소유자들은 그것을 미리 앞당겨 받는 것이고, 자본가는 대가를 미리 지불하고 기다린 후 미래에 가서 비로소 한계생산물가치를 받게 되는 것이다. 이는 앞서 언급했던 시간시장에서의 기다림 혹은 앞당김에 다름 아니다. 그리고 이와 관련하여 지불하는 대가 혹은 이와 관련하여 받는 보상은 다름 아닌 이자라는 것도 앞에서 보았다.

이처럼 생산과정과 연관된 시간시장에서는 이자가 명시적으로 드러나지 않고 교환과정 속에 숨겨져 있을 뿐 자본가와 생산요소 소유자들 사이에 이자를 분명히 주고받고 있으며, 이때 자본가가 받게 되는 이자가 곧 자본가의 소득이 된다.

이렇게 볼 때, 생산과정에서의 시간시장에서 자본가와 생산요소 소유자 간의 관계는 대부시장에서 대출자와 차용자의 관계와 크게 다를 바 없다. 대부시장에서 대출자는 현재재인 현금을 공급하고 그 대신 미래재인 차용증서를 수요하고, 이 차용증서에 약속된 미래 시점에 이자를 가산해서 돌려받는다. 반면, 차용자는 미래재인 차용증서를 공급하고 현재재인 현금을 수요한 뒤, 약속한 미래 시점에 이자를 가산하여 되돌려준다. 마찬가지로, 생산과 관련된 시간시장에서 자본가는 임금이나 지대 등의 형태로 현재재인 현금을 공급하고 미래재인 생산요소를 수요하고, 약속된 미래 시점에 이자를 가산해서 상품이나 서비스의 형태로 돌려받는다. 반면, 생산요소의 소유자들은 미래재인 생산요소 서비스를 공급하고 현재재인 현금을 임금이나 지대 등의 형태로 수요한 뒤, 약속된 미래 시점에 이자를 가산해서 상품이나 서비스의 형태로 되돌려주는 것이다. 결국, 대부시장이나 생산과 관련된 시간시장에서나 거래의 성격에 큰 차이가 없으며, 대출자와 차용자와의 관계나 자본가와 생산요소 소유자 간의 관계나 하등의 차이가 없다. 여기서도 알 수 있듯이, 자본가가 얻는 소득은, 대출자의 경우와 마찬가지로 이자이다.

자본가가 얻는 소득이 이자라고 하면 의아해하는 사람들이 많을 것이다. 그 이유는, 앞서 설명한 바와 같이, 대부시장에서와는 달리 생산과정과 연관된 활동에서는 이자가 명시적으로 드러나지 않기 때문이다. 그리고 바로 이러한 점 때문에 자본가의 소득에 관한 오해가 발생하기 쉽다. 자본가가 얻는 소득은 노동자로부터 착취한 것이라거나 자본가의 소득은 불로소득이라거나 하는 오해들이 그런 것들이다. 재차 강조하지만, 자본가가 얻는 소득은 이자 소득이다.

3. 기업가와 이윤 및 손실

(1) 불확실성이 존재하는 세계

시간과 관련되어 고려되어야 할 두 가지 중요한 요소, 즉 기다림과 불확실성 가운데 이제까지는 기다림만을 다루었고, 나머지 한 가지 요소인 불확실성은 고려 대상이 아니었다. 이제까지 다루었던 불확실성이 존재하지 않는 세계란 모든 부문이 균형을 이루어 외부의 충격이 없는 한 계속해서 동일하게 반복되는 세계를 의미하며, 이러한 경제를 일컬어 항등순환경제라 부른다. 불확실성이 존재하지 않는 항등순환경제에서는 외부의 충격이 없는 한 동일한 것이 반복 순환되므로, 현재의 행동이 미래에 어떤 결과로 이어질지를 미리 알 수 있다. 물론 이런 세계는 현실에서는 존재할 수 없다. 현실에서는 주어진 조건들이 항상 변화하기 때문이다. 그럼에도 현실에서는 결코 존재할 수 없는 가상의 경제인 항등순환경제를 통해 설명하는 이유는 생산과정과 시간시장, 이자의 개념을 분명하게 설명하기 위함이다.

지금부터는 불확실성이 존재하지 않는 세계에서 벗어나 현실세계인 불확실성이 존재하는 세계로 들어간다. 앞서 언급했듯이, 경제활동은 시간의 경과와 함께 이루어지기 때문에, 행동은 현재 이루어지지만, 그 결과는 미래에 가서나 나타나기 마련이며, 따라서 그 결과를 사전에 알 수 없다는 불확실성의 문제가 발생한다.[99] 예를 들어, 2019년에는 아무도 예상하지 못했던 코로나바이러스가 창궐해 2020년에는 거의 모든 경제활동이 중단되거나 축소되고, 경제 상황이 극도로 악화되는 사태가 벌어졌다. 이는 누구도 쉽사리 예상하지 못했던 것으로 미래의 불확실성의 하나의 사례라 할 수 있다. 또 이전에는 5~6%씩 증가하던 최저임금이 정부가 바뀌면서 갑자기 20%씩이나 오르는 상황도 불확실성의 한 사례이다. 코로나바이러스의 창궐로 인해 마스크에 대한 수요가 폭등한 것 역시 불확실성의 한 단면을 보여준다. 이렇듯 불확실성을 부추기는 요인은 자연환경의 변화나 수요자의 소비 취향의 변동 등 여러 가지 요인이 있지만, 가장 커다란 요인은 정부 정책의 급격하고도 커다란 변동이라고 할 수 있다. 사정이 이러하므로, 정책의 기조가 수시로 변하는 것보다는 한 방향으로의 정책 기조를 꾸준히 밀고 가는 것이 경제성장에는 더 낫다는 말도 있다.[100] 경제에서의 불확실성을 줄이는 일이 매우 중요하다는 말이다.

(2) 기업가와 기업가정신

기업가를 단순하게 정의하면 기업을 설립한 사람으로 정의된다. 그런데, 이 정의에 따르면, 기업을 설립한 이후에 기업가가 하는 일은 없다. 따라서 이러한 정의는 기업가의 본질을 제대로 나타내는 정의라고 할 수 없다.

기업가란 "불확실한 세계에서 미지의 이윤 기회를 찾아 나서거나 만드는 행동인(acting person)을 말한다. 즉, 기업가는 불확실성 하에서 이윤 기회의 포착을 통해 부(富)를 창출하는 기능을 하는 사람이다." 여기에서 이윤 기회란 새로운 생산방법이나 새로운 생산물로써 미처 채워지지 않은 소비자의 욕구를 만족시킬 수 있는 기회를 말한다. 즉, 기업가는 불확실성 하에서 기업의 설립과 새로운 생산라인의 설치 및 폐기, "새로운 생산방법과 산출물의 도입 등, 기업의 설립 전후를 막론하고 기업 활동 전반을 지휘하는 사람"을 말한다.[101]

기업가의 개념 규정에서도 알 수 있듯이, 기업가는 불확실성과 연계되어 있다. 그런 의미에서 넓게 본다면, 우리 모두 기업가라고도 할 수 있다. 우리 모두 불확실한 세계에서 나름대로 설정한 목표를 이루기 위해 이런저런 선택을 하면서 살아가기 때문이다. 다만, 여기서 말하는 기업가란 소비자의 욕구를 만족시킬 수 있는 이윤 기회를 찾아 생산에 나서는 모험을 하는 사람을 의미한다.

이처럼 불확실성을 떠안고 새로운 이윤 기회를 발견해서 그것을 쟁취하고자 도전하는 투기적 모험을 하는 사람이 기업가이며, 기업가의 이런 정신을 기업가정신이라 한다. 이를 좀 더 구체적으로 표현하면, "창발, 혁신, 조정, 모험, 도전, 위험 감내, 개척, 기회 포착, 성취 욕구, 치밀함, 뚝심 등의 자세" 등을 갖추고 이윤 기회를 찾아 생산활동에 나서는 정신이 다름 아닌 기업가정신이다.[102]

이런 기업가에게 요구되는 몇 가지 자질이 있다. 우선, 투기적 모험을 하기 위해서는 미래에 대한 예측과 선택을 해야 하는데, 이때 널리 알려진 지식과 정보도 중요하지만, 더욱 중요한 것은 불확실한 미래에 대한 통찰력이다. 미래에 대한 통찰력이 부족한 기업가는 실패하고, 시장에서 퇴출되는 운명을 맞이하게 된다. 또, 기업가에게는 불확실성 하에서 새로운 것을 발견하고 그것을 쟁취하고자 기꺼이 나서는 모험심이 있어야 한다. 나아가, 소비자의 욕구를 타인에 앞서 발견하고 이를 충족시키고자 한다는 점에서 기업가는 경쟁적이다. 마지막으로, 실패보다는 성공할 가능성을 더 높게 본다는 점에서 기업가는 매우 낙관적이다.[103]

(3) 기업가의 소득: 이윤과 손실

경제에서의 불확실성을 함께 고려하게 되면 어떤 일이 일어날까? 이것을 알아보기 위해 우선 불확실성이 존재하지 않는 경제에서부터 출발해보자. 미래의 불확실성이 존재하지 않으므로 기업가는 미래에 생산될 재화나 서비스가 얼마에 판매되고 자신의 소득이 얼마가 될 것인지 사전에 알 수 있고, 그에 맞추어 생산요소를 구입해 생산에 투입하게 된다. 시간의 경과에 따라 생산과 판매가 이루어지고 난 후 전체 수입에서 생산요소의 소유자들에게 선불로 지불했던 할인된 한계생산물가치를 제외한 나머지가 기업가의 소득이 된다. 그런데, 기업가가 얻는 이 소득은 시간의 가격인 이자 소득이며, 이것이 곧 자본가의 소득이라는 점은 앞에서 설명했다. 이렇게 본다면, 불확실성이 존재하지 않는 세계에서 기업가의 소득은 없다. 불확실성이 존재하지 않는 항등순환경제에서는 기업가의 소득은 없으며, 따라서 기업가도 존재하지 않는다.[104]

이제 불확실성을 함께 고려하면 여러 가지 사정이 바뀐다. 기업가는 생산에 사용될 생산요소들이 생산과정에서 얼마만큼의 기여를 할 것인지, 다시 말해 그들의 한계생산물가치가 얼마나 될 것인지 사전에 정확히 알지 못한다. 또한, 미래에 생산될 재화나 서비스의 가격이 얼마가 될 것인지, 판매는 제대로 될 것인지 등에 대해서도 정확히 알 수 없다. 모든 것들이 사전에 정확히 알 수가 없고 불확실하다. 이때 기업가가 할 수 있는 일은 예측할 수 있을 뿐이다.

이 예측과 관련해서 기업가가 행동에 나서는 핵심적 요인은 생산요소가 창출할 수 있는 미래의 한계생산물가치에 대한 시장의 일반적 예측과 기업가의 예측과의 사이에 차이가 존재한다는 점에 있다. 좀 더 자세히 말하면, 기업가는 어떤 생산요소가 창출할 수 있는 한계생산물가치가 시장에서 일반적으로 과소평가되어 있다는 것을 발견하고 본인이 이를 활용한다면 더 높은 한계생산물가치를 창출할 수 있을 것이라고 예측하게 된다. 예를 들어, 밀가루로 빵을 만들어 팔면 100원의 한계생산물가치를 창출하지만, 동일한 밀가루를 이용하여 빵이 아닌 라면을 생산하여 판매한다면 150원의 한계생산물가치를 창출할 수 있을 것이라고 예측하는 것이다. 시장의 일반적 예측에 따르면 빵을 만드는 데 사용되는 밀가루의 한계생산물가치는 100원이지만, 라면을 만들고자 하는 기업가가 보는 밀가루의 한계생산물가치는 150원이나 된다.[105] 이러한 차이를 남들보다 먼저 발견한 기업가는 당연히 이를 활용하고자 한다.

문제는 이것이 모두 불확실성 하에서 이루어진 기업가의 사전 예측일 뿐이고, 그 결과는 사후적으로만 알 수 있다는 점이다. 만일 사후적으로 기업가의 예측이 옳았다면 기업가는 성공하는 것이고, 틀렸다면 그는 실패하는 것이다. 이처럼 불확실성 하에서 성공한 예측에 대한 보상으로 기업가가 획득하는 것이 곧 이윤이며, 틀린 예측에 따라 실패한 기업가가 겪게 되는 것이 다름 아닌 손실이다.

이처럼 이윤과 손실의 궁극적 원천은 불확실성이며, 이윤은 기업가가 불확실성을 떠안고 미래를 정확히 예측한 것에 대한 보상이며, 손실은 불확실성 하에서 기업가가 잘못 예측한 것에 대한 처벌이다.

이와 관련하여 한 가지 생각해 볼 것이 있다. 이러한 특성을 가진 이윤에 대해 정상 이윤이니 정상 이윤율이니 하는 말이나, 혹은 평균이윤이니 평균이윤율이니 하는 용어를 사용하는 것은 너무나도 어울리지 않는 일이라는 사실이다.

(4) 이윤과 손실의 사회적 기능: '착한 적자'란 것은 없다

미래에 대한 불확실성 하에서 소비자의 욕구를 정확히 예측한 기업가에 대해 소비자가 주는 보상이 이윤이며, 반대로 잘못 예측한 기업가에 대해 소비자가 내리는 처벌이 손실이다. 소비자의 욕구를 만족시키는 기업가는 성공한 기업가이고, 그렇지 못한 기업가는 실패한 기업가가 되어 최악의 경우 파산하고 시장에서 퇴출되는 운명이 될 수 있다. 이렇듯 기업가의 성공과 실패는 시장에서 소비자의 선택을 받느냐 못 받느냐에 달려 있고, 이는 다시 소비자의 욕구를 정확히 예측했느냐 못했느냐 하는 기업가의 통찰력에 달려 있다.

이렇듯, 시장에서 소비자의 선택에 따라 기업가에게 내려지는 포상과 처벌이 이윤과 손실인데, 이 이윤과 손실은 사회적으로 어떠한 역할을 하는 것일까?

무엇보다도 이윤과 손실 메커니즘은 자원의 효율적 배분을 가능하게 만든다. 소비자의 욕구를 제대로 파악한 기업가는 이윤을 얻고, 반대로 잘못 파악한 기업가는 손실을 입는다. 즉, 소비자가 원하는 가치 있는 재화와 서비스를 공급하는 기업가는 이윤을 얻고, 소비자가 원치 않는 가치 없는 재화와 서비스를 공급하는 기업가는 손실을 입는다. 미래에 대한 예측이 정확하면 정확할수록 이윤은 커지며, 예측이 부정확하면 부정확할수록 손실은 늘어난다. 이윤을 획득하게 된 기업가는 현재의 사업을 확장하거나 새로운 사업을 시행하게 된다. 반면에, 손실을 입게 되는 기업가는 현재의 사업을 축소하거나 아예 시장에서 퇴출당하게 된다. 이로써 사회적으로 가치가 덜하거나 가치가 없는 재화나 서비스의 생산에 투입되던 자원이 빠져나와 사회적으로 가치가 더 높은 재화나 서비스의 생산 쪽으로 옮겨간다. 이처럼 이윤과 손실 메커니즘을 통해 자원이 비효율적으로 사용되던 곳에서 더 효율적으로 사용되는 방향으로 옮겨감으로써 자원의 효율적 배분이 이루어지게 된다.[106]

우리 사회에서는 언젠가부터 '착한 적자'라는 말이 유행하고 있다. 이것처럼 사실을 왜곡하는 말도 드물다. 한 기업이 적자를 내고 있다는 말은 그 기업이 생산하고 있는 재화나 서비스를 소비자가 외면하고 시장에서 제발 나가라고 하는 소비자와 시장의 퇴출 명령과도 같다. 그 기업은 소비자가 그리고 사회가 원치 않는 가치 없는 재화나 서비스를 생산하면서 희소한 소중한 자원을 쓸데없이 낭비하고 있는 것이며, 따라서 퇴출되는 것이 마땅하다. 그래야 그곳에서 낭비되고 있는 자원이 더 효율적으로 사용되는 기업과 부문으로 옮겨가게 되며, 그럼으로써 경제 전체적으로 효율적인 자원 배분이 이루어지고 사회의 부(富)가 증가하게 된다. 적자기업은 해당 기업 혼자만이 아니라 경제 전체적으로 희소한 자원의 낭비와 부의 손실까지도 발생시키는 '나쁜' 기업이다.

그런데, 그런 '나쁜' 기업이 발생시키는 적자에 '착한'이라는 수식어를 붙여 부르는 이상한 사람들이 있다. '착한 적자'라고 부름으로써 해당 기업이 마치 사회적으로 유용한 재화나 서비스를 생산하는 듯이 호도하고 계속 잔류시키고자 시도하는 것은 시장에서 퇴출을 명령하는 소비자의 뜻에 반하는 행동이며, 자원의 비효율성이 제거되지 못하게 함으로써 사회 전체의 부를 계속해서 갉아먹게 만드는 잘못된 행동이다.

이윤이야말로 소비자와 사회가 원하는 재화와 서비스를 생산하는 착한 행위를 한 기업가에 대한 포상이고, 적자는 소비자와 사회가 원치 않는 재화와 서비스를 생산하면서 자원을 낭비하는 나쁜 행위를 한 기업가에 대한 처벌이다. 이윤을 내는 기업이 착한 기업이고, 적자를 내는 기업은 나쁜 기업이라는 말이다.

이윤과 손실의 메커니즘이 하는 역할은 또 있다. 불확실성 하에서 기업가가 내리는 판단은 이윤 혹은 손실이라는 결과로 이어진다. 미래를 정확하게 예측했느냐 아니냐에 따라 이윤의 가능성뿐만 아니라 손실의 가능성 또한 존재하기 때문에, 기업가로서는 누구보다도 신중하게 판단하지 않을 수 없다. 즉, 이윤과 손실의 메커니즘은 기업가의 신중한 판단을 유도하고, 이는 자원의 무분별한 낭비를 줄이는 기능을 한다.

이윤이 하는 역할은 이처럼 매우 중요하다. 그리고 기업가의 이윤추구 행위는 시장을 움직이는 원동력이자 새로운 재화나 서비스 혹은 새로운 생산방법 등이 등장하게 만드는 혁신의 원동력이며, 이를 통한 사회 번영의 원천이다. 이윤에 대한 과중한 세금 등 정부의 잘못된 정책으로 인해 이윤이 존재하지 않게 되거나, 혹은 이윤 획득의 기회와 가능성이 축소되어 버리면, 기업가의 활동은 위축되고 그만큼 사회 번영의 기회도 사라질 것이다.

8장

화폐와 화폐시장

1. 화폐가치와 화폐가격
2. 화폐에 대한 수요와 공급 및
   화폐시장의 균형
3. 통화량 증대의 효과는?
4. 통화팽창을 막아라

8장

화폐와 화폐시장

1. 화폐가치와 화폐가격

(1) 화폐의 이점과 역할

| 먼 옛날 우리의 조상들이 물물교환 혹은 직접교환으로부터 간접교환으로 이행하면서 화폐가 등장했다. 교환의 매개수단으로서 화폐가 등장하면서, 서로 간에 교환하고자 하는 물건과 수량과 교환조건 등등이 일치해야만 하는 사람들끼리 만나야만 했던 직접교환의 불편함이 사라졌다.

이렇게 직접교환에서 간접교환으로 이행하면서 수많은 이점이 생겨나고, 이는 다시 경제발전에 커다란 역할을 하게 된다. 가장 먼저, 화폐의 등장으로 직접교환의 불편함이 사라지면서 거래가 대폭 증가하고, 이는 다시금 사람들의 부의 증가로 이어졌다. 누차 강조

하지만, 강제와 억압이 없는 자유로운 거래는 당사자 모두의 만족을 증가시키고 가치를 증가시키므로 화폐의 등장으로 인한 거래의 증가는 사회 전체적으로 부를 증대시키는 효과를 갖는다. 화폐를 매개물로 한 간접교환으로 사회 전체의 부가 크게 증대되는 것이다.

화폐의 등장으로 인한 효과 중에서 거래의 확대보다도 더 중요한 효과는 아마도 분업과 전문화가 가능해졌다는 점일 것이다. 직접교환 경제에서는 우유를 원한다면 본인이 직접 젖소를 기르던가 아니면 우유를 생산하는 사람이 원하는 물품을 생산해서 교환에 임해야만 했을 것이다. 직접 젖소를 기른다는 것은 자급자족 경제로서, 모든 물건을 스스로 생산해서 소비하는 것을 말한다. 다른 대안인 우유를 생산하는 사람이 원하는 물품을 생산해서 교환에 임하는 경우에도 자급자족의 수준을 벗어나기는 힘들다. 상대방이 교환하기를 원하는 물품들을 모두 생산해서 교환해야 한다면 그 수준은 자급자족의 수준에서 크게 벗어나기 어려울 것이기 때문이다. 그러나 화폐가 등장하면, 본인이 생산한 것을 원하는 사람에게 판매하고, 그 대가로 받은 화폐를 가지고 본인이 원하는 물품을 소유하고 있는 사람에게서 구매하면 된다. 즉, 본인이 가장 잘 생산하는 것을 생산하여 판매하고, 그 대가로 받은 화폐를 가지고 본인이 원하는 물품을 구입할 수 있게 된다. 이렇게 화폐제도는 사람들로 하여금 특정한 일에 전문화하고 분업할 수 있게 해준다. 잘 알다시피, 전문화와 분업은 노동생산성을 크게 상승시키고 그만큼 개인과 사회의 부를 크게 증대시킨다.

화폐의 기능을 여러 가지 측면에서 설명하고 있지만, 가장 근본적인 기능은 무엇보다도 교환의 매개수단으로서의 기능이다. 화폐가 가치저장의 수단이라거나 또 계산 단위로서의 기능을 수행하고 있다고 하지만, 이러한 기능들은 교환의 매개수단으로서의 화폐의 근본적 기능에 따라오는 부수적인 기능일 뿐이다. 화폐가 하는 역할은 처음부터 끝까지 교환의 매개수단으로서의 역할이다. 따라서 화폐의 가치도 교환의 매개수단으로서의 화폐의 역할로부터 생겨난다.

(2) 화폐의 가치

모든 재화의 가치의 근원은 사용가치에 있다. 해당 재화를 사용함으로써 얻게 되는 주관적인 효용이 그 재화의 사용가치가 된다. 따라서 교환이 없는 자급자족 경제에서라면 모든 재화의 가치는 오로지 사용가치만을 갖는다. 그러기에 재화의 가치의 근원은 사용가치에 있다고 하는 것이다.

그런데, 교환경제가 등장하면서, 모든 재화는 교환되는 과정에서 생성되는 또 다른 가치를 갖게 되는데, 그것을 그 재화의 교환가치라고 한다. 교환과정에서 A라는 재화를 주고 B라는 재화를 얻어서 그 B라는 재화를 사용함으로써 얻게 되는 사용가치가 곧 A라는 재화의 교환가치가 된다. 즉, 한 재화를 갖고 교환하게 되는 다른 재화로부터 간접적으로 얻을 수 있는 가치를 해당 재화의 교환가치라고 부른다.

모든 재화는 각기 사용되는 용도를 갖고 있음과 동시에 교환의 대상물로도 이용될 수 있다. 따라서 모든 재화는 사용가치와 교환가치를 동시에 갖는다. 이에 따라 교환경제에서 재화의 가치는 사용가치뿐만 아니라 교환가치에 의해서도 영향을 받는다. 그리고, 가치가 소비자 개인의 주관적인 평가이므로, 교환가치와 사용가치 모두 시간과 장소, 사람에 따라 다르게 평가될 수 있다.

화폐도 하나의 상품이기 때문에 화폐 또한 다른 재화들과 마찬가지로 사용가치와 교환가치 양자 모두를 가지고 있다. 금속화폐 또는 상품화폐를 생각해 보라. 예를 들어 금은 금화로 사용되기도 하지만, 옛날이나 지금이나 장식용이나 산업용 등 비화폐적 용도로도 사용된다. 이처럼 화폐도 교환가치뿐만 아니라 사용가치도 가지고 있기는 하지만, 화폐의 비화폐적 용도로서의 비중은 그것의 화폐적 용도에 비하면 아주 적다고 할 수 있다. 따라서, 화폐의 가치는 거의 전적으로 그것의 화폐적 용도로서의 가치, 즉 교환가치로 간주해도 무방하다. 특히 오늘날의 화폐인 법정불환지폐(fiat money)는 다른 재화와 교환할 때를 제외하고는 다른 용도로 사용될 일이 없다. 영화에서 가끔 나오듯이, 불쏘시개나 담배에 불을 붙이는 용도로 사용되는 것을 제외한다면, 하등의 사용가치가 없는 재화가 바로 오늘날의 법정불환지폐이다. 사정이 이러하므로, 현대 화폐이론에서는 오직 교환가치만을 다룬다.

화폐가 갖는 교환가치는 일정량의 화폐를 주고 다른 재화의 특정 양을 획득할 수 있는 힘 또는 능력에 달려 있다. 이를 화폐의 객관적 교환가치라고 하며, 화폐 1단위가 갖는 교환가치를 화폐의 구매력(purchasing power of the monetary unit)이라고 부른다.[107]

(3) 화폐의 가격

많은 사람들이 화폐의 가격을 이자율로 생각하고 있으나, 이자율은 화폐의 가격이 아니라 시간시장에서의 시간의 가격이라는 점은 이미 앞에서 살펴보았다. 화폐가격에 대해 이런 오해가 생기는 이유는 많은 학자들이 돈을 빌리고 빌려주는 대부시장, 특히 단기대부시장을 화폐시장으로 간주하기 때문이다. 이들은 단기대부시장에서의 수요를 화폐에 대한 수요로, 그리고 그곳에서의 공급을 화폐에 대한 공급으로 본다. 그리고, 이 단기대부시장에서의 수요와 공급에 의해 균형이자율이 결정된다고 한다. 그러다 보니, 이렇게 결정된 이자율이 마치 화폐의 수요와 공급에 의해 결정된 화폐의 가격인 것처럼 오해가 생기게 되었다.

이러한 오해가 가져오는 폐해는 너무나 크다. 예를 들어, 시간시장에서 결정되는 이자율이 대부시장에서의 화폐의 수요와 공급에 의해 결정되는 것처럼 오해를 하고 정책을 펴게 되면, 한편으로는 시간시장에서의 이자율에 왜곡을 초래하고, 다른 한편으로는 화폐시장에서의 왜곡을 초래한다. 만약에 경기회복을 위해 이자율을 낮춘다는 명목으로 화폐를 대량으로 공급하게 되면, 시간시장에서는 사람들의 시간선호가 왜곡되게 전달되어 극심한 경기변동을 일으키고, 화폐시장에서는 화폐의 구매력이 급감하고 물가가 상승하는 일이 발생한다. 재차 강조하지만, 이자율은 화폐의 가격이 아니고, 시간시장에서의 시간의 가격이다.

정부의 규제가 없는 자유시장에서 모든 재화와 서비스의 가격은 해당 재화에 대한 수요와 공급에 의해 결정된다. 화폐의 경우도 마찬가지이다. 쌀의 가격은 쌀 시장에서의 수요와 공급에 의해 결정되는 것과 마찬가지로 화폐의 가격은 화폐시장에서의 화폐에 대한 수요와 공급에 의해 결정된다.

여기까지는 화폐시장이나 일반 재화시장이나 다르지 않다. 즉, 화폐시장에서도 일반 재화시장에서와 마찬가지로 수요와 공급에 의해 가격이 결정된다. 문제는 그 다음이다. 일반 재화시장에서 수요와 공급에 의해 결정되는 가격은 화폐로 표시된다. 그렇다면, 화폐시장에서 수요와 공급에 의해 결정되는 가격도 화폐로 표시되는가? 1원의 가격을 1원이라고 표시한다면 무언가 이상하지 않은가?

화폐를 제외한 여타 상품은 화폐의 단위로 그 가격을 표시할 수 있다. 그러나 화폐는 모든 여타 상품들의 단위로서만 표현될 수 있다. 예를 들어 담배 1갑의 가격은 4,000원이고, 생수 1병은 1,000원이라고 하면, 이때 담배 1갑과 생수 1병의 가격은 화폐의 단위-즉, 4,000원과 1,000원-로 표현되고 있다. 이 사례에서 화폐 1단위의 가격은 여타 재화 가격의 역으로 표시될 수 있다. 즉, 1원의 가격은 담배로 표현하면 1/4,000갑이 되고, 생수로 표현하면 1/1,000병이 된다. 이렇듯, 화폐의 가격은 수도 없이 많은 일반 재화의 숫자만큼이나 많은 단위로 표현될 수 있다. 그것을 통일해서 표현할 수 있는 유일한 단위를 가지고 있지 않다. 바로 이 점이 화폐의 가격과 다른 일반 재화의 가격의 차이점이다.

또 하나 특이한 사항은, 앞서도 언급했듯이, 화폐는 다른 재화들과 달리 교환가치만을 갖는다는 점이다. 이 말은 화폐의 주요 목적이 현재 혹은 미래에 직접 소비할 재화나 생산에 투입될 재화와 교환하기 위함에 있다는 사실을 의미한다. 이처럼 화폐의 주요 목적이 다른 재화와의 교환에 있다는 사실을 고려하면, 화폐와 관련된 사람들의 관심은 화폐가 사람들이 교환하기를 원하는 재화의 얼마만큼의 수량과 교환될 수 있는지를 보여주는 화폐의 힘 혹은 능력에 있다. 왜냐하면, 그것이 곧 화폐와 교환한 후 궁극적으로 사용하길 원하는 재화의 효용과 직접 연결되기 때문이다. 앞서 화폐 1단위가 갖는 교환가치를 화폐의 구매력이라 하였다. 화폐에 대한 사람들의 관심은 이 화폐의 구매력에 있으며, 이 화폐의 구매력은 화폐시장에서 화폐에 대한 수요와 공급에 따라 결정된다. 그리고, 이렇게 결정된 화폐의 구매력이 곧 화폐시장에서의 화폐의 가격이다.

화폐시장에서도 일반 재화시장에서와 마찬가지로 화폐의 가격인 화폐의 구매력이 증가하면 화폐에 대한 수요가 감소하고, 역으로 화폐의 구매력이 감소하면 화폐에 대한 수요가 증가한다. 하지만, 화폐의 공급 측면은 일반 재화시장의 공급과는 다르다. 일반 재화시장에서는 가격이 상승하면 공급도 증가하고, 가격이 하락하면 공급도 감소한다. 그런데, 화폐시장에서의 공급은 이렇게 가격(=화폐의 구매력)의 움직임에 따라 움직이지 않는다. 그 이유는, 예를 들어 금화의 경우를 보면, 화폐의 가격이 상승한다고 해서 화폐의 공급을 유연하게 증가시킬 수 없다. 새로운 금광이 발견되어 금이 대량으로 유입되기 전에는 화폐의 공급은 일정하다고 할 수 있다. 특히, 현대 법정불환지폐의 경우에는 중앙은행이 화폐의 가격인 구매력과는 관계없이 정책적 의사결정에 의해 화폐의 공급을 결정하므로, 화폐의 공급은 (일정 시점에서는) 일정하다고 할 수 있다.

화폐시장에서의 가격 결정 과정도 재화 가격의 결정 과정과 동일하다.[108] 한 가지 차이점이 있다면, 일반 재화 시장에서는 재화의 수량 및 재화의 가격이라는 이름으로 불렸지만, 화폐시장의 경우에는 재화의 수량 대신 화폐의 수량인 통화량으로, 그리고 재화의 가격 대신 화폐의 구매력으로 불린다. 앞서 언급했듯이, 화폐에 대한 수요는 그 가격인 구매력이 증가하면 감소하고, 반대로 구매력이 감소하면 증가한다, 일반 재화 시장에서의 '수요의 법칙' 그대로이다. 한편, 공급곡선의 경우에는 '공급의 법칙'에 따르지 않는다. 화폐의 가격이 상승 혹은 하락한다고 해서 그에 따라 금이나 은이 유연하게 증가 혹은 감소되지 않는다는 점, 특히 현대 법정불환지폐의 경우에 정부가 정치적 및 정책적으로 화폐의 공급을 결정한다는 점에서 그렇다. 그러므로, 화폐의 공급은 일정 시점에서는 변하지 않고 일정하다고 하는 것이다. 화폐에 대한 수요와 화폐의 공급이 만나 균형가격이 결정되는 것은 일반 재화 시장에서와 같다. 이렇게 결정된 균형가격이 곧 화폐의 가격인 화폐의 구매력이다.

2. 화폐에 대한 수요와 공급 및 화폐시장의 균형

(1) 화폐에 대한 수요

앞서 언급했듯이, 화폐는 화폐 그 자체를 사용하기보다는 다른 재화와 교환할 목적으로 필요하다. 여기서 다른 재화와 교환할 목적으로 화폐를 필요로 하는 사람을 두 부류로 구분할 수 있다. 한 부류는 아직 화폐를 보유하고 있지 않기 때문에 이제 비로소 화폐를 구매해야 하는 사람이다. 이 사람이 화폐를 구매하기 위해서는 그것과 교환할 재화나 서비스를 제공해야 한다. 또 다른 한 부류는 이미 화폐를 보유하고 있지만, 그것을 현재가 아닌 미래에 사용하기 위해 보유하고 있는 사람이다.

이에 따라 화폐에 대한 전체 수요도 크게 두 부분으로 나눌 수 있다. 첫째는 화폐 이외의 재화나 서비스를 가지고 있는 사람이 그것을 판매하고 그 대가로 화폐를 얻고자 할 때 화폐에 대한 수요가 발생한다. 이것을 화폐에 대한 교환수요라고 한다. 두 번째는 이미 화폐를 보유하고 있는 사람이 그 화폐를 어떤 이유에서인지 현재의 교환을 위해 내어놓지 않고 계속해서 보유하게 되는 경우가 있는데, 이것 또한 화폐에 대한 수요가 되며, 이것을 화폐에 대한 예비수요(reserve demand)라고 한다.[109] 화폐에 대한 교환수요와 화폐에 대한 예비수요를 합한 것이 화폐에 대한 수요가 된다.

a) 화폐에 대한 교환수요

화폐에 대한 교환수요란 소득을 얻으려는 사람들, 간단히 말해 '돈을 벌겠다'는 사람들에 의한 화폐의 수요를 말한다. 여기서 '돈을 번다'는 말은 그 어떤 것과 '돈'을 교환한다는 의미와 같다. 돈, 즉 화폐소득을 얻기 위해서는 그 반대급부로 자신이 가지고 있는 재화나 서비스를 제공해야만 교환이 이루어질 수 있다. 이처럼 자신이 가지고 있는 노동과 토지, 그리고 생산된 재화(자본재 및 소비재)를 판매하여 화폐소득을 얻으려는 사람들에 의한 화폐 수요가 화폐에 대한 교환수요이다.

자신이 가지고 있는 생산요소나 재화를 판매하여 화폐소득을 얻고자 하는 사람들에게 있어 화폐의 구매력 변화는 개인의 소득에 당연히 영향을 미치게 되고, 나아가 생산요소나 재화의 공급에도 영향을 미치게 된다. 따라서 이들 각각이 화폐구매력의 변화에 어떻게 반응하는지를 살펴보면, 화폐에 대한 교환수요의 모습을 파악할 수 있다.

i) 토지와 재화의 공급을 통한 화폐에 대한 교환수요

화폐구매력의 변화로 인해 토지나 재화의 가격, 그리고 결과적으로 이것을 공급하는 사람의 소득에 변화가 발생할 경우, 이들이 선택할 수 있는 것은 현재 판매하거나 아니면 보다 나은 판매 시점을 기다려 판매를 유보하는 경우 등 두 가지이다. 그런데 현실에서 목격하는 바와 같이, 대부분의 경우에는 현재 판매를 선택하게 된다. 생산된 재화의 경우에는 물론 재고의 형태로 보유하면서 미래의 보다 나은 판매 시점을 기다릴 수도 있지만, 그 비중은 그다지 높지 않은 것이 현실이다. 토지서비스의 경우에는 생산된 재화에 비해 판매유보가 많을 수 있지만, 토지를 놀리는 것보다는 낮은 임대료라도 받는 것이 유리할 것이기 때문에, 이 경우에도 판매 유보되는 비중은 그다지 높지 않을 것이다.

이렇게 본다면, 화폐구매력의 변화로 토지와 재화의 가격에 변화가 생기고, 이에 따라 이것들을 공급하는 공급자들의 소득에도 변화가 발생하겠지만, 그럼에도 이들이 공급하는 토지나 생산된 재화의 공급량에는 큰 변화가 없다고 할 수 있다. 화폐와 교환하기 위한 토지나 재화의 공급은 화폐구매력의 변화에 관계 없이 일정하게 유지되는 경향을 갖는다는 말이다. 화폐와 교환하기 위한 토지나 재화의 공급이 일정하게 유지된다는 말은 토지나 재화의 공급을 통한 화폐에 대한 교환수요 또한 화폐구매력의 변화와 관계없이 일정하다는 것을 나타낸다.

ii) 노동공급을 통한 화폐에 대한 교환수요

토지나 재화와 달리, 노동의 경우에는 소득의 변화가 곧바로 노동공급의 변화와 연계된다. 왜냐하면, 사람들에게는 각자가 사용할 수 있는 전체 시간을 노동뿐 아니라 여가 활동에도 배분할 수 있는 선택권이 있기에, 소득에 변화가 생기면 그 배분 비중을 조정할 것이기 때문이다. 그러므로, 소득이 증가하거나 감소할 경우 각 개인의 주관적인 가치판단에 따라 노동 공급이 증가할 수도 있고(=여가의 감소) 반대로 감소할 수도 있다(=여가의 증가).

일반 재화의 경우에, 재화의 가격이 상승하면 해당 재화의 공급도 증가한다. 이른바 공급의 법칙이다. 노동 공급도 마찬가지이다. 일반적으로 노동 공급도 일반 재화와 마찬가지로 노동의 가격, 즉 임금(률)이 상승하면 노동 공급이 증가하고, 임금(률)이 하락하면 노동 공급이 감소한다.[110]

화폐구매력의 변화는 노동소득의 변화를 초래하고, 이는 다시 노동 공급과 그에 따른 화폐에 대한 교환수요에도 영향을 미치는데, 그 관계를 보면 다음과 같다. 화폐의 교환가치인 구매력이 낮다는 것은 그 화폐와 교환할 재화나 서비스의 화폐단위로 표현한 가격이 높다는 것을 의미한다. 역으로, 화폐의 구매력이 높다는 것은 화폐 단위로 표현한 재화나 서비스의 가격이 낮다는 것을 의미한다. 노동시장에서의 가격은 임금(률)이다. 따라서, 화폐의 구매력이 낮다는 것은 노동의 가격인 임금(률)이 높다는 것을, 그리고 화폐의 구매력이 높다는 것은 임금(률)이 낮다는 것을 의미한다. 공급의 법칙에 따라 임금(률)이 높아지면 노동 공급과 소득이 증가하며, 역으로 임금(률)이 낮아지면 노동 공급과 소득도 감소한다.

여기서 언급된 화폐의 구매력, 임금(률), 노동 공급과 소득, 그리고 화폐의 교환수요 간의 관계를 하나로 연결하면 화폐의 구매력 변화와 노동 공급을 통한 화폐에 대한 교환수요의 관계를 파악할 수 있다. 즉, 화폐의 구매력이 높아지면, 임금(률)이 낮아지고, 임금(률)이 낮아지면 노동 공급 및 소득의 감소로 이어지고, 이는 화폐에 대한 교환수요의 감소로 나타난다. 그리고, 역으로 화폐의 구매력이 낮아지면, 임금(률)이 높아지고, 임금(률)이 높아지면 노동 공급 및 소득의 증가로 이어지고, 이는 화폐에 대한 교환수요의 증가로 나타난다. 요약하면, 화폐의 구매력이 높아지면 노동 공급을 통한 화폐에 대한 교환수요는 감소하고, 역으로 화폐의 구매력이 낮아지면 화폐에 대한 교환수요는 증가하게 된다.

iii) 화폐에 대한 교환수요

토지나 재화의 공급을 통한 화폐에 대한 교환수요와 노동 공급을 통한 화폐에 대한 교환수요를 합한 것이 화폐에 대한 교환수요가 된다. 앞에서 살펴보았듯이, 토지나 재화의 공급을 통한 화폐에 대한 교환수요는 화폐구매력의 변화와 관계없이 일정하고, 노동공급을 통한 교환수요는 화폐의 구매력이 높아지면 감소하고 화폐의 구매력이 낮아지면 증가한다. 그러므로, 이 두 개의 부분적인 교환수요를 합한 (전체) 교환수요 또한 화폐의 구매력이 높아지면 감소하고 화폐의 구매력이 낮아지면 증가하는 모습을 보이게 된다.[111]

b) 화폐에 대한 예비수요

i) 화폐소득과 현금잔고

모든 사람은 교환을 통해 벌어들인 화폐를 다음의 세 가지 부분으로 나누어 배분하게 된다. 첫 번째는 가지고 있는 화폐를 소비지출의 용도로 내어놓는 것, 두 번째는 가지고 있는 화폐를 투자지출의 용도로 내어놓는 것, 그리고 세 번째는 벌어들인 화폐를 그냥 현금잔고로 남겨 놓는 것이 그것이다. 그런데, 바로 이 세 번째 현금잔고로 남겨 화폐를 계속 보유하는 것이 화폐에 대한 예비수요이다. 앞에서, 이미 화폐를 보유하고 있는 사람들이 현재의 교환을 위해 내어놓지 않고 미래의 교환을 위해 계속 보유하고 있는 것을 화폐에 대한 예비수요라고 한 것과 같은 의미이다.

한편, 이 세 번째, 즉 현금잔고로 화폐를 계속 보유하는 경우에, 현금잔고가 항상 일정하게 유지되는 것이 아니라 증가할 수도 있고 아니면 감소할 수도 있다. 즉, 기존에 가지고 있던 현금잔고에 새로 얻은 화폐소득의 일부 혹은 전부를 추가로 적립해서 보유할 수도 있고, 역으로 기존에 가지고 있던 현금잔고의 일부 혹은 전부를 소비지출이나 투자지출로 내어놓을 수도 있다. 이에 따라 현금잔고는 증가할 수도 있고 또 감소할 수도 있다. 이것을 수식으로 표현하면 [화폐소득=소비지출+투자지출±현금잔고]이다. 여기서 현금잔고는 화폐에 대한 예비수요를 달리 이르는 말이다.

이처럼 화폐소득은 현재의 소비지출 및 투자지출, 그리고 현금잔고에 각각 배분되는데, 어느 용도에 얼마만큼 배분할 것인지는 화폐 1단위가 가져다줄 만족, 즉 화폐의 한계효용에 따라 이루어진다. 화폐 또한 다른 재화나 서비스와 마찬가지로 한계효용체감의 법칙의 적용을 받으며, 이에 따라 화폐의 한계효용이 큰 곳부터 순차적으로 화폐의 배분이 이루어질 것이다. 따라서, 화폐에 대한 예비수요는 일반 재화나 서비스와 마찬가지로 개인의 주관적인 가치척도에 의해 결정된다.

사람들이 소득으로 얻는 화폐를 현재의 소비나 투자를 위한 지출에 사용하지 않고 보유하고자 하는 이유는 무엇일까? 화폐의 근본적 역할, 즉 교환의 매개물로서의 화폐를 고려한다면, 그 이유는 자명하다. 소득으로 얻은 화폐를 현재 지출하지 않고 보유하는 이유는 당연히 현재가 아닌 미래에 재화 및 서비스와 교환하기 위해서이다. 재화나 서비스와 화폐의 교환이 시간적 및 공간적으로 항상 일치할 수는 없으며, 적절한 교환 시점과 공간을 찾아서 교환함으로써 더 많은 효용을 얻기 위해 보유할 수 있다. 또한, 미래에는 어떤 일이 발생할지도 모르기 때문에, 이에 대비하는 목적으로도 화폐를 보유할 수도 있다. 이처럼 현금잔고는 미래의 불확실성에 대비해 안전함을 확보하기 위해서도 필요하다.

ii) 화폐의 구매력과 화폐에 대한 예비수요

화폐구매력의 변화가 화폐에 대한 예비수요에 어떠한 영향을 미치는지를 살펴보자. 우선, 화폐구매력의 변화가 의미하는 바를 보자. 화폐구매력의 상승은 화폐 단위로 표현한 재화의 가격이 하락했다는 것을, 그리고 화폐구매력의 하락은 화폐 단위로 표현한 재화의 가격이 상승했다는 것을 의미한다. 예를 들어, 화폐의 구매력이 상승하기 전에는 화폐 1단위로 사탕 1개를 구입할 수 있었다면, 화폐의 구매력이 상승함으로써 이제는 화폐 1단위로 사탕 2개를 구입할 수 있게 되는 경우를 보자. 사탕 1개의 가격을 화폐 단위로 표현하면, 화폐구매력의 상승 이전에는 1단위(예: 100원)였다면, 상승한 후인 지금은 0.5단위(예: 50원)에 불과하다. 이렇듯, 화폐구매력의 상승은 재화의 가격하락을, 그리고 화폐구매력의 하락은 재화의 가격상승을 의미한다. 수요의 법칙에 따르면, 재화 가격의 하락은 수요의 증가로, 그리고 재화 가격의 상승은 수요의 감소로 이어진다. 이상의 내용을 정리하면, 화폐구매력의 상승(하락)은 재화 가격의 하락(상승)을 통해 해당 재화에 대한 수요를 증가(감소)시킨다.

앞서 수식 [화폐소득=소비지출+투자지출±현금잔고]에서 화폐소득은 지출(소비지출 및 투자지출)과 현금잔고로 배분된다는 것을 보았다. 여기서 재화 가격의 상승으로 인한 재화에 대한 수요 감소는 곧 지출의 감소를 의미하며, 이는 동시에 현금잔고의 상승을 의미한다. 그리고, 재화 가격의 하락은 그 반대를 의미한다. 따라서, 화폐구매력의 상승(하락)은 재화 가격의 하락(상승)을 통해 해당 재화에 대한 수요를 증가(감소)시킴과 동시에 현금잔고를 감소(증가)시킨다.

이상에서 살펴본 화폐구매력의 변화와 화폐에 대한 예비수요의 변화와의 관계를 정리하면 다음과 같다. 화폐구매력이 높을수록 화폐에 대한 예비수요(=현금잔고)는 적어지며, 화폐구매력이 낮을수록 화폐에 대한 예비수요는 많아진다.

c) 화폐에 대한 수요

화폐에 대한 교환수요와 화폐에 대한 예비수요를 합한 것을 화폐에 대한 (총)수요라고 한다. 앞에서 보았듯이, 화폐의 교환수요의 경우 화폐의 구매력이 상승하면 수요가 감소하고 화폐의 구매력이 하락하면 수요가 증가한다. 또 화폐에 대한 예비수요의 경우에도 화폐의 구매력이 상승하면 수요가 감소하고 화폐의 구매력이 하락하면 수요가 증가한다. 따라서, 화폐에 대한 교환수요와 화폐에 대한 예비수요를 합친 화폐에 대한 수요 또한 화폐의 구매력이 상승하면 수요가 감소하고 화폐의 구매력이 하락하면 수요가 증가한다.

(2) 화폐의 공급

오늘날 화폐는 각국의 중앙은행이 독점적으로 공급한다. 우리나라의 경우, 한국은행이 한국은행권을 발행하고 이를 독점적으로 공급한다. 하지만, 화폐의 공급이 언제나 중앙은행에 의해 독점적으로 공급되었던 것은 아니다. 중앙은행 없이 각 은행이 독자적으로 각각의 은행권을 발행했던 시기도 있었다. 말하자면 국민은행권, 기업은행권, 하나은행권, 신한은행권 등 각 은행이 각자의 은행권을 발행하고, 이들 화폐 간에 '가장 좋은 화폐', 즉 가장 안전하고 가치가 안정된 화폐가 어느 것인지 경쟁을 하는 식이었다. 이를 자유은행제도(free banking system)라고 한다. 이 자유은행제도와 현행 독점적 발권력을 행사하는 중앙은행제도 가운데 어느 것이 더 우월한 제도인가에 대해서는 논란이 있지만, 어쨌든 자유은행제도가 존재했었다는 역사적 사실은 화폐를 공급하는 데 있어, 그리고 통화가치의 안정을 위해 중앙은행의 존재 및 독점적 발권력이 필수적인 것은 아니라는 것을 알려준다.[112)]

은행이 공급하는 통화량과 관련해서는 두 가지 경우를 나누어 생각해 볼 수 있다. 하나는 금과 같은 상품을 기반으로 화폐를 발행하는 금(상품)본위제도 하에서의 통화량이고, 다른 하나는 화폐 발행의 기반이 되는 어떤 상품과도 연계시키지 않고 독립적으로 화폐를 발행하는 법정불환지폐 제도 하에서의 통화량이다.

통상 금을 기반으로 언제든 금화와 교환할 수 있는 화폐를 발행하는 경우에, 화폐의 공급은 화폐 목적으로 사용되는 금의 양에 의해 좌우된다. 즉, 금의 생산이 많아지면 화폐공급이 증가할 수 있고, 반대로 사용되고 있던 금화를 녹여서 다른 용도로 이용한다면 화폐공급이 감소하게 된다. 하지만, 금 생산의 증가는 새로운 금광의 발견 등에 의해서나 가능하고, 금화의 비화폐적 용도로의 전환도 급격하게 이루어질 가능성은 별로 없다. 그러기에 금본위제도 하에서의 화폐의 공급은 중·장기적으로는 완만한 증가와 감소가 있을 수 있지만, 단기에서는 통화량은 주어진 일정한 양에서 변화 없이 일정하다고 볼 수 있다.

중앙은행이 발권력을 독점하고 있는 법정불환지폐의 경우에, 화폐의 공급은 전적으로 중앙은행 및 정부의 정치적, 정책적 판단에 따라 증가하고 감소하게 된다. 따라서 여기서도, 화폐의 공급은 중·장기적으로는 증감이 있을 수 있지만, 단기적으로는 화폐의 공급은 주어진 일정한 양에서 변화가 없이 일정하다고 볼 수 있다. 즉, 일정 시점에서 주어진 통화량은 일정하다.

결국, 일정 시점에서의 화폐의 공급인 통화량은 화폐의 구매력과는 상관없이 주어진 일정량에서 변화 없이 일정하다는 것을 알 수 있다.

(3) 화폐시장의 균형과 화폐구매력의 결정

다른 일반 재화시장에서와 마찬가지로, 화폐시장의 균형도 수요와 공급이 일치하는 곳에서 결정되며, 이 균형점에서 균형가격, 즉 화폐의 구매력이 결정된다.

다른 시장도 마찬가지이지만, 화폐시장도 일시적으로 균형에서 벗어날 경우에 정부 등 외부의 개입이나 규제가 없더라도 자동적으로 균형을 찾아가게 된다. 그리고, 이런 자동 균형회복 메커니즘이야말로 시장이 가지고 있는 장점들 중의 하나라고 할 수 있다.

그렇다면, 화폐시장은 균형에서 벗어날 경우 어떻게 자동적으로 다시 균형으로 돌아갈까? 화폐시장이 균형에서 벗어나는 경우도 재화시장과 마찬가지로 두 가지로 나누어 볼 수 있다. 첫째는 화폐의 가격인 화폐의 구매력이 균형보다 높은 수준에서 형성된 경우이고, 둘째는 화폐구매력이 균형보다 낮은 수준에서 형성된 경우이다. 전자의 경우에는 화폐에 대한 수요보다 공급이 많은 화폐의 공급초과 상태이고, 후자의 경우에는 화폐에 대한 수요가 공급량을 초과하는 수요초과 상태이다.

먼저, 화폐의 구매력이 균형보다 높은 수준에서 형성되어 화폐에 대한 수요보다 공급이 많은 공급초과 상태가 균형을 찾아가는 과정을 보자. 시중에 풀려 있는 통화량이 화폐에 대한 수요에 비해 넘치는 상황이기 때문에, 사람들은 자신들이 화폐로 보유하고자 하는 양을 초과하는 화폐를 지출하고 다른 재화를 구매하려고 할 것이다. 이로써 다른 재화에 대한 수요가 증가하게 되고, 이는 재화의 가격을 상승시킨다. 그런데, 재화 가격의 상승은 화폐구매력의 하락을 의미한다. 즉, 화폐시장에서 구매력이 균형보다 높은 수준에서 형성된 화폐의 공급초과 상태는 재화에 대한 수요를 증가시켜 재화 가격의 상승 및 화폐구매력의 하락으로 이어진다. 이 과정은 화폐구매력이 충분히 하락하여 균형수준에 도달할 때까지 계속된다.

한편, 화폐에 대한 수요가 공급을 초과하는 수요초과 상태는 위의 공급초과 상태에서와는 반대의 현상이 나타난다. 시중에 나와 있는 통화량이 사람들이 보유하고자 하는 수요량에 비해 부족하기 때문에, 부족한 부분을 채우기 위해 재화나 서비스를 제공하고 그 대가로 화폐를 얻고자 할 것이다. 이로써 재화나 서비스의 공급이 증가하고, 이는 다시 재화나 서비스의 가격을 하락시킨다. 그런데, 이 재화나 서비스 가격의 하락은 곧 구매력의 상승을 의미한다. 즉, 화폐시장에서 구매력이 균형보다 낮은 수준에서 형성된 수요초과 상태는 재화에 대한 공급을 증가시켜 재화 가격의 하락 및 화폐구매력의 상승으로 이어진다. 이 과정은 화폐구매력이 충분히 상승하여 균형수준에 도달할 때까지 계속된다.

3. 통화량 증대의 효과는?

대부분의 정부는 경기를 진작시키고 경제를 발전시키기 위한다는 명분으로 통화량을 늘리는 팽창적 통화정책을 추진한다. 우리나라도 최근 코로나바이러스로 인해 사람들의 소득이 줄고 경제가 침체되어 있기에 이를 활성화시킨다는 명분으로 대대적으로 국가부채를 늘리면서 '긴급재난지원금' 등을 뿌리고 있다. 이러한 팽창적 통화정책이 침체된 경제를 활성화시키고 발전시키는 효과를 가져올까? 또 통화팽창이 사람들과 사회의 실질적 부와 소득에도 영향을 미칠까?

(1) 물가상승만이 있을 뿐: '헬리콥터 효과'

일반 재화시장에서 공급량의 증대는 언제든지 사회의 부를 증가시켜 사회적 효용을 증대시킨다. 생산되는 재화의 양이 많아진다는 것은 다른 사람의 실질소득을 감소시키지 않고도 누군가의 실질소득을 증가시키는 것이기 때문이다. TV를 100대 생산하고 소비하던 사회에서 공급량이 110대로 증가한다면, 그 사회는 그 차이만큼 실질소득이 증가하게 된다. 그러나, 화폐는 다르다. 화폐의 공급량이 증가한다고 해서 사회적 효용이 증가하지는 않는다. 화폐의 공급량이 증가한다고 해서 TV 100대를 생산하고 소비하던 사회에서 갑자기 TV 10대가 더 생산되고 소비되지는 않는다는 말이다. 그 이유는 화폐는 오직 교환의 매개물로서만 유용하며, 화폐 그 자체로는 소비될 수도 없고 또 그렇다고 생산과정에 투입되는 것도 아니기 때문이다.

이를 좀 더 구체적으로 살펴보자. 다른 조건이 변하지 않은 상황에서 정부가 통화량을 증가시키면, 사람들이 보유하고자 하는 화폐량에 비해 많은 화폐가 시중에 풀려 있는 화폐의 초과공급이 나타난다. 사람들이 보유하고자 하는 화폐량에 비해 공급이 초과되어 있으므로, 이 초과 공급된 화폐를 내어주고 대신 재화를 구매하고자 할 것이다. 이에 따라 재화에 대한 수요가 증가하고 재화의 가격이 상승한다. 재화 가격의 상승은 곧 화폐구매력의 하락을 의미한다. 이 과정은 새로운 균형점에 도달할 때까지 계속되며, 새로 도달하게 되는 균형점에서는 통화량은 이전에 비해 증가했지만, 화폐구매력은 이전에 비해 하락한 모습을 보이게 된다. 이를 달리 표현하면, 통화량이 늘어 사람들의 수중에 쓸 돈의 양은 많아진 반면, 재화나 서비스의 가격이 상승하고 화폐의 구매력이 하락함으로써 그 돈으로 구매할 수 있는 재화나 서비스의 양에는 별다른 변화가 없게 된다는 말이다. 사람들의 실질소득에는 아무런 차이가 없다는 뜻이다.

이를 이른바 '헬리콥터 효과'라는 것을 통해 살펴보면 다음과 같다. 어느 날 아침 갑자기 정부가 헬리콥터를 동원해 공중에서 돈을 뿌려 모든 사람들의 화폐소득을 두 배로 증가시켜준 신기한 나라가 있다고 하자. 화폐소득이 두 배로 늘어난 사람들은 이 돈을 들고 모두 상품을 구매하기 위해 달려나간다. 하지만 공급되고 있는 재화나 서비스의 양은 이전과 동일하다. 이런 상황에서는 폭증하는 수요에 맞춰 가격도 껑충 뛰어올라 이전의 두 배가 된다. 통화량이 두 배 증가하자 가격이 두 배로 뛰고 화폐의 구매력은 절반으로 떨어지는 것이다.[113] 통화량의 증가로 화폐소득은 증가했지만, 사람들의 실질소득에는 아무런 변화가 없이 이전이나 지금이나 똑같다.

이처럼, 통화량의 증대는 화폐의 구매력을 낮추고 상품들의 가격을 상승시키는 것 이외에는 사람들과 사회의 부(wealth)와 실질소득에는 아무런 변화도 일으키지 않는다. 화폐의 공급 증대는 오직 화폐구매력을 낮추고 물가의 상승만을 가져올 뿐이다.

(2) 인플레이션의 수혜자와 피해자

통화가 팽창한 결과 재화와 서비스의 전반적인 가격이 지속적으로 상승하는 현상을 인플레이션이라 한다.[114] 인플레이션은 전반적인 물가수준이 상승하는 것이기에 인플레이션이 있다고 하여 모든 재화의 가격이 모두 다 오르는 것은 아니다. 가격이 오르는 재화도 있고 또 가격이 하락하는 재화도 있을 수 있다. 또, 가격이 오른다고 하여 모두 똑같은 비율로 오르는 것은 아니고, 어떤 것은 많이 그리고 어떤 것은 조금만 오를 수 있다. 다만, 평균적인 물가가 오른다는 것이다.

따라서, 통화량이 증가하여 화폐의 구매력이 감소하고 평균적인 물가가 상승한다고 해서 그 영향을 모든 사람, 모든 산업부문이 똑같이 받는 것은 아니다. 각자가 처한 위치에 따라 물가상승으로 이득을 보는 사람이 있는 반면, 손해를 보는 사람도 생긴다. 또, 정부가 신규로 발행한 통화를 누가 먼저 사용하게 되고 누가 나중에 사용하게 되는지에 따라서도 이득을 보는 사람과 피해를 보는 사람이 발생한다. 구체적으로 인플레이션이 발생하면 누가 이익을 보고 누가 손해를 보는지 살펴보자.

먼저, 돈을 빌려준 채권자와 돈을 빌린 채무자의 경우를 보자. TV 한 대의 값이 100만 원이라고 하자. 채무자는 이 100만 원을 이자율 10%에 빌려 TV 한 대를 구입하고 1년 후 원금과 이자를 갚기로 약속한다. 그런데, 중간에 정부가 통화량을 대폭 증가시킨 결과 1년 후 TV 한 대의 가격이 200만 원이 되었다. 1년 후 채무자는 물가상승과는 관계없이 원래의 계약대로 원금과 이자를 합쳐 110만 원만 상환하면 된다. 그런데, 1년 후 빌려준 돈을 돌려받게 된 채권자는 돌려받은 110만 원으로는 이제 TV 한 대를 살 수가 없다. 결국, 인플레이션으로 인해 채권자의 실질소득은 감소하고, 반대로 채무자의 실질소득은 증가한 것이다. 인플레이션이 채권자의 소득을 채무자에게로 이전시킨 셈이 되며, 채권자는 손해를 보고 채무자는 이득을 본다.

인플레이션으로 인한 채권자와 채무자 간의 소득 이전은 그 당연한 귀결로 저축과 투자를 위축시킨다. 저축하고 대출을 하면 인플레이션으로 이익이 크게 줄거나 손해가 발생할 수 있으므로, 저축하고 투자를 하기보다는 현재 소비해 버리는 경향이 커지게 된다. 인플레이션 하에서 저축과 투자는 줄어들고, 이로 인해 자본이 대규모로 소비되어 버리는 일이 발생할 수 있는 것이다.

인플레이션과 관련한 채권자와 채무자 간의 이러한 관계는 또한 종종 정부가 국가부채를 탕감하기 위해 인플레이션을 이용하는 것이 아니냐는 의구심을 갖게 만드는 이유 중 하나이다. 정부는 국채를 발행하여 민간으로부터 차입을 하고, 민간은 국채를 인수하고 정부에게 대부를 해준다. 인플레이션이 있게 되면, 5년 후 또는 10년 후 채무자인 정부가 국채를 상환할 때 그 부담은 인플레이션이 없을 때에 비해 훨씬 가벼워진다. 이런 이유로 정부가 고의적으로 인플레이션을 유발시키는 것이 아닌가 하는 의구심을 갖게 되는 것이다.

인플레이션 하에서는 실물자산을 소유한 사람과 현금자산을 소유한 사람의 경우에도 명암이 갈린다. 1억 원을 가진 두 사람이 있는데, 한 사람은 그 돈으로 1억 원짜리 건물을 구입하고, 다른 사람은 그 돈을 그냥 현금으로 보관했다고 하자. 1억 원을 주고 구입한 건물 가격이 1년 후 2억 원으로 두 배 상승했다면, 1억 원을 현금으로 보관하던 사람은 이제 그 돈으로는 건물의 절반 밖에는 구입할 수 없다. 그의 실제 자산은 1년 전에 비해 절반으로 줄어든 것이다. 인플레이션이 심한 국가에서 금이나 귀금속, 부동산 등 실물자산에 대한 수요가 증가하는 이유가 여기에 있다. 이런 나라에서는 현금을 가지고 있으면 있을수록 손해이기 때문이다. 현금을 실물자산으로 대체하는 이런 현상은 인플레이션이 심하면 심할수록 더 강하게 나타난다.

인플레이션 하에서는 기업과 근로자 사이에도 명암이 갈린다. 예를 들어, 임금을 5% 인상하기로 합의했다고 하자. 임금협상에서 약속하는 계약 기간은 통상 1년 혹은 그 이상 유지된다. 그런데, 그 동안에 인플레이션이 발생하여 물가가 10%나 오른다면, 근로자의 실질소득은 감소하고, 기업의 임금 부담은 그만큼 가벼워진다.

위에서 언급된 봉급생활자가 겪게 되는 사정은 연금생활자 등 일정 금액을 수령하여 생활하는 사람들에게도 그대로 적용된다. 일정 금액을 연금으로 받아 생활할 수 있었던 사람이 인플레이션으로 화폐의 구매력이 크게 하락하게 되면 이제는 같은 액수의 연금으로는 생활하기가 힘들어진다. 인플레이션 하에서 연금생활자들이 곤란을 겪는 이유가 바로 여기에 있다.

인플레이션으로 인한 또 다른 유형의 수혜자와 피해자도 있다. 여기서는 추가로 발행되는 화폐를 누가 먼저 확보해서 사용하며, 누가 나중에 사용하느냐에 따라 수혜자와 피해자로 나뉘게 된다. 정부가 화폐를 추가로 발행하게 되면, 이 추가 발행된 화폐가 경제 시스템 전체에 한꺼번에 퍼지는 것이 아니다. 추가 발행된 화폐는 통상 시중은행을 통해 민간에게 흘러 들어가게 되는데, 대출 등을 통해 은행창구에서 이 화폐를 최초로 직접 받아가는 사람이 있게 마련이다. 그리고, 이렇게 신규발행된 화폐를 은행창구에서 직접 받아간 사람은 이 돈을 자신이 필요로 하는 상품을 구매하는 데 사용하게 된다. 이처럼 신규 발행된 화폐를 은행창구에서 직접 받아서 상품을 구매하는 데 사용하는 사람이 추가 발행된 화폐의 최초 사용자가 된다. 이어서 이 최초 사용자가 재화나 서비스를 구매하게 되면, 이 최초사용자에게 상품을 판매하고 받은 돈을 자신이 필요로 하는 물건을 구매하는 데 사용하는 사람이 두 번째 사용자가 된다. 또 이 두 번째 사용자에게 상품을 판매하고 받은 돈으로 자신이 필요로 하는 물건을 구매하는 사람이 세 번째 사용자가 된다. 이런 식으로, 마치 호수에 돌 하나가 던져지면 둥그런 파문을 일으키며 호수 전체로 퍼져나가듯이, 추가 발행된 화폐가 최초 사용자부터 시작하여 마지막 사용자에 이르기까지 퍼져나가게 된다.

주목할 것은, 추가 발행된 화폐가 순차적으로 경제 전체로 퍼져

나가면서 재화의 가격도 함께 순차적으로 상승하게 된다는 점이다. 추가 발행된 화폐가 구매로 이어져 수요가 증가하면 가격이 상승한다는 것을 생각하면 이는 당연한 현상이다. 추가 발행된 화폐의 최초 사용자는 모든 재화들의 가격이 오르기 전의 낮은 가격으로 구매를 할 수 있다. 그리고, 이제 이 최초 사용자의 화폐 사용으로 몇몇 재화들의 가격은 상승하게 된다. 그러기에 두 번째 사용자는 몇몇 재화는 상승된 가격으로, 그리고 아직 가격이 상승하지 않은 나머지 대부분의 재화들은 이전의 낮은 가격으로 구매하게 된다. 이렇게 세 번째, 네 번째, 다섯 번째, 여섯 번째… 사용자로 넘어갈수록 가격이 상승한 재화의 숫자는 많아지고, 가격이 변하지 않은 재화의 숫자는 적어진다. 마지막 사용자가 추가 발행된 화폐를 사용할 때가 되면 모든 재화의 가격이 상승해 있는 상태에서 사용하게 된다. 결국, 마지막 사용자는 앞서 사용했던 사람들에 비해 같은 양의 화폐를 가지고도 훨씬 적은 양의 재화만을 구매할 수 있을 뿐이다. 이렇게 새로운 화폐를 가장 먼저 사용하는 사람이 가장 큰 혜택을 보고, 나중에 사용하는 사람일수록 점점 불리해지며, 가장 나중에 받는 사람은 가장 큰 손해를 입게 된다. 결국, 신규 발행된 화폐를 늦게 사용하는 사람들로부터 일찍 사용하는 사람들에게로 소득이 이전되는 효과가 나타나는 것이다.

신규 발행된 화폐를 가장 먼저 사용하여 가장 많은 혜택을 가져가는 자는 누구일까? 통상 신규 발행된 화폐의 최초 사용자는 정부이다. 정부가 신규 발행된 화폐를 정부 자신이 필요로 하는 재화와 서비스를 구매하는 데 사용하게 된다. 역사적으로 보면, 전비(戰費)를 충당하기 위해 대량으로 화폐를 인쇄해서 방출했고, 전시가 아닌 경우에는 정부가 계획한 프로젝트-예를 들면 대규모 토목공사나 대규모 복지 프로젝트-를 수행하기 위해 화폐를 대량으로 공급했다. 이렇게 볼 때, 통화량을 증가시키고 인플레이션을 발생시켜 가장 많은 혜택을 보는 자는 다름 아닌 통화량을 증가시키고 그 증가된 통화를 가장 먼저 사용하는 정부다. 그리고, 그 피해는 고스란히 국민이 받게 된다. 특히 통화량 증가는 물가수준을 상승시키고 화폐나 예금 등의 실질가치를 하락시킨다. 정도의 차이는 있겠지만 모든 국민이 예외 없이 화폐와 예금 등을 가지고 있다는 것을 고려하면, 정부에 의한 통화량 증가는 모든 국민의 실질적 부를 감소시키는 효과를 낳는다. 이렇게 감소된 국민의 실질적 부는 최초 사용자인 정부로 이전된다. 이는 정부가 국민에게 세금을 부과하여 국민의 부를 정부 쪽으로 이전시키는 것과 동일한 효과를 갖는다. 이런 의미에서 정부가 화폐 발행을 통해 재원을 확보하는 것을 인플레이션 조세(inflation tax)라고 부른다. 인플레이션의 최대 수혜자는 다름 아닌 정부이다.

정리하면, 통화의 신규발행은 재화들의 가격만 상승시킨 채 경제주체와 사회의 실질적 부를 증가시키지 못한다. 그 과정에서 인플레이션의 수혜자와 피해자가 발생하며, 피해자의 실질소득은 감소하고 수혜자의 실질소득은 증가한다. 결국, 인플레이션은 사회 전체적으로 아무 실질적 이득은 없으면서, 피해자로부터 수혜자에게로 실질소득을 이전시키는 역할만을 할 뿐이다. 증가하는 화폐공급은 다른 사람들의 희생 아래 일부 사람들에게 혜택을 줄 수 있을 뿐이다. 이런 면에서 보면, 인플레이션은 기껏해야 일종의 '제로섬 게임(zero sum game)'이다.

(3) 상대가격 왜곡의 문제

상대가격이란 한 재화의 가격 대비 다른 재화의 가격의 비율을 말한다. 예를 들어 사과 한 개의 가격이 1,000원이고, 배 한 개의 가격도 1,000원이라고 한다면, 사과와 배 사이의 상대가격은 1,000:1,000, 즉 1:1이 된다. 그런데, 통화의 증발(增發)과 이로 인한 인플레이션은 재화 간의 상대가격을 변화시키고 왜곡시켜 심각한 부작용을 초래하게 된다. 물론, 상대가격의 변화는 수요의 변화 등 시장의 조건에 따라 수시로 변할 수 있다. 하지만, 시장에서의 조건이 변화하여 재화들의 상대가격이 변하는 것과 정부의 정치적인 통화발행으로 인해 상대가격이 왜곡되어 변하는 것은 전적으로 다른 문제이다.

통화량이 두 배가 되어 모든 사람의 화폐소득이 두 배가 된다고 해서 모든 재화의 가격들도 자동적으로 두 배가 되지는 않는다. 통화량의 팽창으로 상대가격에 변동이 발생한다는 말이다. 왜냐하면, 통화량 팽창 이후에도 상대가격이 변동 없이 유지되기 위해서는 몇 가지 조건이 충족되어야 하는데, 이 조건들이 충족될 가능성은 결코 없기 때문이다.

첫 번째 조건은, 모든 사람이 통화증발 이전에 수요했던 재화들과 동일한 재화들만을 수요해야만 한다. 통화증발 이전에 커피와 녹차를 마시던 사람은 통화증발로 화폐소득이 증가한 이후에도 여전히 커피와 녹차를 마셔야 한다. 소비하던 재화의 종류에 변동이 있어서는 안 된다는 말이다. 만일 이 사람이 화폐소득이 증가한 이후에 커피의 소비를 줄이고 그동안 마시지 않던 홍차를 마시게 된다면 커피와 녹차에 대한 수요는 변하고, 이에 따라 두 재화의 상대가격도 변하기 마련이다.

두 번째 조건은, 통화증발 이전에 소비하던 재화의 종류에도 변함이 없어야 되겠지만, 여기서 한발 더 나아가 각 재화에 대한 수요도 통화증발과 비례하여 동일한 비율로 유지되어야만 한다. 통화증발 이전에는 하루에 커피 2잔과 녹차 1잔을 마시던 사람이라면, 통화증발 이후에 화폐소득이 2배가 되더라도 커피와 녹차의 소비 비율이 2:1로 유지되어야 한다. 그런데, 만일 이 사람이 통화증발 이후에 커피의 수요는 그대로 2잔을 유지한 채 녹차의 수요를 1잔이 아닌 2잔으로 변화를 주게 되면, 두 재화 사이의 소비 비율이 변하고 이에 따라 상대가격이 변하지 않을 수 없다.

마지막 세 번째는 신규 발행되는 화폐를 먼저 사용하는 사람과 나중에 사용하는 사람이 있게 되고, 이에 따라 먼저 가격이 상승하는 재화와 늦게 가격이 상승하는 재화가 나타나면서 생기는 문제이다. 신규로 발행된 화폐의 최초 사용자가-결코 그런 일은 없겠지만-앞에서 언급된 두 가지 조건을 충족시키면서 수요를 한다고 해도, 이 최초 사용자의 수요 증가로 인해 몇 개 재화의 가격은 상승하고 수요하지 않은 나머지 재화의 가격은 변함없이 머무르게 된다. 그 결과, 두 번째 사용자의 입장에서는 이미 상대가격이 변한 상태에서 자신의 수요를 이전과는 다르게 가져갈 수밖에 없고, 이는 또다시 재화들의 상대가격을 변화시킨다. 세 번째, 네 번째 사용자를 거쳐 마지막 사용자까지 이르는 동안 상대가격은 계속해서 변동되지 않을 수 없다. 그리고 이처럼 상대가격의 변동이 누적되면 그 방향이 어디로 갈 것인지조차 가늠할 수 없는 것은 물론이고, 상대가격의 왜곡에 왜곡이 겹쳐지면서 그 부작용의 크기 또한 점점 누적되어 나타나게 될 것이다.

앞에서 언급했듯이, 가격은 정보의 보고(寶庫)이다. 따라서, 통화의 팽창으로 가격과 상대가격이 왜곡되면 잘못된 정보가 전달되게 된다. 상대가격의 변화는 기업과 공급자들에게 수요에 대한 새로운 정보로 입력되고, 이에 따라 상대가격이 오른 재화의 공급은 확대하고 반면에 상대가격이 낮아진 재화의 공급은 축소할 것이다. 문제는 이렇게 해서 나온 재화 공급의 증가 혹은 축소가 시장과 소비자의 진정한 가치평가에 의한 것이 아니라, 정부의 통화증발로 인해 왜곡된 신호에 따른 것이라는 점이다. 통화증발로 인해 상대가격이 왜곡됨으로써 사회적으로 덜 생산되어야 할 재화가 많이, 그리고 많이 생산되어야 할 재화가 적게 생산되는 결과로 이어진다. 이 말은 곧 자원이 적게 투입되어야 할 곳에 많이, 그리고 자원이 많이 투입되어야 할 곳에 적게 투입된다는 것을 의미한다. 통화증발로 인해 자원이 비효율적으로 사용되고, 산업구조도 시장의 뜻과는 다르게 구성되게 되는 것이다.

소중한 자원이 비효율적으로 사용되고 산업구조도 시장의 진정한 평가와는 달리 왜곡되어 형성되는 곳에서 경제가 발전하고 경제주체들과 사회 전체의 부가 증가할 수는 없다. 오히려 감소하게 될 것이다.

4. 통화팽창을 막아라

(1) 통화팽창의 종착역

a) 인플레이션의 정치학: 증세냐 인플레이션이냐?

자신의 영토를 넓히고자 하는 야심에서 외국과의 전쟁을 벌이기 위해서든, 단순히 자신의 개인재산을 불리기 위한 사욕에서든, 자신의 업적을 역사에 남기고 싶어 대형 프로젝트나 대규모 복지정책을 펴고 싶어서든, 선거에서 이런저런 명분으로 돈을 뿌려 유권자들의 환심을 사서 표를 매수(買收)하고 싶어서든, 아니면 경제를 활성화시키고 실업을 없앤다는 명분으로든, 여러 가지 이유에서 권력자들은 마음껏 돈을 쓰고 싶어 한다. 어느 권력자, 어느 정부가 되었든 이들이 쓰고 싶은 돈을 만들어내는 방법에는 오직 두 가지 방법밖에는 없다. 세금을 더 걷는 방법과 돈을 찍어내는 방법이 바로 그것이다.

그런데, 세금을 걷는 데는 많은 문제가 도사리고 있다. 세금을 많이 걷어 백성들의 불만이 높아지고 최후에는 왕에게 등을 돌리고 무장봉기까지도 일어났던 역사적 사례들은 부지기수다. 이는 근대 민주국가에서도 마찬가지이다. 민주국가에서는 무장봉기까지 가지는 않더라도 유권자들이 세금을 올리는 정치인에게 등을 돌리고 그의 정치적 생명을 위태롭게 만들 수 있다. 모든 민란이나 선거에서 격변이 일어난 배경에는 대부분 세금 인상의 문제가 도사리고 있다. 미국의 독립전쟁도 당시 영국의 중과세에 대한 반발로부터 출발했고, 조선 후기에 빈번하게 발생했던 민란도 일종의 세금인 삼정(三政)의 문란이 그 주요 원인이었다. 1977년 세율 10%의 부가가치세를 도입했던 박정희 정권은 이듬해인 1978년 총선에서 여당인 공화당이 야당인 신민당보다 득표율에서 뒤지면서 급속히 몰락하게 되었다. 2003년 종합부동산세(종부세)를 신설한 노무현 전 대통령의 지지율도 급전직하하는 운명을 맞이했다. 2003년 초반 60%를 기록했던 지지율은 종부세 추진을 천명한 후반에는 22%까지 급락했고, 이듬해인 2004년 3월에는 탄핵 위기로까지 몰렸다. 종부세가 국회를 통과한 다음 해 치러진 지방선거에서 당시 여당인 열린우리당은 참패를, 야당인 한나라당은 대승을 거두었다. 일본에서도 소비세를 인상했던 정권은 선거에서 참패를 면치 못했다. 1989년 처음 소비세를 도입한 다케시타 노부로 내각은 3개월 후 참의원

선거에서 대패하고 실각했다. 1997년 3%였던 소비세율을 5%로 인상한 하시모토 류타로 총리도 다음 해 참의원 선거에서 패하고 총리직에서 물러났다. 2012년 5%였던 소비세율을 8%로 인상을 추진했던 민주당의 노다 요시히코 총리는 선거에서 대패하고 정권을 아예 자민당에 빼앗기기까지 했다. 시대와 인물과 정당을 막론하고 세금을 인상하는 것은 곧바로 국민의 엄청난 조세 저항에 부딪힐 각오를 해야만 한다.

따라서, 세금 인상으로 인한 정치적 위험을 회피하기 위해 권력자들 대부분은 증세 대신에 통화팽창을 통한 인플레이션에 의존해 왔다. 그 이유는, 앞서 '인플레이션 조세'라는 용어에서도 보았듯이, 인플레이션 또한 세금과 마찬가지로 국민의 실질적 부를 빼앗아가는 것에 있어서는 세금과 마찬가지이지만, 국민이 받아들이고 인식하는 부담의 정도에서는 크게 차이가 나기 때문이다.

우선, 인플레이션으로 인해 국민이 느끼고 인식하는 부담은 국민이 직접 자기 손으로 돈을 납부함으로써 그 부담을 피부로 직접적으로 느끼는 세금과는 그 강도가 크게 차이가 날 수밖에 없다. 또 인플레이션은 통화팽창이 이루어졌다고 해서 하루아침에 나타나는 것이 아니라 시간이 어느 정도 흐른 후에야 본격적으로 나타나기 때문에 일반 국민으로서는 인플레이션과 정부에 의한 통화팽창의 인과관계를 연계시켜 생각하기 어렵다. 게다가 시간이 흐르면서 통화팽창 이외에 여러 가지 다른 상황들까지 겹쳐서 발생하기 때문에, 인플레이션과 통화팽창의 직접적인 연결고리를 생각해 내기는 더더욱 어려워진다.[115] 당연히 인플레이션에 대한 국민의 저항이 조세 저항에 비해 현저하게 약할 수밖에 없다.

증세 대신 인플레이션을 선호하는 이유는 또 있다. 증세의 경우에는 증세를 시도하는 정부와 권력자에게 즉각적으로 비판의 화살이 돌아가고 정치적 책임을 물을 수 있다. 하지만 인플레이션의 경우에는, 통화팽창 후 얼마간의 시간이 경과되어야 그 효과가 나타나기 때문에 그 부정적인 효과가 본격적으로 나타날 때쯤에는 통화를 팽창시켰던 당사자들은 이미 대부분 현직에서 물러나 있거나 사망한 뒤가 될 것이다. 정책을 추진했던 당사자들이 부담해야 하는 개인적, 정치적 책임이 인플레이션의 경우에는 증세에 비해 현저하게 낮을 수밖에 없다.[116]

이런 이유로 아주 오랜 옛날부터 현재에 이르기까지 권력자들은 자신이 사용하기를 원하는 돈을 마련하기 위해 정치적 위험을 초래할 수 있는 세금 인상보다는 손쉬운 인플레이션에 의존해 왔다.

b) 인플레이션의 가속화와 화폐의 사망

통화가 신규로 발행되면 이 신규 통화가 첫 번째 사용자로부터 마지막 사용자까지 경제 전체를 관통하게 된다. 신규로 주입된 통화가 경제 전체를 관통하고 나면 사회 전체의 실질적 부에는 아무런 변화도 일으키지 못한 채 재화의 가격만을 상승시키는 결과만을 낳을 뿐이다. 이에 따라 일시적으로 활기를 띠었던 경제는 다시 위축되고, 줄어들던 실업자는 다시 증가하게 된다. 이런 상황에 직면하게 되는 정부는 통화팽창의 효과를 유지하기 위해 점점 더 많은 통화를 점점 더 짧은 기간에 신규로 발행하여 경제에 주입시키게 된다. 그 결과 재화의 가격은 하늘 높은 줄 모르고 치솟고, 화폐는 아무도 거들떠보지 않는 '종이 쪼가리'로 전락하고 만다.

이 과정을 좀 더 살펴보면 다음과 같다. 먼저, 통화량의 팽창이 없는 사회에서는 어떤 일이 일어나는지부터 살펴보자. 어떤 사회에 재화는 A와 B 이렇게 두 가지가 있다고 하자. 다른 조건이 일정하고 통화량의 변동도 없다고 할 때, 만일 소비자들의 선호가 바뀌어 재화 A에 대한 소비를 이제까지보다 더 많이 하고자 한다면, 이는 재화 B에 대한 소비를 줄여야만 가능하다. 즉, 재화 B의 구매를 줄여서 마련한 돈으로 재화 A의 구매를 늘릴 수밖에 없다. 이처럼 통화량의 팽창이 없는 사회에서는 한 재화의 수요 증가는 다른 재화의 수요 감소에 의해 실제적으로 뒷받침되게 된다. 수요가 B에서 A로 옮겨감에 따라 재화 A에 대한 수요는 증가하고 가격이 상승하는 반면에, 재화 B에 대한 수요는 감소하고 가격도 하락하게 된다. 그리고, A재화를 생산하는 기업은 늘어난 수요 및 가격상승에 발맞춰 생산 규모를 늘리고 근로자를 추가로 고용하게 되는 반면, 수요가 줄고 가격이 하락한 B재화 생산기업은 생산 규모를 줄이고 일부 근로자를 해고하게 된다. 물론 여기서 해고되는 근로자를 포함한 실업자들은 신규 고용이 이루어지고 있는 A재화 생산기업에 고용되게 된다. 이런 사정은 다른 조건의 변화가 없는 한 그대로 유지된다.

이제 위와 동일한 사회에 정부가 신규 통화를 대량으로 발행해서 유통시키는 경우를 살펴보자. 다른 조건은 일정한데 통화량만 팽창된 것이다. 앞서 설명한 바와 같이 신규 발행되어 유입된 화폐는 경제 전체를 한꺼번에 회전하는 것이 아니라 신규 화폐의 최초 사용자로부터 마지막 사용자까지 순차적으로 사용되게 된다. 여기서는 신규 발행된 화폐가 먼저 A재화의 구매에 사용되고, 이후 순차적으로 B재화의 구매에 사용된다고 가정하자. 신규 화폐가 재화 A의 구매에 먼저 사용되므로, 재화 A에 대한 수요가 증가하고 가격이 상승하게 된다. 이에 따라 A재화를 생산하는 기업은 생산 규모를 확대하고 신규로 근로자를 고용하게 된다. 신규 발행된 화폐는 이어 B재화의 구매에 사용된다. 여기서도 수요가 증가하고 가격이 상승하게 된다. 이에 따라 B재화를 생산하는 기업도 생산 규모를 확대하고 신규로 근로자를 고용하게 된다. 앞에서의 사례에서는 A재화의 구매를 늘리기 위해서는 B재화의 구매를 줄였어야만 했는데, 여기서는 모든 재화에 대한 수요가 증가하고 가격도 상승하게 된다. 바로 여기까지가 통화팽창을 정책수단으로 즐겨 사용하는 정부와 권력자들이 꿈꾸는 '통화팽창의 행복 시나리오'이다. 통화팽창으로 경기가 살아나고 실업자도 감소되는 그런 시나리오 말이다.

문제는 이제부터 시작된다. 신규 화폐가 경제 전체를 한 바퀴 회전하고 난 후의 최종적인 상태를 보자. 팽창된 통화로 인해 사람들의 화폐소득은 증가했지만, 화폐소득이 증가한 만큼 재화의 가격도 상승했다. 말하자면, 이전에는 화폐소득이 1,000원으로 A재화를 100원에 5개 소비했고 B재화를 50원에 10개 소비했었다면, 통화팽창이 이루어지면서 화폐소득은 2,000원으로 증가했지만 A재화를 200원에 5개, 그리고 B재화를 100원에 10개 소비하게 된 것이다. 결국, 경제주체들의 A재화와 B재화에 대한 실제 수요는 예나 지금이나 변함이 없다. 신규 화폐가 경제 전체를 관통하는 동안 실제 수요가 증가한 것처럼 보였던 것은 신규 화폐가 그곳을 통과하면서 만들어 낸 허상일 뿐이다. 이 수요는, 앞서 통화팽창이 없었던 사례에서와는 달리, 다른 재화에 대한 수요의 감소에 의해 실제적으로 뒷받침되는 그런 수요가 아니다.

허상에 속아 벌어졌던 일들은 이제 현실에 맞게 교정되는 일만을 남겨두고 있다. 신규 화폐가 경제부문을 통과하는 동안 수요가 증가하고 가격이 상승하는 것에 맞추어 생산 규모를 늘리고 근로자를 신규로 채용했던 기업들은 이제 이 수요가 실제 수요에 의해 뒷받침되지 않는 허깨비 수요였음을 인식하게 된다. 그리고 이에 따라 생산 규모를 다시 예전의 규모로 축소시키고 추가로 고용했던 근로자도 해고할 수밖에 없다. 결국, 통화팽창으로 인해 가격만 상승한 채 실질적인 모든 것은 다시 예전으로 돌아갈 뿐이다. 일시적으로 활성화되었던 경제는 다시 위축되고, 일시적으로 감소했던 실업자는 다시 증가하게 된다.

이런 상황에서 정부와 정치인들은 어떤 선택을 할까? 괜찮아지는 듯하던 경제가 다시 위축되고, 감소하던 실업자 수가 다시 증가하게 되면, 이는 정부에 대해 무언가 행동을 취하라는 정치적 압력으로 작용한다. 이런 정치적 압력에 직면하게 되는 정부는 다시금 인플레이션 정책으로 돌파구를 마련하게 된다. 즉, 일단 투입된 신규 화폐의 '약효'가 떨어져 원래의 상태로 되돌아가면서 경제가 침체되고 실업자가 다시 증가하므로, 이를 막기 위해 신규 화폐를 추가로 투입하게 되는 것이다.

이런 일이 반복될수록 문제는 점점 더 심각해진다. 먼저, 추가로 투입되는 통화량을 계속 증가시켜야만 한다. 통화 증가율이 이전에 비해 감소하게 되면 그만큼 경기가 위축되고 실업자가 늘어날 것이기 때문이다.

추가 투입되어야 하는 통화량이 증가되어야 하는 문제에 더하여 또 다른 문제도 발생한다. 통화팽창이 이루어지고 재화의 가격이 본격적으로 상승하게 되면 가지고 있는 화폐를 먼저 사용하는 편이 늦게 사용하는 편에 비해 상대적으로 유리하다. 늦게 사용하면 사용할수록 재화의 가격이 상승하고, 화폐의 구매력은 하락하기 때문이다. 따라서 사람들은 가능하면 화폐소득을 얻는 즉시 써버리는 방향으로 움직인다. 물가가 빠르게 상승할수록 이런 경향도 점점 더 강화된다. 예를 들면, 1998년 러시아 루블화가 폭락했을 당시 많은 사람들이 루블화가 조금이라도 가치가 남아 있을 때 가능한 한 빨리 물건을 사기 위해 서둘러 상점으로 몰려갔다.[117] 이처럼 돈의 순환속도가 빨라지게 되면서 물가도 점점 더 급속하게 상승하게 된다.

이렇게 신규 통화 공급량의 증가와 돈의 순환속도가 가속화되면서 물가는 걷잡을 수 없게 폭등하게 된다. 인플레이션이 가속화되면 그 사회와 경제는 결코 무사할 수 없다. 물가는 폭등하여 초인플레이션(hyper-inflation)이 되고, 화폐는 교환의 매개물로서의 기능을 상실한 채 사망해 버리고, 저축과 투자는 꿈도 꿀 수 없는 이야기가 된다. 이런 상황에서 경제 전체가 몰락하지 않으면 그게 이상한 일 아닐까.

1920년 7월 당시 미국 1달러는 독일 40마르크와 교환되었는데, 1923년 11월이 되면 미국 1달러의 가치는 독일 4조 마르크 이상으로 뛰어올랐다. 당시 독일 정부는 1,700대가 넘는 인쇄기를 가동시켜 매일 밤낮으로 쉬지 않고 돈을 찍어냈다. 1923년 10월은 최악의 시기로 가격이 매일 41%씩 폭등했다. 근로자들은 하루에 두 번씩 임금을 받았으며, 일부 근로자들은 가격이 더 오르기 전에 물건을 사기 위해 일하던 중에 잠시 짬을 내어 가게에 다녀오기도 하고, 또 다른 근로자들의 경우에는 가족이 직장 문 앞에 와서 기다리고 있다가 그날 받은 임금을 전달받아 물건을 사기 위해 곧바로 가게로 달려가기도 했다.

21세기 들어서도 이런 초인플레이션(hyper-inflation)은 드물지 않게 나타나고 있다. 2000년대 후반 짐바브웨의 공식적인 연간 인플레이션율은 2007년 10월 약 8,000%였고, 불과 몇 달 후인 2008년 1월에는 24,470%였다-실제로는 이보다 훨씬 높은 150,000%로 추정되고 있다-. 2010년대 후반 나타난 베네수엘라의 초인플레이션도 경악할 정도이다. 국제통화기금(IMF)에 따르면, 베네수엘라의 인플레이션율은 2018년 60,000%, 2019년 19,906%까지 올라갔다. 베네수엘라의 화폐인 볼리바르는 길거리에 나뒹굴어도 누구 하나 눈길조차 주지 않는 지경까지 되었다. 2020년 인플레이션율은 5,500%로 추정되고, 경제성장률은 -30%였다.

우리나라의 인플레이션은 앞의 나라들의 경우처럼 극단적이지는 않지만, 우리 역시 통화 증가 및 그로 인한 인플레이션과 더불어 살고 있음을 실감하게 만들기에는 부족하지 않다. 우리나라 가격조사기관인 한국물가정보가 최근 발간한 '종합물가총람'을 보자. 1970년 서울의 버스 편도 요금은 10원이었지만, 지금은 1,200원으로 50년 사이에 120배가 올랐다; 1974년에 개통된 지하철은 기본요금 30원에서 출발했는데 지금은 1,250원으로 42배가 올랐다; 1970년 한 그릇에 100원 하던 짜장면이 지금은 47배나 오른 평균 4,771원이다. 짜장면 가격으로만 본다하더라도 한국 원화의 가치는 50년 사이에 47분의 1로 하락한 것이다. 그만큼 정부가 인플레이션을 통해 국민의 재산을 쪼그라들게 만든 것이라고 할 수 있다. 1970년 당시 한 끼의 식사를 충분히 할 수 있었던 돈 100원을 아껴서 저축했던 사람이 지금 그 돈을 찾는다면 그것으로 무엇을 할 수 있을까?

(2) 통화팽창을 막는 길

a) 브레이크 고장 난 차에서 언제 탈출할 것인가?

통화팽창의 결말은 처참하다. 초인플레이션을 겪고 있는 베네수엘라의 참상은 경제가 망한다는 것이 무엇을 의미하는지를 생생하게 보여주고 있다. 이 나라에서는 2019년 10월까지 전 국민의 10% 정도인 461만 명의 난민이 발생했다. 물론 베네수엘라의 경제적 참상이 오직 통화팽창에 의한 것만은 아니겠지만, 그것이 매우 커다란 역할을 했다는 사실은 부정할 수 없다.

인플레이션을 일으키는 가장 일반적인 원인은 통화공급의 증가이다. 일찍이 미제스(Ludwig von Mises)는 자신의 저서 《경제정책(Economic Policy)》에서 '인플레이션은 신이 만드는 것도 아니고 자연재해도 아니며, 순전히 인간에 의해 의도적으로 추진된 정책이 만드는 것'이라고 했다. 즉, 인플레이션은 정부가 의도적으로 추진한 정책의 결과물이다. 여기서 정부가 의도적으로 추진한 정책이란 이유나 명분이 무엇이 되었든 통화공급을 늘린 통화팽창 정책을 말한다.

따라서 인플레이션을 막는 방법은 간단하다. 신규 화폐를 발행하여 경제에 주입함으로써 통화공급을 늘리는 일을 중단하면 된다. 인플레이션에 대한 해법은 이렇듯 간단하지만, 현실에서 실제로 이런 정책 방향을 채택하는 경우는 극히 드물다. 그 이유는 통화를 팽창시킬 유혹은 도처에 널려 있는 데다가 통화공급에 대한 결정권이 정부의 수중에 있기 때문이다. 종이와 잉크만 있으면 인쇄기를 돌려 무한대로 돈을 '창조'해낼 수 있는 권한을 가진 정부 및 권력자들이 통화를 팽창시켜서 얻을 수 있는 정치적 이득이라는 달콤한 유혹을 떨쳐버리기는 쉽지 않다. 일시적이나마 경기가 활성화되고 실업이 줄어드는 것처럼 만들 수 있고, 이에 따라 자신에 대한 정치적 지지를 끌어올릴 수 있기 때문이다. 반면에 통화팽창의 중단은 경기가 축소되고 실업이 늘어나는 고통스러운 경제의 전환과정으로 이어지게 된다. 물론 이는 통화팽창으로 인한 그동안의 왜곡을 교정하고 건전한 경제로 가기 위한 불가피한 고통의 시간이지만, 정치적으로는 매우 위협적인 시간이기도 하다. 그것이 불가피한 과정이라는 것을 국민에게 설득시키고 관철시킬 수 있는 능력과 용기가 있는 정치인은 흔치 않다. 결국, 대부분의 정부와 정치인은 손쉬운 방법, 즉 인플레이션에 기대어 그것을 가속화시키는 방법을 택하게 된다.

하지만 통화팽창이 거듭되고 인플레이션이 가속화될수록 경제 내의 왜곡의 정도도 점점 심해지고, 이에 따라 그 해악의 강도도 점점 강화된다. 그리고 이에 따라 왜곡된 경제가 교정되어 정상으로 되돌아가기 위해 필요한 시간과 고통의 강도도 함께 늘어나게 된다. 멈추지 못하고 계속된 인플레이션은 결국은 경제적 파국으로 막을 내리게 되고, 경제가 다시 정상으로 돌아오는 데까지는 엄청나게 길고도 고통스러운 교정과정을 겪게 된다.

통화팽창으로 인플레이션을 일으키는 정부와 권력자들은 곧 심각한 딜레마에 빠지게 된다. 인플레이션을 통해 이룩한 경기 활성화와 실업자 감소를 유지하기 위해서는 인플레이션 정책을 지속해야 하는데, 그것은 점점 더 많은 통화를 점점 더 짧은 기간 내에 투입하게 만들어 인플레이션을 가속화시키고, 결국에는 경제적 파국으로 끝을 맺게 된다. 반면에, 인플레이션을 멈추기 위해 통화의 신규 공급을 중단하면 정상화로의 과정이 시작되면서 경기는 위축되고 실업자가 증가하게 된다. 당연히 정부와 정치인에 대한 정치적 압력이 증대되고, 경우에 따라서는 정치적 생명을 잃을 수도 있다. 이처럼 이러지도 저러지도 못하는 난처한 상황에 빠지는 것이다.

이런 사정은 마치 브레이크가 고장 난 차를 타고 내리막길을 달리게 된 상황과도 같다. 브레이크가 고장났기 때문에 내리막길을 내려가면서 자동차는 점점 더 속도가 나기 마련이다. 자동차의 속도는 점점 올라가고 있는데, 옆에 있는 언덕이나 장애물에 부딪혀 멈추자니 다칠 것 같아 두려움이 앞서고, 그대로 있자니 속도는 점점 더 빨라져 마지막에는 다치는 정도가 아니라 목숨이 위험한 지경까지 이르게 된다. 하지만 이런 상황에서는 가능한 한 일찍 도로 옆에 있는 언덕이나 장애물에 충돌하여 멈추는 것이 현명한 선택이 될 것이다. 속도가 올라가기 전에 미리 부딪히면 아주 가벼운 부상으로 끝날 것이고, 조금 더 늦게 부딪히면 한두 군데 골절상을 당할 수 있겠지만, 부딪히는 시간이 늦어질수록 부상의 심각성은 더해 갈 것이고, 마지막까지 가게 되면 목숨까지도 잃게 될 것이기 때문이다. 브레이크 없이 비탈길을 내려가는 자동차에서 가능한 한 일찍 언덕이나 장애물에 부딪혀서 멈춰야 그나마 고통이 덜하듯이, 인플레이션으로 인한 고통을 덜 받기 위해서는 가능한 한 일찍 통화팽창을 중단해야 한다.

인플레이션에 대한 해법은 그 원인만큼이나 간단하다. 인플레이션은 정부의 통화팽창으로 인해 발생한다. 따라서 정부가 통화팽창을 중단하면 인플레이션도 중단된다. 아주 간단하다. 문제는 원칙적으로는 이처럼 간단하지만, 현실에서는 그렇게 간단치 않다는 점이다. 통화팽창의 중단과 이에 따르는 적응과정에서의 경제적 고통은 곧 정부와 권력자에게 정치적 위협이 될 수 있기 때문이다. 결국, 인플레이션의 해악으로부터 빠져나오기 위해서는 정부와 권력자가 인플레이션을 지속시키는 것은 해악을 점점 키우는 것이라는 것을 이해하는 지혜와 함께 정치적 위험과 맞서보겠다는 용기를 갖추는 일이 절실히 필요하다. 물론 국민도 인플레이션의 민낯을 이해하고 통화팽창의 유혹에 흔들리는 정치인과 정부를 견제할 수 있는 지혜를 갖추어야만 할 것이다.

b) 통화팽창의 유혹 제거하기

통화팽창의 유혹에 넘어가 인플레이션이 일단 시작되면 그것을 멈추기는 어렵다. 인플레이션이 시작되면 정부는 곧 이러지도 저러지도 못하는 딜레마에 빠져버린다. 주저주저하는 사이에 통화팽창과 인플레이션은 가속화되고, 이와 함께 국민이 겪게 될 고통도 점점 더 크고 깊어진다. 그나마 중간에라도 중단하지 못하면 결국에는 경제적 파멸로 끝을 맺게 된다.

앞에서 언급했듯이, 통화팽창의 유혹에 넘어가 인플레이션이 시작되기는 쉽지만, 그것으로부터 빠져나오기는 정말 어렵다. 따라서 애초부터 통화팽창을 시작하지 못하도록 하는 것이 최선이다. 화폐와 관련된 사안에 정부가 개입할 여지 자체가 없도록 제도화하는 것이 필요하다.

그런데, 정부는 어떻게 통화팽창의 기회를 갖게 되었고, 그럼으로써 쉽사리 그 통화팽창의 유혹에 빠져드는 것일까? 이것을 파악하게 되면, 역으로 이 기회를 어떻게 박탈하고 배제시킬 수 있을지 그 방도를 찾는 것도 가능할 것이다. 화폐의 역사를 간략히 살펴보면서 언제 어떻게 정부가 그런 기회를 가지게 되었는지를 보자.

결론부터 이야기하자면, 정부가 통화팽창의 기회를 갖게 된 것은 크게 두 가지 계기로부터 나온다. 하나는 화폐 발행의 국가독점이 형성되었기 때문이고, 다른 하나는 상품이나 금속과의 연계가 전혀 없이 '근본 없는 화폐 발행'이 가능하게 되었기 때문이다. 이 두 가지 계기가 서로 연결되어 작동하면서 무한정의 통화팽창이 가능해졌다. 따라서 정부에 의한 정치적이고 자의적인 화폐 개입을 막기 위해서는 이 두 가지 개입의 통로를 완전히 틀어막는 것이 필요하다.

i) 화폐 발행의 국가독점과 법정불환지폐의 등장

동물의 가죽이나 소금, 삼베나 비단 혹은 곡물 등 물품을 화폐로 사용하던 상품화폐의 시기는 말할 것도 없고, 금이나 은을 화폐로 사용하던 금속화폐의 시기에도 정부나 권력자에 의한 자의적인 통화팽창은 있을 수 없거나, 있더라도 극히 제한적일 수밖에 없었다. 상품화폐의 경우에 그 공급량의 변동 및 그에 따른 통화량의 변동은 자연적 및 경제적 조건에 의해 극히 제한될 수밖에 없다. 따라서 정부나 권력자가 화폐로 사용되는 상품의 양을 늘려 화폐의 양을 증가시키고자 해도 그 규모는 극히 제한적일 수밖에 없었다.

금이나 은을 화폐로 사용하던 금속화폐의 시기도 마찬가지였다. 금광이나 은광이 새로 발견되든지 아니면 새로 개척한 식민지로부터 금이나 은의 유입이 급격히 증가되는 등의 사정이 아니라면, 이것들의 공급량의 변동 또한 제한적일 수밖에 없다. 따라서 이 시기에도 정부나 권력자에 의한 통화량의 변동은 극히 제한적인 범위 내에서만 가능할 뿐이었고, 화폐에 대한 정부나 권력자의 개입이란 것은 크게 문제시될 수 없었다.

화폐 및 화폐제도에 대한 정부와 권력자의 개입이 본격적으로 시작된 것은 주화의 시대에 들어와서부터이다. 금이나 은을 녹여 일정한 형태와 크기로 만들고 그 표면에 함유된 금속의 무게와 순도를 표시한 것이 금화나 은화 등 주화(coins)이다. 주화가 등장하면서 사람들이 거래를 할 때마다 금속의 무게와 순도를 따로 측정해야 하는 불편함이 사라지고, 이제는 주화의 개수만 헤아려도 거래가 가능해졌다. 이처럼 거래를 간편하게 만드는 주화를 주조해서 유통시키는 일은 많은 이익이 남는 사업이었다. 처음 얼마 동안은 주화를 주조하고 유통시키는 사업에 누구나 자유롭게 참여할 수 있었다. 당연히 많은 사람이 이 화폐 주조사업에 뛰어들었고, 그만큼 화폐 간 경쟁도 치열했다. 화폐 간의 이 치열한 경쟁이 주화 품질의 유지는 물론 자연스럽게 통화의 증발을 억제하는 역할까지 했다. 이때의 통화증발은 주화의 순도나 무게를 속이는 변조에 의해서만 가능한데, 변조 자체가 화폐 간 경쟁으로 인해 어려웠기 때문이다. 왜냐하면, 순도나 무게를 속인 주화는 금방 적발이 될 수밖에 없고, 변조된 주화를 생산한 주조업자는 명성을 잃고 시장에서 퇴출되지 않을 수 없었기 때문이다. 이런 상황에서 통화량은 자연스럽게 화폐로 사용되는 금속의 공급량에 의해서만 제한을 받게 된다. 그런데, 금이나 은 등 금속의 공급량은 특별한 사정의 변화가 없는 한 극히 제한적인 범위 내에서만 변동되기 때문에, 통화량의 변동도 극히 제한적인 범위 내에서만 가능할 뿐이었다.

주화를 주조하는 사업에서 큰 이익이 난다는 것을 알게 된 권력자들이 이 사업을 민간의 손에 그대로 놓아둘 리 없다. 그들은 민간에 의한 화폐 주조를 전면 금지시키는 한편, 스스로 화폐 주조사업에 뛰어들었고 자신이 주조한 주화만을 사용하도록 강제했다. 이렇게 해서 화폐 발행은 국가의 독점사업이 되었다. 세상의 모든 독점이 그러하듯이, 화폐 주조에 국가독점이 성립되면서 화폐 간의 경쟁은 사라지고 주화 변조의 가능성은 커졌다. 정부나 권력자들은 재원이 필요하면 이미 발행되어 유통되고 있는 주화를 거둬들여서는 금속의 무게와 순도를 속인 새 주화를 발행했다. 표면에 표시된 가치는 예전과 동일하지만, 실제 가치는 변조에 의해 뚝 떨어진 주화를 유통시키면서 정부는 큰 이익을 보게 되는데, 이처럼 정부가 화폐 발행의 독점을 통하여 얻게 되는 많은 이익을 시뇨리지(seigniorage)라고 한다. 이 시뇨리지는 지폐를 발행하는 현대 국가에서도 마찬가지로 정부가 가져가게 되는 커다란 이익이다. 시뇨리지 이익은 정부가 민간으로부터 아무런 대가 없이 부를 가져가는 것 이상도 이하도 아니다.

우리 대부분은 '악화가 양화를 구축한다'는 그레샴의 법칙에 대해 알고 있다. 하지만 여기에는 우리가 잘 인식하지 못하고 넘어가는 부분이 있다. 그것은 바로 그레샴의 법칙은 화폐 발행이 국가독점일 경우에만 해당될 뿐, 민간이 자유롭게 주화를 발행하고 주화 간의 경쟁이 치열한 경우에는 해당되지 않는다는 것이다. 왜 그럴까?

민간이 자유롭게 주화를 주조하고 주화 간 경쟁이 치열할 때에는, 변조된 주화, 즉 악화는 곧 발견되고 급기야 시장에서 퇴출된다. 여기서는 악화가 양화를 구축하는 것이 아니라 거꾸로 양화가 악화를 구축해 버린다. 그런데, 주화의 발행이 국가의 독점사업이 되면 사정이 거꾸로 바뀐다. 주화 표면에 표시된 무게와 순도가 실제와 일치하는 주화인 양화가 있고, 이 중 일부를 거둬들여 무게와 순도가 실제와 일치하지 않게 속여 발행한 악화가 동시에 시장에서 유통되고 있다면, 사람들은 어떻게 행동할까? 거래를 위해 타인에게 내어줄 때에는 악화를 내어줄 것이고, 자신의 손에 들어온 양화는 가능한 거래에 이용하지 않고 보관하려 할 것이다. 시간이 지남에 따라 양화는 시장에서 자취를 감추고 오로지 악화만이 돌아다니게 될 것이다. 이렇게 '악화가 양화를 구축한다'는 그레샴의 법칙이 성립되는 것이다. 그레샴의 법칙은 화폐 발행에 대한 국가독점 하에서만 성립된다는 것과 함께 기억되어야 한다.

주화의 시기에 화폐에 대한 정부의 개입이 시작되고 주화의 변조에 의한 통화의 증발이 있기는 했지만, 그 파괴력은 여전히 제한적일 수밖에 없었다. 왜냐하면, 주화에 사용되는 금이나 은 등 금속의 공급량이 제한적일 수밖에 없었고, 이에 따라 변조할 수 있는 주화의 양도 당연히 제한될 수밖에 없었기 때문이다. 정부에 의한 통화증발 및 통화팽창이 본격적으로 문제가 되기 시작한 것은 지폐가 발행되면서부터이다.

물론 지폐를 발행한다고 해서 자동적으로 통화팽창의 문제가 불거지는 것은 아니다. 정부가 지폐를 발행하기 전에는, 앞서 보았듯이, 금화를 발행하여 유통시켰다. 이를 금화본위제(金貨本位制)라고 한다. 금화 등 주화는 거래에 이용하기에는 여전히 무겁고 불편했다. 그래서 등장한 것이 금본위제도(金本位制度)인데, 이는 금화 대신 금화의 가치와 같은 가치의 지폐를 발행하고, 이 지폐의 소유자가 지폐를 은행에 제시하면 금으로 교환해 주도록 되어 있는 제도이다. 이때의 지폐를 금과 교환할 수 있다는 의미에서 태환(兌換)화폐 또는 태환지폐라고 불렀다. 1819년 영국에서 시작된 금본위제도는 제1차 세계대전이 일어나기 전까지는 안정적으로 유지되었다. 그런데, 제1차 세계대전의 전쟁비용을 충당하기 위해 각국은 통화를 증발했으며, 금태환을 중지하고 금본위제에서 이탈하게 된다. 이후 금본위제로의 복귀를 시도하기도 했지만 1929년 대공황을 겪으면서 금본위제는 사실상 붕괴되었다.

제2차 세계대전 후에는 세계 금 보유고의 70~80%를 보유하고 있던 미국만이 금 1온스 당 35달러로 고정시키고, 다른 나라의 통화는 고정환율로 달러에 고정시킨 금환본위제(金換本位制)가 실시되었다. 그런데, 이 금환본위제는 1960년대 미국의 무역수지 적자 누적과 베트남전 전비지출로 인해 미국 달러 가치가 하락하자 결국 1971년 미국이 달러와 금을 교환하는 금태환 정지를 선언하면서 폐지된다. 이로써 금을 기반으로 한 화폐제도는 최종적으로 막을 내리게 되었다.

금을 기반으로 한 화폐제도가 막을 내리면서 이제 통화량 증가를 자연적이고 자동적으로 억제시키던 메커니즘은 완전히 사라지고, 각국 정부는 아무런 물적 기반 없이도 제약 없이 화폐를 발행할 수 있게 되었다. 이처럼 아무런 '근본 없이 발행되는 지폐'를 법정불환지폐(fiat money)라 한다. 법정불환지폐가 등장하면서 그때까지 금 또는 금화를 사용하거나 아니면 금을 기반으로 지폐를 발행하도록 함으로써 정부가 화폐제도에 임의로 개입하는 것을 막아오던 방어

막이 완전히 무너져버린 것이다. 이로써 각국 정부는 아무런 방해와 제한도 받지 않고 원한다면 무한정으로 화폐를 찍어낼 수 있는 권한을 갖게 되었다.

이 법정불환지폐가 화폐로서의 기능을 할 수 있는 것은 정부가 법적으로 '화폐'라고 선언하고 그 가치를 보증하고 있고, 또 경제주체들이 정부의 그 약속을 신뢰하기 때문이다. 법정불환지폐는 오직 그런 이유 때문에 화폐로서 유통될 뿐이다. 따라서, 법정불환지폐에 대한 신뢰가 깨지는 순간, 즉 만약 해당 화폐의 가치가 급락하고 가치를 보증한다는 정부의 약속을 믿을 수 없게 되는 순간 화폐로서의 생명은 끝이 나고 아무런 가치도 없는 휴짓조각으로 전락한다. 베네수엘라 등 초인플레이션이 발생한 국가에서 보여지는 장면이 바로 이런 것이다.

ii) 통화팽창을 막기 위한 제안들

이상 간략히 살펴본 화폐제도 약사(略史)에서도 드러나듯이, 통화팽창의 문제는 크게 두 가지 원인으로 귀착된다. 하나는 화폐 발행의 권한을 국가가 독점해버린 것, 그리고 다른 하나는 아무런 물적 기반 없이 화폐를 발행할 수 있도록 한 것이 그 원인이다. 따라서 이 두 가지 원인을 해체하는 것, 혹은 적어도 둘 중 한 가지 원인만이라도 해체해버리는 것이 통화팽창의 문제를 해결할 수 있는 해법으로 등장하게 된다.

한 가지 해법은, 하이에크가 주장한 것으로, 화폐 발행의 국가독점을 해체하고 민간에서 자유롭게 화폐를 발행할 수 있도록 하여 화폐 간 경쟁이 가능하도록 하자는 내용이다. 말하자면, 현재 한국은행이 한국은행권을 발행하면서 독점권을 행사하고 있는 것을 폐지하고, 예를 들어 국민은행의 국민은행권, 산업은행의 산업은행권, 하나은행의 하나은행권, 신한은행의 신한은행권, 우리은행의 우리은행권 등이 발행되어 유통되도록 하면 이들 화폐 간의 상호 경쟁을 통해 안정적으로 가치를 유지하는 은행권은 생존하고 그렇지 못한 은행권은 퇴출되게 된다. 그리고 이러한 화폐가치 안정 경쟁을 통해 가치가 안정적으로 유지되는 '좋은 화폐'가 선택되는 결과를 가져온다는 것이다.

화폐의 자유발행 및 화폐 간 경쟁이 화폐가치의 안정에 긴요하다는 이 주장은 유럽연합(EU)이 화폐 통합을 시도할 당시에도 심도 있게 논의되었던 적이 있다. 유럽연합의 새로운 화폐를 발행하고 그것을 유럽중앙은행이 관리하도록 할 것인가 아니면 기존 국가들이 사용하던 화폐들을 모두 같이 사용하도록 함으로써 화폐 간 경쟁을 통해 최종적으로 가치가 가장 안정적인 화폐로 통합되도록 할 것인가 하는 논쟁이었다. 당연히 논의의 주요 관심사는 어떤 것이 화폐가치의 안정에 도움이 될 것인가였다. 물론 최종적으로는 유로(Euro)라고 하는 유럽연합의 새 화폐를 발행하는 것으로 결정은 되었지만, 이것은 정치적인 결정이었을 뿐 화폐가치의 안정에는 부정적이라는 평가가 지배적이었다.

또 다른 제안은 예전의 금본위제로 돌아가자는 주장이다. 과거 금본위제 하에서 금의 자연적인 공급량 제한으로 인해 통화량의 팽창이 자동적이고 물리적으로 제한되었듯이, 다시 금본위제로 복귀함으로써 정부의 자의적이고 정치적인 통화팽창을 막을 수 있다는 내용이다. 한편, 이 주장은 금의 보유량이 현대 발전된 경제에는 어울리지 않게 충분치 않다는 것, 또 금본위제를 실시할 경우 급격한 통화량 수축으로 인한 디플레이션과 공황에 대한 우려, 현대 대중민주주의하에서 대량실업 사태와 같은 정치적 압력이 높아질 때에도 통화가치의 안정이라는 목표를 끝까지 사수할 수 있을 것인지에 대한 의문 등의 이유로 금본위제로의 복귀는 현실적으로 어렵다는 의견들도 대두되고 있다. 하지만, 이러한 이유들이야말로 역으로 통화가치를 안정시킬 필요성과 함께 통화가치의 안정에는 금본위제가 필수적이라는 사실을 다시 한번 확인시켜준다는 반론도 제기된다.

또 다른 제안으로는 k-% 준칙이 있다. 앞서의 제안들, 즉 민간에 의한 화폐의 자유발행 및 경쟁시스템이나 금본위제로의 복귀는 그것이 이행되고 실행되기까지는 상당한 논의와 긴 시간을 거쳐야만 할 수도 있는 제안들이다. 그런데, 프리드먼(Friedman) 등이 제안한 이 k-% 준칙은 그런 논의와 시간에 대한 고려 없이 지금 당장 실행에 옮길 수 있는 제안이다. 이 제안은 크게 두 가지 기둥으로 이루어져 있다. 하나는 중앙은행의 확실한 독립성을 보장해야 한다는 것이고, 다른 하나는 통화량의 증가를 중앙은행의 재량에 맡기는 것이 아니라 사전에 정해진 비율만큼만 할 수 있도록 명백하게 규정하는 것이다. 예를 들면, 정부나 정치 권력으로부터의 중앙은행의 독립 원칙과 경제성장률만큼만 통화공급을 증가시킬 수 있다는 원칙을 헌법에 규정하는 것이다. 이렇게 되면, 정부나 정치권력의 화폐제도에 대한 개입, 그리고 사전에 정해진 비율 이상의 통화팽창은 법이나 단순한 규정 위반이 아닌 심각한 위헌행위가 된다. 행위가 위중해지는 만큼 통화의 정치적, 자의적 팽창을 막고 통화가치의 안정에 기여할 수 있을 것이다.

통화팽창을 막고자 하는 데 있어 핵심은 결국 통화의 공급에 정부의 보이는 손, 다시 말해 통화공급과 관련하여 정부와 정치인에 의한 인위적이고 재량적인 개입을 어떻게 배제할 수 있을 것인가 하는 점이다. 화폐시장에서의 화폐 간의 경쟁을 통해서, 혹은 금이나 상품을 기반으로 발행하도록 함으로써, 혹은 일정한 비율만큼만 공급하도록 함으로써 그 목표를 달성할 수 있다는 점을 보았다.

9장

경기변동과 경제성장

1. 경기변동

2. 경제성장

9장

경기변동과 경제성장

1. 경기변동

(1) 경기변동의 개념

a) 경기변동과 경기변화

현실 세계의 경제는 부단히 움직인다. 경제 여건의 변화, 예를 들어 예상치 못했던 소비자의 선호변화로 인한 수요구조의 변화, 여러 사정으로 개발되지 못했던 부존자원의 개발, 새로운 자원의 발견, 기술의 발전, 기후변화와 정책의 변동 등으로 인해 언제나 변하고 있다. 이에 따라 어떤 부문에서는 자원이 남아돌 정도로 침체되는 반면, 다른 부문에서는 자원이 부족할 정도로 과열되기도 한다. 이처럼 시장경제에는 여러 가지 이유로 국지적으로 다양한 변화가 발생한다. 이처럼 시장경제에 내재해 있는 국지적 변화를 경기변화(business fluctuation)라고 한다.

그러나 부분적인 침체나 과열이 아니라 경제 전반에 걸친 호황과 침체도 있다. 이 부문 저 부문 가릴 것 없이 전체적으로 가격이 지속적으로 상승하고 잘 나가는 것처럼 보이던 경제 전체가 갑자기 침체에 빠지게 된다. 경제 전체가 침체에 빠진 나라의 경제 규모가 크고 세계 경제에서 차지하는 비중이 크면, 그 충격은 다른 나라들에도 영향을 미쳐 세계적인 공황으로까지 이어진다. 1930년대 대공황과 2000년대 말의 경제위기가 그 대표적인 사례이다. 이처럼 경제 전반에 걸친 호황(boom)과 침체(bust)가 반복되는 것을 경기변동 혹은 경기순환(business cycle)이라 부른다.

일반적으로 경기는 잠재성장률을 중심으로 호황과 불황을 반복하는 것으로 표현된다. 잠재성장률이란 한 나라가 가지고 있는 가용자원이 완전고용되어 활용될 때 달성될 수 있는 경제성장률을 말한다. 현실의 어느 시점에서 경제는 이 잠재성장률보다 높게 성장하기도 하고 또 낮게 성장하기도 한다. 경기가 이 잠재성장률을 지나 더 높게 성장하는 것을 경기호황(boom) 혹은 경기활황(prosperity), 그보다 낮게 성장하는 것을 경기불황(depression) 혹은 경기침체(recession)라고 한다. 불황이 더욱 심해져 경제가 심각한 혼란 상태에 빠질 경우, 그것을 대공황(great depression)이라 한다. 호황의 최고점을 경기의 정점(peak)이라 하고, 불황의 최저점을 경기의 저점(trough)이라 한다. 경기가 저점을 지나 잠재성장률에 가까워지는 시기를 회복기(recovery)라 하고, 경기가 정점을 지나 하락하는 시기를 후퇴기라고 부른다. 경기가 저점을 지나 회복되는 경기회복부터 호황의 정점에 이르기까지를 확장국면(expansion phase)이라 부르고, 경기가 호황의 정점을 지나 경기후퇴부터 저점에 이르기까지를 수축국면(contraction phase)이라 부른다. 확장국면에서는 실질 GDP가 증가하고, 수축국면에서는 실질 GDP가 감소한다.

경기변동과 관련하여 주의할 점이 하나 있다. 경기변동이 잠재성장률을 중심으로 올라갔다 내려갔다 하는 일종의 파동으로 표현되므로, 마치 경기변동이 규칙적이고 일정 기간 반복적으로 순환하면서 진행되는 것으로 잘못 인식될 수 있다. 그리고, 이런 오해에 기반하여 경기변동을 예측할 수 있고, 따라서 통제 혹은 관리할 수 있다고 믿는 데까지 나아간다. 그러나 경기변동은 결코 규칙적이지 않으며, 따라서 정확한 예측도 가능하지 않다. 다만, 경기변동 이론에 따라 경기변동의 국면 변화가 일어날 가능성이 있음을 예상할 수 있을 뿐이다.[118]

b) 경기변동의 양상과 특징

경기변동(Business cycle)은 단순한 경기변화(Business fluctuation)와는 달리 몇 가지 특징들을 지니고 있다. 우선, 경기변동에는 가격이 상승하고 생산활동이 팽창하는 붐(boom) 기간이 있다. 특히 소비재 산업보다는 자본재 산업과 주식시장 및 부동산시장 등 자산시장에서 더 커다란 붐이 발생한다. 그런 다음 갑자기 경고도 없이 추락(bust)이 시작된다. 예금인출경쟁을 포함한 금융공황이 뒤를 잇고, 가격들은 가파르게 하락하며, 재고가 쌓인다. 특히 자본재 산업에서 과잉시설이 드러난다. 대량실업을 동반한 청산과 도산이라는 고통스러운 기간을 거치고 나서야 점차 경제는 정상으로 회복되게 된다.[119)]

이러한 경기변동의 패턴에서 발견되는 몇 가지 중요한 특징은 다음과 같다. 첫 번째, 경기변동의 시작, 즉 붐 기간에는 경제 전반에 걸쳐 가격이 지속적으로 상승하고 기업들은 호황을 누리게 된다는 점이다. 그 원인은 어렵지 않게 파악할 수 있다. 앞서 '화폐와 화폐시장'에서 설명했듯이, 이 부문 저 부문 가리지 않고 경제 전반에 걸쳐 가격이 지속적으로 상승하는 현상은 화폐공급의 변화와 관련이 있다는 것을 이미 살펴보았다. 실제로, 경기변동의 붐 기간에는 언제나 화폐공급이 증가하고, 반대로 침체 기간에는 화폐공급이 감소하거나 아니면 적어도 화폐공급의 증가세가 둔화되는 것을 볼 수 있다. 결국, 경기변동의 시작은 화폐공급의 증가에 그 원인이 있다.

경기변동의 두 번째 특징은, 전 부문 혹은 거의 모든 부문에 걸쳐 호황을 누리던 기업들의 경영상의 오류가 한꺼번에 드러난다는 점이다. 통상적으로 모든 기업은 미래에 대한 예측과 판단을 하고 투자를 한다. 그리고, 어떤 기업의 예측과 판단은 옳은 것일 수 있고, 다른 어떤 기업의 예측과 판단은 잘못된 것일 수 있다. 시장경제에서 그런 현상은 너무나 흔하고 자연스러운 모습이다. 그래서 어떤 기업은 흥하고 어떤 기업은 망하게 된다. 이것은 통상적인 시장경제의 과정이다. 그런데, 경기변동에서 발견되는 것은 모든 기업 혹은 대부분의 기업이 잘못된 예측과 판단을 하고 잘못된 투자를 했다는 것이 한꺼번에 드러난다는 점이다. 왜 대부분의 기업들이 한꺼번에 실수 혹은 잘못을 저질렀을까, 그 원인은 무엇일까? 이것이 경기변동에서 드러나는 핵심적 문제이며 특징이다.

경기변동의 세 번째 특징은 자본재 산업에서의 변동성이 소비재 산업에서의 변동성보다 훨씬 크게 나타난다는 점이다. 다시 말하면, 붐 기간에는 자본재 산업이 소비재 산업보다 더 크게 확장되고 침체 기간에는 더 크게 축소된다는 점이다. 그 이유는 무엇일까?

이런 특징들에 대해 경기변동의 과정을 설명하면서 살펴보도록 하자.

(2) 통화팽창과 경기변동

앞서 언급했듯이, 경기변동은 통화의 팽창에 의해 촉발된다. 통화팽창에 의해 촉발된 경기변동은 어떤 과정을 거치면서 경기 파열에 이르게 될까?

경기변동의 특징에서 보았듯이, 경기변동에서 주목되는 점은 경제 전반에 걸친 가격상승과 호황에 이어 전 부문에 걸쳐 기업들의 잘못된 판단이 한꺼번에 드러난다는 것이다. 만일 통상적인 상황이라면, 어떤 부문에서의 수요가 급증하면 그 부문에서의 가격이 상승할 수 있고, 또 어떤 부문에서의 공급이 감소하면 그 부문에서의 가격이 상승할 수도 있다. 그런데, 이 부문 저 부문 가리지 않고 전 부문에 걸쳐 가격이 지속적으로 상승하는 일이 일어난다면 그 원인은 무엇일까? 이런 일이 발생하려면 전 부문에 걸쳐 동시에 수요가 증가하거나 전 부문에 걸쳐 동시에 공급이 감소해야만 한다. 그런데, 이는 통상적인 상황에서는 가능한 일이 아니다.

또, 전체 경제에 걸쳐 호황을 누리던 기업들의 과오(error)가 한꺼번에 발생할 수 있을까? 어떤 기업 혹은 어떤 일부 부문에서의 기업들의 판단 잘못이 드러나는 것은 시장경제에서 통상적으로 있을 수 있는 일이지만, 전체 혹은 대부분의 기업들에서 한꺼번에 과오가 발생하는 일은 흔치 않은 일이다.

이런 일이 일어날 가능성은 경제주체 모두에게 영향을 미치는 어떤 정보가 잘못된 정보였기 때문이다. 즉, 경제주체 모두에게 영향을 미치는 어떤 정보가 잘못된 정보였고 경제주체 모두가 이에 기반하여 내린 판단이었기에 일제히 그리고 동시에 과오를 범하게 되는 것이다.

결국, 어떤 정보가 경제 전체에 걸쳐 가격을 지속적으로 상승시키고 경제주체 모두의 판단에 빠짐없이 영향을 미친 것이다. 그것은 무엇일까? 그것은 다름 아닌 화폐이다. 가격을 지속적으로 상승시키는 것은 화폐적 현상이며, 통화팽창으로 인해 왜곡된 화폐 관련 정보가 모든 혹은 대부분의 기업들로 하여금 잘못된 예측과 판단 및 투자를 하도록 유도한 것이다. 경제 전반에 걸쳐 지속적으로 가격을 상승시키고 대부분 혹은 모든 기업들로 하여금 한꺼번에 과오를 범하게 만드는 경기변동의 원인은 바로 화폐에 있다. 경기변동은 다름 아닌 화폐적 현상이다. 구체적으로는, 붐과 버스트 사이클로 이루어진 경기변동은 정부가 통화정책을 통해 이자율에 간섭함으로써 발생한다.

a) 시간선호와 이자율의 종류

앞서 '시간시장'에서 시간선호에 대해 살펴보았다. 간단히 다시 언급하면, 선호하는 강도는 각자 다를지라도 누구라도 미래의 소비보다는 현재의 소비를 선호한다. 이 시간선호가 높아지면 현재의 소비는 증가하는 반면 미래를 위한 저축은 감소하고 시간의 가격인 이자율은 높아지게 된다. 저축이 감소하고 이자율이 상승하므로 투자도 따라서 감소한다. 반면에 시간선호가 하락하면 현재의 소비가 감소하는 반면 미래를 위한 저축은 증가하고 이자율은 하락하게 된다. 그리고, 저축의 증가 및 이자율의 하락은 투자의 증가로 이어진다.

시간선호의 하락과 저축의 증가 및 이자율 하락에 따른 투자의 증가는 자본의 축적 및 고도화를 촉진시켜 경제의 생산성을 높이고 실질소득을 증가시킨다. 실질소득의 증가는 또다시 저축과 투자가 증가되도록 만들고, 이는 또 실질소득의 증가로 이어져 경제가 선순환하게 된다.

이처럼 사람들의 시간선호에 의해 결정되는 이자율을 순수이자율(pure interest rate)이라 하여 다른 이자율과 구분한다. 순수이자율이란 불확실성이 존재하지 않는 세계에서 순수하게 사람들의 시간선호에 의해서만 결정되는 이자율이다. 이와는 달리 불확실성은 존재하지만, 정부의 개입이 없는 자유시장(free market)에서 결정되는 이자율이 있는데, 이것을 자연이자율(natural interest rate)이라 한다. 이 자연이자율은 앞서 말한 순수이자율에 특정 프로젝트 혹은 특정 기업 내지는 기업가의 위험 프리미엄 등이 반영되어 결정된다. 특정 프로젝트나 특정 기업에 대한 위험 프리미엄을 고려하여 결정되는 자연이자율은 당연히 하나가 아니라 여러 가지 이자율로 이루어지는 이자율 구조를 형성하게 된다. 즉, 각 기업의 위험 프리미엄에 따라 서로 다른 이자율이 적용될 수 있다는 의미이다. 물론 이 자연이자율을 결정하는 기초가 되는 것은 순수이자율이다.

이렇게 볼 때, 결국 순수이자율과 자연이자율은 사람들의 시간선호에 의해 결정되고, 이와 동시에 소비와 저축 또는 투자가 결정된다. 사람들의 시간선호에 의해 자연이자율과 소비와 저축 또는 투자가 동시에(simultaneously) 결정되는 것이다. 그리고 이 경우에 저축과 투자는 언제나 일치하게 된다.

순수이자율과 자연이자율 이외에 또 하나의 이자율이 있는데, 그것은 바로 정부의 개입이 존재하는 현실에서 우리가 관찰할 수 있는 시장이자율이다. 정부의 개입이 존재하는 현실에서는 당연히 순수이자율과 자연이자율을 직접 관찰할 수는 없다. 우리가 현실에서 관찰할 수 있는 이자율은 불확실성은 물론 정부의 개입까지도 포함하는 시장이자율이다. 앞서 '붐과 버스트 사이클로 이루어진 경기변동은 정부가 통화정책을 통해 이자율에 간섭함으로써 발생한다'고 할 때의 이자율은 바로 이 시장이자율을 두고 하는 말이다.

시간선호를 포함하여 모든 다른 조건에 변화가 없는 상황에서 정부의 개입까지도 없다면, 순수이자율과 자연이자율은 물론이고 시장이자율에도 변화가 없을 것이다. 그런데, 시간선호를 포함하여 모든 다른 조건은 일정한데 정부가 개입하게 된다면, 순수이자율과 자연이자율에는 변화가 없는 반면, 시장이자율에는 변동이 발생하게 될 것이다. 즉, 자유시장에서 시간선호에 의해 결정되는 자연이자율과 정부의 개입에 따른 시장이자율 간에 괴리가 발생하게 된다. 시장이자율이 사람들의 시간선호와는 관계없이 정부 개입에 의해서 임의로 결정되는 것이다. 이렇게 결정된 시장이자율은 사람들의 시간선호를 정확하게 반영하지 않고 왜곡한 것이 되며, 이렇게 왜곡된 정보가 경제 주체들에게 전달되면서 경기변동이 발생하고 기업들의 과오가 한꺼번에 드러나게 만든다.

b) 화폐의 주입과 호황의 시작

i) 통화량 증대와 가짜 저축, 그리고 시장이자율 하락

경기변동의 내용과 과정을 이해하기 위해서 앞서 논의되었던 저축과 자본 및 투자의 의미를 다시 한번 되새겨보자. 저축이란 생산된 생산물로서 현재의 소비에 사용되지 않고 남겨진 것이다. 자본은 생산된 생산물로서 저축되었다가 생산에 투입되는 생산요소이다. 따라서 저축이 없다면 자본도 없다. 투자란 생산된 생산물로서의 생산요소인 자본을 생산에 투입하는 행위이다. 그렇기에 저축이 없다면 자본이 존재할 수 없고, 자본이 없기에 투자도 있을 수 없다. 즉, 저축 없이는 투자도 없다.

여기서 강조되어야 할 것은 위에서 언급하고 있는 저축과 투자 모두 '생산된 생산물'과 관련되어 있다는 점이다. 너무나도 당연한 말이지만, 저축과 투자 이전에 생산물이 생산되어 존재해야만 비로소 저축과 투자도 가능하다. 역으로, 만약 생산이 없다면, 소비도 불가능하고 저축도 불가능하고, 이에 따라 투자도 불가능하다. 이처럼 실제 생산물과 연계된 저축, 즉 '실물로 뒷받침된 저축'이 본래의 의미에서의 저축이다. 그리고, 이렇게 실물로 뒷받침된 저축이야말로 자본으로서 생산과정에 투입될 수 있는 '진짜 저축'이다.

그런데, 이처럼 실물로 뒷받침되는 저축과는 달리 실물로 뒷받침되지 않는 저축이 있을 수 있다. 실물로 뒷받침되지 않는 저축이란 화폐가 사용되지 않는 비화폐경제 및 상품화폐경제에서는 나타날 수 없으며, 오직 화폐경제, 그 중에서도 정부에 의해 통화가 증대되는 경우에 나타나게 된다. 정부가 무에서 유를 창조하듯 인쇄기를 돌려서 법정불환지폐를 찍어 통화를 증대시키게 되면 실물로 뒷받침되지 않는 저축이 발생할 수 있다. 이때 저축의 전부 또는 일부는 실물로 뒷받침되지 않는 가공의 빈껍데기 저축이기 때문에 그만큼의 자본이 존재할 수 없고, 따라서 생산과정에 투입될 수도 없다. 따라서 실물로 뒷받침되는 '진짜 저축'과는 달리 실물로 뒷받침되지 않는 이런 가공의 빈껍데기 저축은 '가짜 저축'이다.

진짜 저축과 통화량 증대에 따른 가짜 저축을 간단한 경제를 예로 들어 설명하면 다음과 같다. 물고기 10마리를 잡아 그 가운데 9마리를 소비하고 나머지 1마리를 저축하고 투자하는 국가가 있다고 하자. 이 나라 국민의 시간선호에 변화가 없는 한 9마리를 소비하고 1마리를 저축하는 것에도 아무런 변화가 없을 것이다. 여기서 저축되는 물고기 1마리는 당연히 실물로 뒷받침되는 진짜 저축이다. 이 진짜 저축이 기업들에 대출됨으로써 투자가 이루어지게 되고, 이때 투자 규모는 물고기 1마리가 된다. 이 경제에서는 저축과 투자 규모는 모두 물고기 1마리로서 일치하고 있다.

이 과정은 화폐가 도입된 화폐경제 하에서도 동일하게 이루어진다. 앞의 사례와 마찬가지로 물고기 10마리를 잡아 9마리를 소비하고 나머지 1마리를 저축하는 경제에 화폐가 도입되었다고 하자. 그리고 물고기 1마리는 10원에 거래된다고 하자. 그렇다면, 이 나라는 물고기를 100원(=물고기 10마리)만큼 생산하여 90원(=9마리)을 소비하고 10원(=1마리)을 저축하게 된다. 이 나라 국민의 시간선호에 변화가 없다면, 90원을 소비하고 10원을 저축하는 부분에도 아무런 변화가 없을 것이다. 위에서와 마찬가지로 여기서도 저축된 10원은 물고기 1마리라는 실물로 뒷받침되는 진짜 저축이다. 그리고,

이 진짜 저축이 기업들에 대출됨으로써 투자가 이루어지게 되고, 이때 투자 규모는 10원이 된다. 이 경제에서도 저축과 투자 규모는 모두 10원으로 일치하고 있다.

그런데, 화폐경제 하에서 정부가 통화를 증대시키게 되면 사정은 달라진다. 앞의 화폐경제가 도입된 국가의 사례와 마찬가지로 100원(=물고기 10마리)을 생산하여 90원(=9마리)을 소비하고 10원(=1마리)을 저축하는 국가가 있다고 하자. 이 나라 국민의 시간선호에 아무런 변화가 없다면, 100원을 생산하여 90원을 소비하고 10원을 저축하는 것에도 아무런 변화가 없을 것이다. 여기서도 저축된 10원은 물고기 1마리라는 실물로 뒷받침되는 진짜 저축이다. 만약 정부의 개입이 없다면, 이 진짜 저축 10원만이 기업들에 대출되고 투자될 것이다. 여기까지는 위의 경우와 동일하다. 그런데, 만약 정부가 통화를 10원만큼 증가시켜 기업들에 대출한다고 하면 저축은 10원이 아닌 20원으로 증가한 것처럼 보이게 된다. 밖으로 보여지는 전체 저축 규모 20원 가운데 10원은 물고기 1마리라는 실물로 뒷받침되는 진짜 저축인데 반해, 나머지 10원은 정부가 단순히 인쇄기를 돌려서 돈을 찍어 만들어 낸 빈껍데기 저축인 가짜 저축이다.

문제는 정부의 통화팽창에 의해 만들어지는 이 가짜 저축이 사람들의 시간선호에 의해 형성되는 진짜 저축과 구분되지 않는다는 점이다. 결국, 경제주체들은 진짜 저축과 가짜 저축이 뒤섞인 저축 규모와 직면하게 되고, 비록 가짜 저축 덕분이지만 이런 식으로 증가된 저축은 시장이자율을 낮추고, 사람들의 시간선호가 하락한 것으로 받아들이도록 만든다.

시간선호에는 변화가 없기 때문에 순수이자율과 자연이자율에는 아무런 변화가 없는 반면에 정부의 개입으로 인해 시장이자율에는 변동이 발생하게 된 것이다. 순수이자율 및 자연이자율과 달리 시장이자율은 사람들의 시간선호와는 완전히 분리된 채 정부 정책에 의해서 임의로 결정되어 버리는 것이다. 이렇게 시간선호와는 무관하게 임의로 결정되는 시장이자율이 경제의 현실을 제대로 반영할 리는 만무하다. 결국, 사람들의 시간선호를 왜곡해서 보여주는 시장이자율이 경제주체들, 특히 기업들로 하여금 잘못된 계획과 판단을 하도록 유도함으로써 추후 이 기업들의 과오가 한꺼번에 드러나도록 만드는 원인이 된다.

ii) 자본재 수요의 증가와 호황

통화량 증대로 경제에 새로 주입되는 화폐는 대부분 은행의 창구를 통해 기업들에게 대부된다. 그리고, 이 통화량 증대에 의해 인위적으로 낮아진 시장이자율은 기업가들에게 여러 가지 새로운 사업 기회를 제공한다. 기업들은 이제까지 자금 부족으로 인해 제대로 갖추지 못했던 시설과 장비를 더 갖추거나 기존의 사업을 확장할 수 있다. 또 시장이자율이 낮아지면 이제까지 수익률이 낮아 시도하지 못했던 새로운 사업에 착수할 수도 있으며, 사업 기간이 길어서 뛰어들지 못했던 자본재 생산에도 도전할 수 있다. 이처럼 증대된 통화량은 대부분 자본재의 구입이나 자본재의 생산을 위해 지출된다. 이에 따라 자본재 수요가 증가하고 자본재 가격이 상승하면서 호황이 시작된다.

정상적인 경우, 즉 시간선호의 하락에 따른 저축의 증가 및 이자율 하락의 경우에도 자본재 수요가 증가하고 자본재 가격이 상승하는 것은 앞의 통화량 증대에 의한 이자율 하락의 경우와 같다. 하지만 그 이후 나타나는 현상은 두 가지 경우에 판이하게 달라진다.

먼저, 시간선호 하락의 경우를 보자. 시간선호의 하락이란 현재의 소비를 줄이고 저축을 늘린다는 것을 의미한다는 점을 상기하자. 즉, 시간선호가 낮아지는 경우라면, 현재의 소비는 줄고 저축이 증가하여 이자율이 낮아지면서 자본재 수요가 증가하고 자본재 가격이 상승한다. 다른 한편, 소비재 부문에서는 수요가 감소하고 소비재 가격이 하락하게 된다. 이렇게 소비재의 생산이 감소하므로 소비재 부문에 고용되어 있던 생산요소들 역시 소비재 부문에서 자본재 부문으로 자연스럽게 이동하게 된다.

그런데, 통화량 팽창에 의한 이자율 하락 및 투자 증가의 경우에는 이 과정이 자연스럽게 이루어지지 않는다. 통화팽창에 의해 시장이자율이 하락하고 자본재 수요의 증가 및 자본재 가격의 상승이 이루어지면, 이를 뒷받침하기 위해서 소비재 부문에서의 수요 감소 및 소비재 가격의 하락이 이루어져야 하지만 그렇게 되지 않는다는 말이다. 왜냐하면, 사람들의 시간선호가 변하지 않았기 때문에 사람들은 이전에 비해 소비를 줄이는 것이 아니라 이전과 다름없이 소비하고자 하기 때문이다. 따라서, 소비재 부문으로부터 자본재 부문으로의 생산요소의 이동은 자연스럽게 이루어지지 않는다. 즉, 소비재 부문에서의 수요가 전혀 줄어들지 않았기 때문에 소비재 생산이 전과 다름없이 이루어져야 함에도 불구하고, 자본재 수요 증가 및 자본재 가격의 상승으로 인해 생산요소들이 소비재 부문에서 자본재 부문으로 비정상적으로 이동하게 된다. 그리고 이를 통해 소비재 부문에서의 생산은 감소하게 된다. 소비자들은 소비감소를 전혀 원하지 않음에도-시간선호가 변하지 않았다-불구하고 소비재 생산의 감소로 인해 소비감소를 강요받게 되는 것이다.[120] 결국, 시간선호의 변화가 없는 상태에서 소비자들은 이전과 다름없이 소비하고자 하는 반면에 소비재 생산은 감소하므로 소비재 가격이 상승하게 된다.

시간선호의 하락에 의한 경우에는 한편으로는 자본재 수요의 증가와 자본재 가격의 상승이, 다른 한편에는 소비재 수요의 감소와 소비재 가격의 하락이 나타난다. 그런데, 통화팽창에 의한 경우에는 자본재 수요의 증가 및 자본재 가격의 상승과 더불어 소비재 수요 유지 및 소비재 가격의 상승이 공존하게 되는 것이다.

한편, 통화팽창에 의한 소비재 가격의 상승은 기업가들에게 더 많은 이윤 창출의 기회가 제공되는 것으로 인식되고, 이에 따라 이들로 하여금 미래에 대해 더욱 낙관하게 만든다. 미래를 낙관하는 기업가들은 더욱 과감한 투자에 나서게 된다. 호황이 시작되는 것이다.

iii) 자본주의적 생산구조와 우회생산

소비를 절제하여 저축이 만들어지고 자본이 형성되면 이 자본은 어디에 투자될까? 앞에서 무인도에 불시착한 A의 이야기로 돌아가 보자.[121] 맨손으로 물고기를 잡으며 겨우 허기를 면하던 A는 잡은 물고기의 일부를 저축하여 그것을 기반으로 낚싯대를 만들었다. 그리고, 그 낚싯대를 이용하여 물고기를 잡음으로써 이전보다 훨씬 많은 물고기를 잡을 수 있게 되었다. 그는 축적된 자본을 소비재인 물고기를 직접 잡는 일이 아니라 그것과는 한 발 떨어져서 낚싯대 만드는 일에 투자한 것이다. 이 투자를 통해 만들어진 낚싯대를 이용하게 됨으로써 그는 더 많은 물고기를 잡을 수 있게 된다.

이 이야기는 저축과 자본이 형성되면 그 자금이 어디에 투자되는지를 보여주고 있다. A는 투자 자금을 물고기를 잡는 작업이 아니라 나중에 물고기를 더 많이 잡기 위해 낚싯대를 만드는 작업에 투자를 했다는 이야기이기 때문이다. 이 이야기가 알려주는 바는, 저축을 통해 축적된 투자 자금은 직접 소비재 생산과는 떨어져 있는 생산과정에 투입된다는 사실이다. 그리고, 저축이 더 많이 증가하고 자본이 더 많이 축적될수록 이 자금은 직접적인 소비재 생산으로부터 더 멀리 떨어진 생산과정에 투입되게 된다.

여기서 소비재인 물고기를 직접 생산하는 생산과정을 1차 생산과정이라 하면, 더 많은 물고기를 잡기 위해 낚싯대를 생산하는 생산과정을 2차 생산과정이라 한다. A가 이렇게 생산된 낚싯대를 이용하여 더 많은 물고기를 잡고 이에 따라 더 많은 저축을 하고 더 많은 자본을 축적하게 된다면, 이제 A는 물고기를 낚는 낚싯대만이 아니라 이제는 낚싯대 자체를 더 많이 생산하기 위해 낚싯대를 생산하는 기계나 도구를 생산하고자 할 것이다. 이를 통해 많은 낚싯대가 생기면 더 많은 물고기를 잡을 수 있을 것이기 때문이다. 이 생산과정은 1차 및 2차에 이은 3차 생산과정이 된다. 이런 식으로 직접 소비재를 생산하는 것으로부터 멀리 떨어져 있는 생산과정일수록 보다 높은 고차 단계의 생산과정이라 부른다. 이처럼 생산요소들이 저차의 생산단계로부터 점점 고차의 생산단계로 이동하게 되면서 생산구조는 보다 자본주의적 형태로 변모하게 된다.

무인도에 불시착한 A의 이야기에서 놓쳐서는 안 되는 또 한 가지는 바로 생산기간이다. 즉, 1차에서 2차 및 3차 등 고차 단계의 생산과정으로 갈수록 소비재를 생산하기 위한 기간은 점점 길어진다는 점이다. 소비재인 물고기를 맨손으로 잡기 위해 강이나 바다에 뛰어드는 일은 당장이라도 할 수 있다. 하지만, 낚싯대가 만들어지고 그것을 이용해 소비재인 물고기를 낚기까지는 며칠의 시간이 필요하다. 나아가, 낚싯대를 만드는 기계나 도구를 만들어서 그것으로 낚싯대를 만들고, 그리고 이렇게 만든 낚싯대를 이용하여 물고기를 낚기까지는 더 많은 시간이 필요하다. 물론 이렇게 고차 단계의 생산과정을 거칠수록 최종 소비재를 생산하기까지는 점점 더 긴 시간이 필요하지만, 소비재의 생산량은 이전에 비해 훨씬 크게 증가하게 된다. 이처럼 최종적으로 더 많은 소비재를 생산하기 위해 직접 소비재를 생산하기보다는 이 소비재를 생산할 수 있는 생산수단들을 생산하는 과정에 자금을 투자하는 것을 우회생산(迂回生産)이라고 한다. 즉, 우회생산이란 생산요소들을 직접 소비재 생산에 투입하기보다는 우회하여 자본재 생산에 투입하는 것을 의미한다.

우회생산과 관련해서 간과해서는 안 되는 것은, 우회생산이 가능하기 위해서는 저축을 통한 자본의 축적이 필요하고, 더 긴 시간이 소요되는 우회생산일수록 더 많은 축적된 자본이 필요하다는 사실이다.

c) 지속적 통화팽창과 거품경제의 형성

만약 경제주체들의 시간선호가 변하지 않은 상태라면 기존의 소비와 저축 비율 혹은 소비와 투자 비율에도 변함이 없이 계속 유지될 것이다. 예를 들어, 물고기 10마리를 잡아 9마리를 소비하고 1마리를 저축하는 경제가 있다면, 이곳의 [소비-저축] 비율은 9:1이다. 여기에 사는 경제주체들의 시간선호에 변함이 없다고 한다면, 이들은 계속해서 물고기 9마리를 소비하고 1마리를 저축하고 투자할 것이다. 즉, 9:1이라고 하는 [소비-저축] 비율이 계속해서 유지될 것이다.

그런데, 만일 경제주체들의 시간선호에는 변함이 없는 상태에서 정부의 통화팽창에 의해 저축(=가짜 저축)이 늘고 투자가 늘어나는 일이 발생하면 어떤 일이 벌어질까? 앞서 이야기했듯이, 통화팽창으로 늘어난 자금은 대부분 소비재 생산에서 멀리 떨어진 자본재, 고차재 생산에 투자된다. 이에 따라 소비재 부문으로부터 자본재 부문으로 생산요소들이 옮겨가고, 소비재 생산은 감소하게 된다. 이에 반해 경제주체들의 시간선호에는 변화가 없기 때문에, 이들은 이전과 같은 비율로 소비와 저축을 하고자 할 것이다. 따라서, 통화팽창으로 인한 소비재 부문의 생산 감소는 이 부문에서의 공급 부족을 초래하고, 이에 따라 소비재 부문에서의 가격을 상승시킨다. 소비재 부문에서의 가격상승이 계속되면서, 이제 자본재 부문에 있던 생산요소들이 다시 소비재 부문으로 이동하면서 소비재 생산이 증가하고, 이에 반해 자본재 생산은 감소하게 될 것이다.

시간선호에 변화가 없는 상황에서 통화팽창에 의한 호황은 처음에는 자본재 부문에 대한 투자의 증가로 이 부문에서의 생산요소들의 가격을 상승시키고 이에 따라 생산요소들은 소비재 부문에서 자본재 부문으로 이동한다. 하지만, 이는 소비재 부문에서의 공급 부족을 야기하여 이 부문에서의 가격을 상승시키게 되고, 이는 다시 생산요소들이 자본재 부문에서 소비재 부문으로 이동하게 만든다. 결국, 이 과정을 거치고 나면, 소비와 저축 비율은 다시 이전의 비율로 환원하게 된다. 통화팽창으로 인해 야기된 호황으로 소비재 부문이나 자본재 부문을 가릴 것 없이 가격은 상승했지만, 일정 기간이 경과되고 나면 소비와 저축 및 투자의 비율은 통화팽창 이전

혹은 호황 이전의 상태로 환원되게 된다.

다시 말하면, 경제 상황과 일자리 형편이 좋지 않아 통화팽창을 통해 호황을 일으켰는데, 이런 시도는 물거품이 되고 경제 상황은 다시 예전의 상태로 돌아가고 실업도 다시 증가하게 되는 것이다. 이렇게 되면 정치인들과 정부는 정치적 타격을 염려하지 않을 수 없다. 그렇기에 정치인들과 정부는 어떻게든 일단 시작된 이 호황을 계속 유지시켜 나가고자 한다. 그런데, 이 호황을 계속 유지시키기 위해 이들이 할 수 있는 유일한 방법은 계속된 통화팽창을 통해 화폐를 경제에 지속적으로 주입하는 일이다.

계속되는 통화팽창으로 경제에 주입되는 자금은 계속해서 실물로 뒷받침되지 않는 가짜 저축에 의한 투자를 유발하고, 전 부문에 걸쳐 가격을 상승시킨다. 경제는 호황을 보이고 일자리는 늘어나는 것처럼 보이지만, 사실상 이것은 실제와는 동떨어진 채 가짜 저축의 증대라는 허상에 의해 이루어진 이른바 '거품'이 형성되는 과정이다. 통화팽창이 계속될수록 거품도 점점 더 커지게 되며, 이에 따라 이 거품이 터졌을 때의 충격도 점점 더 커질 수밖에 없다.

d) 화폐주입의 중단과 파열

i) 통화팽창의 중단과 이자율 상승

정치인들과 정부는 이 거품을 언제까지 키울 수 있을까? 지속적인 통화팽창은 물가를 폭등시키고 결국에는 초인플레이션(hyper-inflation)으로 이어진다. 그렇게 되면 화폐는 교환의 매개물로서의 기능을 상실한 채 사망해 버리고 만다. 이런 경제에서 저축과 투자는 꿈도 꿀 수 없는 먼 나라 이야기가 되어버리고, 결국에는 몰락하지 않을 수 없다. 이에 대해서는 앞서 '화폐와 화폐시장', 특히 '통화팽창의 종착역'에서 이미 언급한 바 있다. 따라서 경제가 총체적으로 몰락하지 않기 위해서는 어쩔 수 없이 총체적 몰락 이전에 통화팽창을 멈추지 않으면 안 된다. 즉, 통화팽창을 통한 모든 인위적 호황은 통화팽창을 계속함으로써 경제 전체가 몰락하는 지경까지 가서 끝을 맺던지, 아니면 몰락 이전에 통화팽창을 멈춤으로써 끝을 맺지 않을 수 없는 운명이다. 말하자면, 초인플레이션이 통화의 무한정한 팽창을 멈추게 하는 궁극적 한계라 할 수 있다.

통화팽창이 중단되면 어떤 일이 벌어질까? 앞서 통화팽창에 의한 화폐의 주입은 가짜 저축을 증대시키고, 이런 식으로 증가된 저축은 시장이자율을 낮춘다고 하였다. 그런데, 통화팽창이 중단되면 이와는 정반대의 일이 발생하게 된다. 가짜 저축이 사라지면서 저축이 감소하고, 저축의 감소는 시장이자율을 높이게 된다.

이러한 상황은 이제까지 통화팽창으로 인해 시간선호와는 무관하게 결정되던 시장이자율이 다시금 시간선호에 맞춰 조정되는 과정이다. 시간선호에는 변화가 없는 상태에서 통화팽창을 통해 화폐를 주입했던 것이기 때문에 순수이자율과 자연이자율에는 변동이 없었던 반면에 가짜 저축으로 인해 시장이자율은 시간선호와는 관계없이 낮아졌었다. 그런데, 이제 통화팽창이 중단되고 가짜 저축이 사라지면서 시간선호와 분리된 채 홀로 낮아졌던 시장이자율이 시간선호에 맞추어 다시 높아지는 과정을 겪게 되는 것이다.

정부에 의한 통화팽창이 중단되고 시장이자율이 상승하면, 그동안 통화팽창에 의해 형성되었던 거품은 걷히고 경제가 정상화되는 과정을 겪게 된다. 거품이 터지고 급격히 불황으로 돌입하는 이 과정이 곧 파열(bust)이다. 그런데, 비정상적인 것이 정상으로 되돌아갈 때 항상 그렇듯이, 거품경제에서 거품이 걷히고 정상으로 돌아가는 과정도 고통을 수반하게 된다. 통화팽창의 규모와 기간이 크고 길수록, 그리하여 인위적 호황이 만든 거품이 클수록 그것이 조정되어 정상화되는 과정에서 겪어야만 하는 경제주체들의 고통도 마찬가지로 크고 길어진다.

ii) 과오투자: 보물찾기 원정단의 실패

시간선호와 괴리되어 통화팽창에 의해 낮아졌던 시장이자율로 인해 시작된 호황, 즉 거품경제는 통화팽창의 중단과 함께 거품이 걷히고 실상이 드러나는 과정으로 돌입하게 된다. 통화팽창의 중단은 가짜 저축이 사라지게 만들고, 이는 곧 시장이자율을 상승하게 만든다. 이 이자율의 상승은 앞서 이자율 하락의 영향으로 가장 크고 많은 거품이 형성되었던 부문에 가장 큰 영향을 미치게 된다. 이처럼 가장 큰 영향을 받는 부문은 말할 것도 없이 자본재 생산부문이다. 그 이유는 통화팽창을 통한 인위적인 이자율 하락으로 인해 투자가 집중되었던 곳이 다름 아닌 소비재 생산부문과는 멀리 떨어진 자본재 생산부문이었기 때문이다. 즉, 통화팽창이 중단되고 이자율이 상승하게 되면 무엇보다도 자본재 생산부문에서 가장 크고 격렬한 조정과정이 시작되게 되는 것이다.

앞서도 이야기했듯이, 저축의 증대-통화팽창에 의한 가짜 저축 증대의 경우도 포함하여-가 초래한 이자율의 하락은 기업가들로 하여금 수익률이 낮아 그동안 시도하지 못했던 새로운 사업에 착수하거나 또 사업 기간이 길어서 뛰어들지 못했던 자본재 생산에 도전하게 만든다. 이러한 투자는 통상 하루아침에 완료되는 것이 아니라 몇 개월에서 1~2년 심지어 그 이상의 수년에 걸친 장기 프로젝트들이다. 통화팽창으로 인해 인위적으로 만들어진 시장이자율의 하락을 경제주체들의 시간선호가 낮아진 것으로 오인해서 이런 장기 투자에 열중하고 있던 기업가들은 프로젝트 중간에, 즉 한참 투자를 진행하고 있는 와중에 예상치 않았던 시장이자율의 상승이라는 복병을 만나게 되는 것이다. 통화팽창에 의한 시장이자율의 하락으로 자본재 생산부문에 집중적으로 투자했던 이 기업가들은 불현듯 자신들의 투자계획에 심각한 차질이 빚어지고 그것이 결코 실현될 수 없는 것임을 깨닫게 된다. 결국, 저축, 정확히 말해 진짜 저축이 충분치 않음에도 불구하고 충분한 것으로 오인해서 잘못된 투자에 나섰던 것이다. 자본재 부문에서 하지 말아야 할 투자 혹은 지나치게 많은 투자, 즉 과잉투자가 이루어진 것이다. 물론, 기업가들로 하여금 그렇게 오인하도록 함으로써 자본재 부문에 과잉투자를 하도록 유도한 것은 정부의 통화팽창에 의한 가짜 저축이다.

자본재 부문에서 이처럼 과잉투자가 이루어지면서 소비재 부문에서는 투자가 충분히 이루어지지 못하는 과소투자가 된다. 자본재 부문에 대한 집중 투자로 소비재 부문에 있던 생산요소들이 자본재 부문으로 옮겨갈 정도로 소비재 부문에서의 투자는 소홀해지고 충분하게 이루어지지 못하였기 때문이다. 이처럼 자본재 부문에서의 과잉투자와 소비재 부문에서의 과소투자를 한꺼번에 일컬어 과오투자(過誤投資, malinvestment)라고 부른다.

이러한 과오투자 상황은 '보물찾기 원정단의 실패'에 비유될 수 있다. 한 달이나 걸려야 왕복할 수 있는 높은 산 너머에 주민들을 부자로 만들어 줄 보물이 있다고 하자. 주민대표 몇 명이 산을 넘어가서 그 보물을 찾아오기로 의견이 모아졌고, 나머지 주민들은 그들이 산을 넘어가서 보물을 가지고 다시 마을로 돌아올 수 있을 때까지 한 달을 견딜 수 있는 식량을 제공하기로 결정되었다. 주민들이 모아준 식량을 각자 나누어지고 주민대표들은 보물을 향해 길을 떠났다.

처음에는 모든 것이 순조롭게 진행됐다. 그런데, 산을 넘기 시작한 지 며칠이 지났을 때 일이 생겼다. 식사 준비를 하기 위해 쌀을 꺼내던 주민 1명이 소리를 질렀다. '이건 쌀이 아니라 모래야!' 어떤 주민이 식량이 아닌 모래가 가득 섞인 쌀을 마치 모래가 없는 쌀인 것처럼 속이고 제공한 것이다. 깜짝 놀란 일행이 모두 자신들이 가지고 있는 식량 포대를 확인해보니 모래가 잔뜩 섞인 쌀 포대가 상당수 있었다. 이런 상황에서 보물을 찾아오겠다고 무리해서 산을 넘다가는 식량이 부족해 모두 굶어 죽게 된다. 할 수 없이 주민대표들은 보물을 찾는 것을 포기하고 서둘러 마을로 다시 돌아가지 않을 수 없다.

이 보물찾기 원정단 이야기에서 알 수 있듯이, 통화팽창에 의한 가짜 저축으로는 투자를 조금도 증가시킬 수 없다. 자본축적은 오직 소비 절약을 통해 이루어진 실물로 뒷받침되는 진짜 저축에 의해서만 가능하다. 아무리 많은 모래를 쌀로 속여서 보물찾기 원정단을 보내본들 이들이 성공할 가능성은 없다. 쌀이 아닌 모래라고 하는 가짜 저축으로 이룰 수 있는 것은 아무것도 없다. 또한, 모래를 쌀로 오인해 보물찾기 원정을 떠났다가 중도에 포기하고 되돌아와야만 하는 원정단과 마찬가지로, 통화팽창에 의한 시장이자율의 하락을 시간선호의 하락으로 오인해서 증가시켰던 투자도 더 이상 진행될 수 없으며 중도에 포기해야만 한다. 이것이 다름 아닌 붐-버스트의 과정이다.

iii) 경제위기의 본격화

통화팽창의 중단 및 시장이자율의 상승으로 직접 소비재 생산으로부터 멀리 떨어진 자본재 생산부문에서의 잘못된 투자가 속출하고, 여기에 투입되었던 자본들의 일부 또는 전부가 아무런 쓸모없이 되어버린다. 상당수의 기업이 파산하고 구조조정과 합병이 일어나며, 이곳에 고용되어 있던 생산요소들의 상당수 역시 실업으로 내몰린다. 과잉투자된 고차(高次)의 자본재 부문에 고용되어 있던 생산요소들이 신속하게 소비재 부문 및 저차(低次)의 자본재 생산부문으로 흡수되면 좋겠지만, 이 과정은 당연히 시간을 필요로 한다. 이에 따라 실업이 급증하고, 유휴시설이 속출하게 된다.

통화팽창의 중단 및 시장이자율의 급등으로 인해 기업들은 채무상환에 어려움을 겪거나 파산하게 된다. 그러면 은행들은 대출했던 신용을 축소하고 회수하려 나선다. 그렇게 되면 상당수의 견실한 기업마저 자금난에 시달리고 여기서도 파산하는 기업들이 나오게 된다. 기업이 적자를 내고 파산하는 등 어려움에 처해 있다는 소식은 곧 기업에 대출을 해주었던 은행도 마찬가지로 어려움에 처하게 된다는 의미이며, 이는 은행들의 지급능력에 대한 의심으로 이어진다. 이제 은행의 지급능력을 불신하는 많은 예금자들이 은행으로 몰려와 예금인출을 요구하게 되면 은행도 결국 파산할 수밖에 없게 된다. 금융기관들의 연쇄적인 파산으로 거품경제의 붕괴는 절정에 달한다.

기업들이 파산하고 유휴시설이 속출하며, 기업에서 방출된 근로자들은 길거리로 내몰리고, 금융기관들이 연쇄적으로 파산하는 등 경제는 심각한 위기 국면에 들어서는 것이다.

e) 디플레이션을 통한 경제위기 탈출

어떤 병을 근본적으로 치료하기 위해서는 겉에 드러난 상처만을 치유하거나 고통을 줄여주기만 하는 대증요법이 아니라 그 병의 원인을 정확히 파악해서 그것을 제거하는 근원적인 치료를 해야만 한다. 대증요법은 언뜻 병을 치료한 것처럼 보이게 하지만, 결국은 치료 자체가 불가능할 정도로 병을 더 키우고 악화시킨다.

마약 중독자를 치료하는 경우를 보자. 순간의 즐거움을 위해 마약을 투약하다 중독된 사람을 치료하는 근본적인 처방은 마약 투입을 하지 못하도록 중단시키는 것이다. 그런데, 마약 투입이 중단됐을 때 마약 중독자는 엄청난 고통을 겪는다. 이 고통을 참아내지 못하고 혹은 그 고통을 그냥 볼 수 없어 계속해서 마약 투입이 이루어진다면, 이 중독자는 결국에는 심신이 황폐해질 대로 황폐해진 채로 삶을 마감하게 될 것이다. 그렇게 되기 전에 고통이 수반되더라도 마약 투입을 중단시키고 심신이 정상으로 돌아올 수 있도록 하는 것이 올바른 처방이 될 것이다.

통화팽창으로 인해 불거진 경제위기를 치료하는 방법도 이와 다르지 않다. 경제위기를 초래한 근본 원인이 정부의 통화팽창에 있으므로, 통화팽창을 중단하는 것만이 그 경제위기를 종식시키고 경제를 정상화시킬 수 있는 근원적인 치료법이다. 물론 '좋은 약은 입에는 쓰지만 몸에는 좋다'는 말처럼, 통화팽창의 중단이라는 근원적인 처방도 경제위기로부터 탈출할 수 있도록 해주지만, 그 탈출하는 과정은 커다란 고통을 동반할 수밖에 없다. 만일 그러한 고통을 회피하고자 계속해서 통화팽창을 하게 된다면, 그 종착점은 경제의 완전한 몰락일 수밖에 없다는 것을 수많은 역사적 사실들이 보여주고 있다.

주의할 것은, 통화팽창이 중단되면서 경제가 침체 및 불황으로 접어들게 되지만, 그렇다고 해서 통화팽창의 중단을 경제위기의 원인으로 오해해서는 안 된다는 점이다. 만일 통화팽창의 중단을 경제위기의 원인으로 오해하게 되면, 통화팽창을 계속하는 것이야말로 호황을 유지하고 경제위기도 초래하지 않는 만병통치약과 같은 처방이라는 오해로 이어진다. 이런 일은 현실에서 자주 목격하게 된다. 그런데, 앞에서 보았듯이, 통화팽창을 지속하는 것은 초인플레이션으로 이어져 결국 경제의 완전한 몰락에 이르는 길이다. 초인플레이션과 경제의 완전한 몰락을 막기 위해서는 어쩔 수 없이 통화팽창을 중도에 중단할 수밖에 없다. 비록 통화팽창의 중단으로 불황과 경제위기가 불거지게 되지만, 이 불황과 경제위기의 진정한 원인은 통화팽창의 중단 이전에 이루어졌던 지속적인 통화팽창에 있다. 간단히 말해, 통화팽창이 없었다면 통화팽창의 중단이란 것이 나올 수 없고, 이로 인한 불황과 경제위기의 도래도 없을 것이라는 말이다.

경제위기의 진정한 원인이 정부의 통화팽창 정책에 있으므로 통화팽창을 중단함으로써 이것이 초래한 경제위기가 치유되면서 불황으로부터 탈출할 수밖에 없다. 물론 그 과정에서 경제주체들은 커다란 고통을 겪게 되지만, 이 고통은 경제의 몰락이라는 더 큰 고통을 겪지 않기 위해서는 반드시 거칠 수밖에 없다. 이 고통을 겪어야만 통화팽창으로 인해 경제에 생긴 왜곡이 비로소 조정되고 바로잡히게 되기 때문이다.

경제위기로부터의 탈출 과정은, 간단히 말하면, 통화팽창으로 인한 현상과는 정반대의 현상을 보인다고 할 수 있다. 앞의 '경제위기의 본격화'에서 설명했듯이, 통화팽창이 중단되고 이자율이 상승하면 기업들의 연쇄 파산과 유휴시설이 속출하고, 대량실업과 금융기관들의 파산이 이어진다. 자본재를 비롯한 대부분의 재화에 대한 수요가 크게 줄어 가격이 전반적으로 급락하고, 부동산을 비롯한 자산의 가격들도 하락한다. 재화의 가격이 일반적으로 하락하는 디플레이션이 일어나는 것이다. 인플레이션 때와는 정반대로 재화의 가격이 일반적으로 하락하는 디플레이션이 발생하면 거꾸로 화폐의 구매력은 상승한다.

재화의 가격만 하락하는 것이 아니다. 파산한 기업이나 유휴시설에서 대량 방출된 생산요소들의 가격도 역시 하락하게 된다. 대량실업의 위기에 내몰린 근로자들의 임금 또한 하락한다. 기업들과 개인들은 생존을 위해 자신들이 소유하고 있던 자산을 헐값에라도 팔기 위해 내놓고, 이에 따라 부동산을 비롯한 자산의 가격들 또한 하락하게 된다.

자본재, 특히 고차의 자본재 생산부문에 집중되었던 투자가 과오투자로 판명되면서 여기서 방출된 생산요소 및 시설들이 소비재 및 저차의 자본재 생산부문으로 흡수되어야 하지만, 이 과정은 하루아침에 이루어질 수 있는 것이 아니고, 당연히 시간을 필요로 한다. 기업들이 연쇄적으로 무너지고 금융기관들이 파산하는 와중에 투자를 늘릴 기업도 없고, 또 그렇게 해서 생산을 늘려본들 그것을 소비해 줄 사람들도 없을 것이다. 앞날에 대한 불안을 느낀 기업과 개인들은 투자나 소비를 하기보다는 현금잔고로 남겨두고자 할 것이기 때문이다. 게다가 물가가 전반적으로 하락하는 디플레이션 기간에는 소비자들은 가능하면 소비를 뒤로 미룰 가능성이 있다. 소비를 뒤로 미룰수록 가격이 하락할 것-화폐의 구매력 상승-이 예상되기 때문이다. 이런 여러 가지 이유로 인해 기업과 개인들의 소비는 감소되는 반면에 현금 보유에 대한 수요는 증가한다.

그런데, 소비의 감소는 곧 저축의 증대를 의미한다는 점에 유의하자. 즉, 디플레이션이 진행되면서 소비가 감소한다는 것은 곧 다른 한편으로는 저축이 증대하게 된다는 것을 의미한다. 그리고, 저축의 증대는 이자율이 하락한다는 것을 의미한다. 통화팽창의 중단으로 일시적으로 급상승했던 이자율이 디플레이션이 진행되면서 다시 하락하게 되는 것이다. 좀 더 구체적으로 말하자면, 통화팽창으로 인해 자연이자율로부터 이탈되어 인위적으로 낮아졌던 시장이자율이 통화팽창의 중단 및 경제위기로 급격하게 상승했다가 이제 본래의 자연이자율 수준에 맞춰 하락하는 과정을 거치게 되는 것이다.

앞서 통화팽창 과정에서 설명했듯이, 경제주체들의 시간선호에 변화가 없음에도 불구하고, 따라서 이자율에 변동이 있을 까닭이 없음에도 불구하고, 통화팽창에 의해 가짜 저축이 형성되고 시장이자율은 하락했었다. 물론 이때에도 시간선호를 반영하는 자연이자율에는 변동이 있을 턱이 없다. 통화팽창으로 인해 시장이자율이 시간선호를 반영하는 자연이자율로부터 분리되어 인위적으로 낮아졌던 것이다. 이렇게 왜곡된 시장이자율은 자연이자율로부터 분리된 채 지속될 수 없으며, 이러한 왜곡이 해소되기 위해서는 시장이자율이 자연이자율 수준에 맞춰 조정되어야만 한다. 통화팽창으로 인해 하락했던 시장이자율이 통화팽창의 중단이라는 충격에 의해 급격히 상승했다가 다시 하락하는 과정은 이처럼 왜곡되었던 시장이자율이 자연이자율 및 시간선호에 맞게 조정되는 과정인 것이다.

이렇게 해서 시장이자율이 충분히 하락하고, 또 대량으로 방출된 생산요소들의 가격도 충분히 하락하게 되면, 이제 기업들은 이윤의 기회를 다시 포착하게 된다. 소비재 생산부문과 이에 가까운 저차의 생산재 생산부문에서부터 투자가 진행되고, 길거리로 내몰렸던 실업자와 생산요소들이 이 부문들에 흡수되면서 일자리를 찾고 경제는 점차 살아나기 시작한다. 이에 따라 소비재와 생산재 및 생산요소들의 가격도 서서히 상승하게 된다. 이런 과정을 거치면서 경제는 정상으로 되돌아간다.

이렇게 본다면, 디플레이션과 경기침체는 모든 사람에게 큰 고통을 안겨주지만, 통화팽창에 의해 유발된 잘못되고 왜곡된 것들을 솎아내고 바로잡아주는 역할을 한다. 솎아내 버려지는 것은 대부분 통화팽창에 의해 투자가 집중되었던 고차의 생산재 생산부문이다. 이곳에서의 과잉투자와 잘못된 투자들이 정리되는 것이다. 그리고, 여기서 방출된 생산요소들이 소비재 생산부문과 저차의 생산재 생산부문으로 이동하게 되면서 경제는 정상으로 회복된다.

통화팽창의 중단과 경제위기 및 디플레이션 국면은 통화팽창으로 유발된 지금까지의 왜곡을 제거하고 정상으로 복귀하는 회복과정, 정상화 과정 또는 시장의 자동조정과정이라 할 수 있다.

(3) 정부가 하지 말아야 할 일과 해야 할 일[122)]

a) 정부가 하지 말아야 할 일

경제위기는 통화팽창과 인플레이션으로 인해 발생한 거품을 걷어내고 경제를 정상으로 되돌리는 일종의 치료제이다. 경제위기 및 디플레이션이라고 하는 치료제가 투입되면 경제 내 왜곡된 부분들이 바로 잡히면서 경제가 제자리를 찾아가는 시장의 조정과정이 진행된다. 이 시장의 조정과정이 신속하게 진행되어야만 경제가 빠르게 정상으로 되돌아가게 된다.

여기서 시장의 조정과정이란 당연히 시장 메커니즘에 따른 자동적인 조정과정을 의미한다. 경제위기 시에 이 시장의 자동적인 조정과정에 일임하는 것이야말로 경제위기로부터 신속하게 탈출하기 위한 첩경이다. 반대로, 이 자동적인 시장조정과정에 개입하면 개입할수록 조정 기간은 길어지고 경제위기로부터의 탈출 시점은 늦춰진다. 그리고, 경제위기로부터의 탈출 시점이 늦어지는 만큼 고통받는 국민이 이 고통에서 벗어나는 시점도 당연히 늦어지게 된다.

결국, 경제위기 시에 정부는 시장의 조정과정에 일임하고 여기에 간섭하거나 개입하지 말아야 한다. 그런데, 통상 정부는 경제위기로 인한 국민의 고통을 완화시켜준다는 명분으로 혹은 경제위기에서 신속하게 벗어나자는 명분으로 이런저런 시장개입을 시도한다. 경제위기 시에는 정부가 '무언가를 해야 하지 않느냐'는 여론의 압력 또한 강하다. 하지만, 다시 한번 강조하지만, 어떤 명분의 시장개입이든 그것은 시장의 자동적인 조정과정을 방해하고 경제위기를 악화시키고 지속시킬 뿐이다.

따라서, 경제위기 시에 정부가 하지 말아야 할 일이란 무엇보다도 시장의 조정과정에 개입하지 않는 것이다. 구체적으로 말하면, 디플레이션을 약화시키거나 무력화시키는 정책을 실행하지 않아야 하며, 또 시장의 자동적인 조정과정을 더디게 하거나 무력화시키는 정책을 실행하지 않아야 한다. 경제위기 시에 하지 말아야 할 정책 몇 가지를 살펴보면 다음과 같다.

첫째, 정부는 팽창적 통화정책을 실시하지 않아야 한다. 통화팽창의 중단과 이에 따른 시장의 조정과정에서 발생하는 여러 어려운 사정을 극복한다는 명분으로 정부는 통화를 다시 팽창적으로 공급할 유혹에 빠지기 쉽다. 하지만, 현재의 경제위기를 발생시킨 것이

다름 아닌 이제까지의 통화팽창 정책 때문이었다는 사실을 상기한다면, 경제위기 극복 내지는 고통 완화를 명분으로 다시 추진되는 팽창적 통화정책은 경제의 거품을 더욱 크게 만들어 미래에 더 크고 심각한 경제위기로 이어지게 만들 것이다. 또, 높아져야 할 이자율이 통화팽창으로 인해 다시 낮아지고 하락해야 할 가격이 통화팽창으로 인해 하락하지 않게 되면, 시장의 자율적 메커니즘에 따른 구조조정은 지연되고 이에 따라 경제위기로부터의 탈출은 점점 더 늦어지게 된다.

둘째, 정부는 은행의 신용축소를 방해하지 말아야 한다. 경제위기가 도래하면 은행은 신용을 축소하고자 한다. 은행은 은행 쇄도에 대비하거나 위험한 프로젝트에 투자한 신용을 회수함으로써 신용을 축소시킨다. 이러한 신용의 축소가 다름 아닌 디플레이션이다. 그리고, 앞서 보았듯이, 디플레이션은 시장에서의 구조조정을 촉발하여 경제위기로부터의 탈출을 가능하게 한다. 즉, 은행의 신용축소 및 디플레이션이 경기회복을 단축시키는 역할을 하는 것이다. 따라서, 정부가 은행의 신용축소를 방해하는 것은 디플레이션을 약화시키거나 무력화시켜 경기회복을 인위적으로 지연시키는 일이 된다.

셋째, 정부는 구조조정 대상인 기업에게 자금을 빌려주고 회수하는 금융기관의 영업 행위에 대해 간섭하지 말아야 한다. 경제위기 시에는 수많은 기업들이 구조조정 대상에 포함되며, 그중에는 건전하지만 일시적 위기에 빠진 기업도 있을 수 있고 그렇지 못한 기업도 있을 수 있다. 대출해 줄 기업, 반대로 대출 중단이나 회수할 기업에 대한 판단은 해당 기업의 상태와 은행의 생존과 수익 등을 고려하여 은행이 독자적이고 자율적으로 판단하고 결정해야 한다. 만약 정부가 은행의 신용대출에 개입하게 된다면, 이런 경제적인 측면은 도외시되고 정치적 고려 및 기업의 대(對)정부 로비 능력 여하에 따라 대출 여부가 결정될 가능성이 크다. 이처럼 경제적인 측면 대신에 정치적인 측면이 강조될 경우에는 청산되어야 할 기업이 존속하고 살아남아야 할 건전한 기업이 오히려 청산되어 버리는 일이 벌어질 수도 있다. 그럴 경우, 왜곡된 경제의 구조는 신속하게 조정되지 않은 채 경제위기는 증폭되고 연장될 수밖에 없다.

넷째, 가격을 시장과 분리시켜 인위적으로 높은 수준으로 유지시키려고 해서는 안 된다. 즉, 가격통제의 유혹에서 벗어나야 한다. 예를 들어, 대공황 당시 미국의 후버 대통령은 근로자들의 생활이 안정적으로 유지되어야 한다는 명분으로 임금을 의도적으로 높게 유지하도록 강제했다. 그 결과, 노동시장에서의 시장 조정은 방해를 받고, 그만큼 경기회복은 지연되었다. 실업보조금, 인턴제 보조금, 최저임금제 등과 같은 제도는 임금 하락을 억제시키거나 임금의 상승을 부추기는 것으로서 경제의 회복을 지연시킨다. 또, 재화들의 가격을 시장에서 결정되는 수준보다 인위적으로 높게 유지하면 판매가 되지 않고 재고가 쌓이게 되며, 이 또한 경제의 빠른 회복을 방해한다.

다섯째, 정부는 소비를 촉진하고 그에 따라 저축을 억제하는 행위를 하지 말아야 한다. 케인스주의자들을 비롯한 정부 개입주의자들은 경제위기의 원인이 민간의 소비 위축에 있으며, 따라서 공공지출을 늘려 부족한 소비를 보완해야 한다고 주장한다. 적자 재정을 편성하거나 증세를 하여 정부 지출을 늘리는 것도 소비를 촉진시켜 보려는 정책의 한 사례이다. 주목할 것은, 정부의 지출은 모두 소비라는 점이다. 정부의 지출이 모두 소비라는 이야기는 정부가 지출을 늘릴수록 저축이 감소된다는 의미에 다름 아니다. 즉, 각종 구제금 지급 프로그램이나 보장성 지출, 최근의 코로나-19를 이유로 현금을 지급하는 경우 등이 모두 소비를 진작시키고 저축을 억제하는 정책들이다. 이러한 [소비 진작-저축 억제] 정책은 시장의 자동조정 기능에 제동을 걸고 그것에 역행함으로써 결과적으로 경제위기로부터의 탈출을 지연시킨다. 왜 그럴까?

앞에서 보았듯이, 경제위기는 정부의 통화팽창에 의해 인위적으로 낮아졌던 이자율(=시장이자율)이 통화팽창의 중단으로 급격히 상승하면서 시작된다. 주목할 것은, 변동이 없는 경제주체들의 시간선호와 비교할 때 통화팽창에 의해 인위적으로 낮아졌던 이자율은 너무 낮은 수준이었던 반면, 통화팽창의 중단 및 경제위기에 의해 급격하게 높아진 이자율은 너무 높은 수준이라는 점이다. 따라서, 이렇게 경제위기가 닥치면서 너무나 높게 상승한 이자율은 시장의 조정과정을 거치면서 변동없이 머물고 있는 경제주체들의 시간선호 수준으로 점차 하락하는 과정을 거치게 될 것이다. 이 말은 곧 경제위기 시에 경제주체들은 소비를 줄이고 저축을 늘린다는 뜻이다. 이자율이 하락한다는 것은 곧 저축이 증가한다는 것을 의미하기 때문이다. 그리고, 이렇게 증가하는 저축은 곧 소비재 생산부문과 저차의 생산재 생산부문의 투자로 이어져 경제위기로부터의 탈출이 시작되는 것이다.

이런 사정을 고려할 때, 정부의 [소비 진작-저축 억제] 정책은 과연 무엇을 의미하는가? 시장의 조정과정에서 경제주체들은 소비를 줄이고 저축을 늘리는 방향으로 옮겨가고 있으며, 이런 과정이 곧 경제위기로부터의 탈출을 촉발시키는 필수적인 과정이다. 그런데, 정부의 [소비 진작-저축 억제] 정책은 경제주체들의 이런 흐름을 억제시키거나 역으로 되돌리는 정책이다. 시장의 조정과정에 역행하는 이런 정책은 당연히 경제위기를 연장시키고 이로부터의 탈출을 지연시키는 정책이 되지 않을 수 없다.

이렇게 볼 때, 민간의 과소소비가 경제위기의 원인이며, 경제위기로부터 탈출하기 위해서는 부족한 민간의 소비를 정부 지출로 보완해야 한다고 하는 주장은 문제의 원인 파악도 잘못되었고, 그 처방도 당연히 잘못된 것이라 하지 않을 수 없다. 경제위기의 원인은 정부의 무분별한 통화팽창으로 인해 생긴 거품경제에 있으며, 경제위기 시 나타나는 소비의 위축 내지 '과소소비'는 경제위기의 원인이 아니다. 오히려 소비의 위축은 곧 저축의 증가를 의미하며, 이것이 급격하게 상승해 있는 이자율을 하락시켜 기업으로 하여금 다시 투자에 나서도록 만든다는 점에서 경제위기 극복을 위해 반드시 거쳐야만 하는 하나의 과정이라 할 수 있다.

경제위기 시 정부가 하지 말아야 할 일을 요약하면, 침체에 빠져들고 있는 경제를 빠르게 회복하고 정상화시키는 최선의 방법은 "정부가 시장에 어떤 종류의 '개입'이나 '간섭'도 하지 않는 것이다. '확장적' 재정정책과 '확장적' 통화정책은 사람들이 그토록 바라는 경기의 회복을 지연시키고 다음 경기변동의 씨앗을 뿌리는 것이다… 침체기에 행하는 정부의 각종 지원 정책은 인기에 영합은 하겠지만 장기적으로는 그 정책이 돕고자 하는 국민을 더 나쁘게 만드는 것이다."[123)]

b) 정부가 해야 할 일

경제위기 시에 정부는 시장의 자동적인 조정과정에 개입하지 않는 것이 경제위기로부터 재빨리 벗어나는 최선의 방책이다. 그렇다면 경제위기 시에 정부는 가만히 있어야만 할까? 아니다. 경제위기로부터 한시바삐 벗어나기 위해 정부가 해결해야 할 숙제가 있다. 정부는 시장의 조정과정을 방해하는 장애물들을 제거함으로써 시장의 조정과정을 원활하게 하고 나아가 촉진시킬 수 있다. 특히, 정부의 잘못된 정책이 경기변동과 경기침체로 이어진 만큼 정부 스스로가 시장의 조정과정에 장애물이 되지 않고 나아가 조정과정이 원활하게 진행될 수 있도록 하는 방향으로의 정부 개혁이 이루어져야 한다. 이러한 방향으로의 정부 개혁은 또한 앞으로 정부로 인한 경기변동과 경기침체를 예방할 수 있는 예방책이기도 하다.[124)]

경제침체기에 정부가 해야 할 일은 다음과 같다. 첫째, 정부의 크기를 줄이는 일에 나서야 한다. 정부의 크기는 통상 정부 지출 규모로 표현되며, 따라서 정부의 크기를 줄이는 일이란 곧 정부 지출을 줄이는 것과 같다. 만일 재정적자가 없다고 가정하면, 정부 지출을 줄인다는 의미는 곧 세금을 줄인다는 의미다.

그런데, 세금을 줄이는 감세는 어떻게 경제위기로부터의 신속한 탈출에 도움을 줄 수 있을까? 어떤 명목의 세금이든 모든 세금은 소득에 부정적으로 작용한다. 즉, 모든 세금 및 증세는 소득을 감소시킨다. 그리고, 소득의 감소는 자동적으로 미래재보다는 현재재를 더 선호하도록 만든다.[125] 이 말은 곧 세금으로 인한 소득의 감소는 경제주체들로 하여금 증세 이전에 비해 저축의 비중을 줄이고 소비의 비중을 늘리도록 한다는 의미이다. 역으로, 감세는 소득을 늘리고, 이에 따라 감세 이전에 비해 소비의 비중을 줄이고 저축의 비중을 늘리는 방향으로 작용한다.

이런 사정을 고려하면서 경제위기 시의 감세의 효과를 보자. 앞에서, 경제위기 시에 경제주체들은 시장의 조정과정에서 소비를 줄이고 저축을 늘리는 방향으로 움직이며, 이렇게 해서 낮아진 이자율은 기업으로 하여금 다시 투자에 나서도록 함으로써 경제위기로부터의 탈출을 촉발시킨다는 것을 보았다. 이처럼 경제주체들이 소비를 줄이고 저축을 늘리는 방향으로 움직이는 상황에서 여기에 마찬가지로 소비를 줄이고 저축을 증가시키는 방향으로 작동하는 감세가 더해진다면 사회 전체의 [소비 감소-저축 증가] 경향은 한층 강화되고 경제위기로부터의 탈출 기간도 한층 단축될 것이다.

둘째, 현존하는 재정적자를 줄이는 것도 경제침체 기간을 줄이고 경제를 빠르게 회복시킬 수 있는 방법이다. 재정적자는 통상 새로운 화폐를 발행하여 조달된다. 경제침체 이전에 이루어지는 화폐 발행을 통한 재정적자의 증가는 앞서 지적한 바와 같이 인플레이션과 경기침체로 이어진다. 또한, 경제침체 시에 이루어지는 화폐 발행을 통한 재정적자의 증가는 디플레이션을 통한 시장의 조정과정을 지연시켜 경제 회복을 어렵게 만들 뿐 아니라 다음 경기변동의 씨앗을 뿌리는 일이다. 따라서, 재정적자를 늘릴 것이 아니라 현존하는 재정적자를 최대한 줄이는 것이 경제의 회복을 촉진하고 나아가 다음의 경기침체를 예방하는 방법 중 하나이다.

셋째, 시장의 조정과정을 방해하는 정부의 규제를 폐지하는 일이다. 예를 들어 노동시장의 경우를 보면, 경제침체가 본격화되면서 대량실업 사태가 발생하지만, 이는 과잉투자된 부문의 구조조정이 이루어지는 시장의 자율적인 조정과정에서 나타나는 현상이다. 그런데, 이런 대량실업 사태를 방지한다는 명분으로 해고를 하지 못하도록 막는다면, 과잉투자된 부문의 구조조정은 지연될 수밖에 없으며, 그만큼 경제위기로부터의 탈출도 지연되게 된다. 최저임금제도나 임금의 하락을 통제하는 규제도 마찬가지이다. 대량으로 해고된 근로자들을 다시 고용하게 되는 것은 임금이 충분히 낮아져서 기업들이 다시금 이윤의 기회가 있다고 판단하기 때문이다. 즉, 최저임금제도나 임금 하락을 통제하여 임금을 인위적으로 높게 유지시킨다면, 실업은 영구적이거나 반영구적이 되고 경제위기로부터의 탈출 또한 그만큼 더디게 이루어질 수밖에 없다.

경제침체 및 경제위기 시에 정부가 해야 할 일을 요약하면, 재정적자 감축과 감세를 통해 정부의 크기를 줄이고 시장의 원활한 작동을 방해하는 정부의 각종 규제를 제거하는 일이다.

2. 경제성장

(1) 경제성장과 경기변동

경제성장이란 경제 규모가 지속적으로 확대되어 가는 것을 의미한다. 즉, 경제성장이란 장기적으로 실질 국내총생산(GDP)이 증가되어 가는 것을 말하며, 경제가 성장했다는 말은 경제가 매년 과거보다 더 많은 재화와 서비스, 새로운 재화와 서비스를 생산하게 되었다는 것을 의미한다. 이런 의미에서 경제성장이란 곧 부(wealth)의 확장 및 삶의 질을 높이는 과정이기도 하다. 이에 반해, 경기변동은 장기적인 추세인 성장 추세선 주위에서 단기적으로 경제가 호황과 불황을 반복하는 현상을 말한다.

(2) 경제성장을 추동하는 힘

앞서 경제성장이란 경제 규모가 확대되어 가는 것이라고 하였다.

이는 이미 생산하고 있던 재화와 서비스를 더 많이 생산하는 것일 수도 있고, 또 이전에는 없던 재화와 서비스를 새롭게 생산하는 것일 수도 있다. 통상적으로는 이 두 가지가 동시에 이루어지는 것이 될 것이다. 이처럼 재화와 서비스를 더 많이 생산하도록 그리고 새로운 재화와 서비스가 등장하도록 함으로써 경제를 성장시키는 힘에는 어떤 것들이 있을까?[126)]

a) 노동의 양과 질

경제성장을 추동하는 요인 가운데 하나는 생산에 투입되는 노동의 양이다. 한 사람이 생산에 참여하고 있을 때보다 두 사람, 세 사람이 생산에 참여하면 생산은 당연히 증가하고 성장은 이루어질 것이다. 또, 한 시간 일을 하는 것보다는 두 시간, 세 시간을 일하게 되면 생산은 늘고 성장은 이루어질 것이다.[127)]

이러한 노동 공급의 증가는 몇 가지 측면에서 이루어질 수 있다. 첫째는, 이제까지 생산에 참여하지 않던 혹은 참여하지 못하던 노동력이 비로소 생산에 참여하게 되는 경우를 생각할 수 있다. 우리나라 경제개발 과정에서 이루어졌던 이른바 '무제한의 노동 공급' 상황을 보자. 1960년대 초반 전체 노동인구의 60% 이상이 농업에 종사하고 있었는데, 당시 우리나라 농업 부문 생산성은 제로(0)에 가까웠다. 농업 부문 생산성이 제로였다고 하는 말은 여기에 종사하고 있던 노동력의 대부분이 사실상의 실업 상태에 있었다는 의미와도 같다. 한편, 도시 지역에서의 실업률은 약 16~17%에 달했다. 이렇게 본다면, 우리나라 전체 노동인구의 약 40~50%가 사실상의 실업 상태에 있었다고 할 수 있다. 그런데, 경제개발 과정을 지나면서 이 실업률은 2~3%로 낮아지게 된다. 이처럼 대량실업 상태에 있던 노동인구가 도시 지역에서 새롭게 등장하고 있던 현대식 공장들이 필요로 하는 인력을 무한정 공급했으며, 이것이 경제성장의 한 축을 담당했던 것이다.

노동 공급을 증가시키는 또 다른 원천은 무엇일까? 여성의 경제활동 참가도 노동 공급의 증가를 가져온다. 이제까지 경제활동에 소극적이었던 여성들이 경제활동에 적극적으로 참여하게 되어도 노동 공급은 획기적으로 증가할 수 있다. 또, 외국인의 이민을 적극적으로 받아들이거나 외국인 노동자를 수입하여 활용하는 것도 노동 공급을 증가시킬 수 있는 방안 중 하나로 볼 수 있다.

노동 공급의 양적 증가를 불러오는 또 다른 방법은 노동시간을 늘리는 일이다. 경제활동에 참여하고 있는 근로자들이 여가시간을 줄이고 노동시간을 늘리게 되면 당연히 더 많은 생산이 가능하고 경제성장도 이루어지게 된다. 우리나라 근로자들이 일명 일벌레라고 불릴 정도로 열심히 장시간 일을 해왔다고 하지만, 이것이 우리나라 경제성장에 커다란 일조를 해왔음도 잊어서는 안 된다.

물론 현대 사회에서 노동시간의 단축, 일과 여가의 병행 혹은 일보다는 여가를 더 선호하는 경향과 요구가 있음을 전적으로 무시할 수는 없다. 그렇다고 포퓰리스트 정치인들의 주장처럼 근로시간을 파격적이고 일률적으로 단축시켜 버린다면, 경제성장에는 부정적인 영향을 미치지 않을 수 없다. 단순하게 노동시간 단축이라는 것에만 집착할 것이 아니라 노동시간의 단축과 경제성장 사이의 이러한 대체(trade off)의 문제를 인식하고 이 문제를 어떻게 현명하게 풀어나갈 것이냐에 관심의 초점이 모아져야 할 것이다.

게다가 근로자 모두가 천편일률적으로 노동보다는 여가를 더 선호하는 것도 아니다. 현실에서는 어떤 이유에서든지 여가보다는 더 많은 시간 노동하고자 하는 기업과 근로자들이 있을 수 있다. 이들에게도 천편일률적으로 노동을 덜하도록 강제하는 것은 이치에 맞지 않는다. 현명한 방법은 개별 기업과 개별 근로자들의 자율적인 계약을 통해 근로시간을 정하는 것이 될 것이다. 이러한 자유 시장경제에서 노동시간과 관련된 정부의 규제는 원칙적으로 불필요할 것이다. 하지만, 만일 정부의 규제가 필요하다 하더라도 현재처럼 최고 수준(예를 들어, 주 40시간 노동)을 결정하고 그것을 천편일률적으로 강제하는 식보다는 최저수준(예를 들어 주 60시간 노동)을 정하고 그 범위 내에서는 개별 기업과 근로자들의 자율적인 계약을 통해 근로시간을 선택할 수 있도록 선택권을 부여하는 것이 훨씬 현명한 방식이라 할 수 있다.

노동의 양적 증가뿐 아니라 질적인 증가도 경제성장에 중요한 역할을 한다. 같은 일을 하더라도 문자를 읽고 해석할 수 있는 능력, 간단하게라도 계산을 할 수 있는 능력이 있는 사람, 복잡한 기계나 설비를 이해하고 활용할 수 있는 사람이 그렇지 못한 사람에 비해 생산성이 더 높을 가능성이 크다. 게다가 업무의 복잡성과 전문성이 증가할수록 교육과 학습의 중요성은 더욱 커진다.

우리나라의 경우를 보면, 1960년에 근로 능력이 있는 인구 중 교육을 전혀 받지 못한 사람의 비중이 42.3%에 달했었다. 중학교 졸업 이상의 학력을 가진 근로자는 겨우 15%에 불과했다. 그런데, 1995년이 되면 근로 인구 중 약 80%가 중학교 졸업 이상의 학력자였고, 고등학교 졸업 이상의 학력자도 44%나 되었다. 게다가 대학 졸업자가 20%나 되었다. 현재 대한민국은 고등학교 졸업자의 약 80%가 대학에 진학하는 고학력 사회가 되어 있다. 즉, 지난 30~40년 동안 우리나라에서 투입 노동력의 질적인 향상이 비약적으로 이루어졌던 것을 알 수 있다. 세계은행의 보고서는 한국에서의 교육을 통한 근로자들의 질적 향상이 경제성장의 중요한 한 요소가 되었음을 강조하고 있다.

b) 자본의 중요성

자본은 경제성장의 알파요 오메가라 할 수 있을 정도로 경제성장과 관련하여 매우 중요한 역할을 한다. 앞서 말한 노동의 질적 향상을 위해서도 자본은 필요하다. 노동의 질을 개선하기 위해서는 학교 안팎의 교육이 강화되어야 하는데, 이는 자본이 없이는 이루어질 수 없다. 새로운 성장 동력으로 부상하고 있는 기술혁신이나 연구개발도 자본 없이는 이루어질 수 없다. 자원을 개발하거나 새로운 자원을 발견하는 것 또한 자본이 필요하다. 특히나 현재 우리나라와 같이 노동의 양적 팽창을 기대하기 어려운 경제에서 경제성장을 이룰 수 있는 거의 유일한 길은 자본축적이며, 이를 위한 방법은 개인의 저축과 투자의 증대뿐이다. "경제성장 또는 경제발전을 좁은 의미로 1인당 자본량이 증가하는 경제"[128]라고 하는 이유도 자본이 경제성장에서 그만큼 중요한 역할을 하고 있기 때문이다.

i) 자본은 생산성 향상의 원천

앞의 무인도에 불시착한 사람의 예에서,[129] 맨손으로 하루에 3마리의 물고기밖에 잡지 못하던 이 사람이 낚싯대라는 자본을 가지게 되면 하루에 물고기 6마리를 잡을 수 있게 된다. 노동에 자본이 결합되면서 그 사람의 생산성이 두 배나 향상된 것이다. 이처럼 자본이 투입되어 생산성이 향상되면, 같은 시간 일을 하더라도 재화들을 더 많이 생산할 수 있고, 여유 시간을 갖고 여가를 즐길 수도 있으며, 이제까지 생산하지 않았던 새로운 재화를 생산해낼 수 있는 여력까지도 갖추게 된다. 자본의 투입으로 생산성이 향상되고, 그 결과 삶이 풍요로워진다. 이런 것이 의미하는 바는 명확하다. 바로 경제의 성장이고 발전이다. 저축과 투자를 장려하고 자본을 축적하고자 노력하는 이유가 바로 여기에 있다.

우리나라 경제성장 과정에서도 자본의 폭발적 투입이 커다란 역할을 했다. 1965년부터 1980년까지 우리나라의 총투자는 연평균 15.9%씩 증가했고, 1980년부터 1987년까지는 매년 10%씩 증가를 했다. 이런 투자 증가세는 다른 나라에서는 유례를 찾아보기 힘들 정도의 폭발적인 증가였다. 이러한 투자의 증가로 인해 국민총생산에서 투자가 차지하는 비중은 1960년대 22%에 이르렀고, 1980년대 중반까지는 30%, 그리고 그 이후에 37%까지 증가했었다.

또 이런 폭발적인 투자의 증가를 뒷받침하는 저축률도 매우 높았다. 1961년 3%에 불과했던 저축률은 1988년에는 38%까지 증가했고, 그 이후 상당 기간 이 수준을 유지했었다. 이러한 높은 저축률에도 불구하고 폭발하는 투자수요를 감당하기 어려워 많은 부분을 외자 유치로 메꿔야 할 정도였다. 물론 이 외자는 경제가 성장하고 국내 저축이 증가하면서 점차 감소하고 결국에는 역전까지 되었다. 총투자에서 외자가 차지하는 비중은 1960년대 초반 48%까지 이르렀으나, 1980년대 중반이 되면 8.8%로 낮아졌고, 1980년대 후반이 되면 한국이 순채권국으로 바뀌게 된다.

ii) 자본축적과 저축의 중요성

> 최종 소비재 생산에 동원되는 자본재를 포함해 이 자본재가 생산되기 위해 필요한 생산과정이 위로 겹겹이 이어지고 자본재들이 쌓이게 되는데, 이렇게 겹겹이 쌓인 자본재들 전체를 자본축적이라 부른다.

자본재를 투입하고 지속적으로 자본축적을 하는 이유는 명확하다. 생산성의 향상이 바로 그것이다. 맨손으로 물고기를 잡던 사람에게 낚싯대라는 자본재가 투입되면 그의 생산성이 향상된다. 더 많은 생산단계를 거치며 수많은 자본재들을 생산하고 투입하는 자본축적 또한 생산성 향상을 위해서이다. 동일한 시간에 더 많은 생산이 가능하거나 아니면 동일한 생산량을 더 짧은 시간에 생산해낼 수 있게 되는 것이다. 이렇게 자본이 축적되어야만 생산성이 향상되고 번영과 풍요의 길로 나아갈 수 있다.

그런데, 이러한 자본의 축적은 오직 저축의 증대에 의해서만 가능하다. 반면에 소비는 미래의 번영에 어떤 긍정적 영향도 미치지 못한다. 소비가 증대되었다고 하여 새로운 제품이 탄생하고 생산성이 증대되는 것은 아니기 때문이다. 생산성이 향상되고 새로운 제품이 나타나는 것은 오직 자본재의 추가에 의해서만 가능하며, 자본재의 추가는 또 저축의 증대가 뒷받침되어야만 가능하다. 저축을 감소시키는 소비의 증대는 자본의 축적을 줄여 미래의 번영이 아닌 미래의 쇠퇴로 이끄는 길이다.

소비를 줄여 늘어난 저축은 투자로 이어지고 이것이 자본을 축적시킨다. 자본이 축적되어 생산구조가 보다 다층화되면서 경제 전체의 생산성이 더욱 향상되면, 저축 증대를 위해 이제까지 억제했던 소비는 이전에 비해 더 많은 소비와 다양한 제품으로 보답을 받는다. 자본축적이 상당히 진척된 나라일수록 번영하고 풍요로운 삶을 누리는 반면에, 자본축적이 빈약한 나라일수록 가난과 열악한 생활 수준에 머무를 수밖에 없다. 우리나라 경제발전의 사례에서도 분명히 알 수 있듯이, 가난한 나라가 부자 나라를 따라잡기 위한 첩경은 자본축적을 위해 소비를 줄이고 저축을 하는 길뿐이다. 그래서 소비가 미덕이라는 말은 틀렸다. 소비는 자본축적을 약화시키고, 과잉소비는 자본의 축적을 약화시키는 것에 머무르지 않고 자본 자체를 소진시켜 버린다. 자본이 소진되는 사회의 미래는 암울할 뿐이다.

c) 혁신과 기업가정신

경제성장을 위해서는 인적 및 물적 자본 모두 중요하다. 노동력의 양적 증가 및 질적 향상, 그리고 자본의 축적은 모두 경제를 성장시키고 생산성 향상에 기여한다. 경제성장 및 생산성 향상과 관련해 그에 못지않게 중요한 것이 혁신이다.

혁신은 여러 분야에서 일어날 수 있다. 기술개발도 혁신의 한 분야이며 생산성을 높이는 중요한 역할을 한다. "증기기관, 내연기관, 전기, 핵에너지는 주 에너지원이었던 인간과 동물의 힘을 대체하였다. 기차, 자동차, 그리고 비행기로 인해 교통혁명이 일어났다. 세탁기, 스토브, 전자레인지, 컴퓨터, 그리고 산업용 기계… 등 노동력을 줄여주는 발명품들 때문에 적은 시간에 더 많은 것을 생산할 수 있게 되었다."[130]

혁신은 또한 새로운 제품의 탄생으로도 나타날 수 있고, 기존 제품의 획기적인 개선의 형태로도 나타날 수 있다. 예를 들어, 휴대전화의 등장과 발달을 보면 혁신이 어떻게 이루어지고 있으며, 그로부터 인간이 얼마나 많은 이점을 누리게 되는지를 실감하게 된다. 혁신은 경영기법 분야에서도 나타날 수 있다. 기술개발, 제품의 획기적인 개선, 새로운 제품의 등장, 그리고 경영혁신 등은 모두 경제성장에 크게 기여하는 요인들이다.

주목할 것은 이러한 혁신을 일으키는 주체가 누구인가 하는 점이다. 이런 혁신을 일으키는 것은 다름 아닌 기업가들이다. 기업가들은 불확실성 하에서 실패의 위험을 떠안고 새로운 이윤 기회를 발견해서 쟁취하고자 도전하는 사람들이며, 이들의 이런 정신이 곧 기업가정신(entrepreneurship)이다. 이들이 추구하는 혁신이 기술개발을 촉발하고 기존 제품의 개선과 차별화를 불러오며, 새로운 제품을 시장에 등장시키고, 경영혁신을 가능하게 하는 동력이다. 그리고, 이런 것들이 곧 생산성의 향상과 경제성장을 촉진시키는 요인이 된다. 기업가정신이 촉발될 수 있도록, 다시 말해 기업가들이 끊임없이 혁신을 추구할 수 있도록 조건과 환경을 만드는 것이 경제성장과 관련해 중요한 정책적 이슈가 될 수밖에 없는 이유가 바로 여기에 있다.

d) 제도와 정책

여러 차례 강조한 것처럼, 자유 시장경제가 번영으로 가는 길이다. 공산주의, 사회주의, 전체주의는 물론이고 개입주의 정책도 정도의 차이는 있을지언정 자유 시장경제의 작동을 억압하고 왜곡시킨다. 억눌리고 왜곡된 시장경제에서 번영이 이루어질 수는 없다. 경제적 번영을 위해서는 자유 시장경제가 활발하게 작동될 수 있는 방향으로 제도와 정책이 마련되고 실행되어야 한다.

i) 재산권 보장

시장경제는 자유로운 개인과 기업의 자발적인 상호작용 및 자발적인 협조에 기반하고 있다. 이러한 자발적인 분업과 협동의 유인은 각자의 이윤추구에 있으며, 개인적 이윤추구 유인은 각 경제주체로 하여금 자본과 노동 등 생산요소를 가장 효과적으로, 가장 가치있게 이용하도록 만든다. 자발적 분업과 거래를 통한 효율적인 자원배분은 시장의 보이지 않는 손, 즉 시장에서 가격기구의 조정(coordination)에 의해 이루어진다.

이처럼 자발적인 분업과 자발적인 교환, 그리고 보이지 않는 손인 가격기구에 의한 조정이 원활하게 이루어지기 위해서는 몇 가지 근본적인 제도의 확립이 필수적이다. 그 제도들 가운데 하나가 사유재산권의 확립이다.

재산권이란 개인이 보유한 자원에 대한 경제적 권리를 행사할 수 있는 능력을 의미한다. 만일 재산권이 확립되어 있지 않아 내 재산을 내 뜻대로 처분할 수 없고, 내 재산을 타인이 임의로 빼앗아가

거나 국가 혹은 공동체의 이름으로 쉽사리 몰수 또는 강탈해간다면, 경제주체들은 경제행위를 멀리하게 되고, 시장에서의 거래는 크게 위축될 것이다. 이런 사회에서 자발적인 분업과 교환, 그리고 시장이 제대로 작동할 여지는 없다. 자발적인 분업과 교환, 그리고 시장이 제대로 작동하지 못하는 사회에서는 제대로 된 시장정보도 있을 수 없으며, 보이지 않는 손인 가격기구에 의한 조정도 이루어질 수도 없다. 시장정보 및 가격기구에 의한 조정이 없는 사회에서는 자원의 효율적인 사용은 기대할 수 없다. 자원의 효율적인 사용을 기대할 수 없는 곳에서 경제성장이 이루어지기를 기대하는 것은 사막에 숲이 무성해지기를 기대하는 것과도 같다.

결국, 재산권을 보호해주는 제도의 차이가 경제성장의 차이를 결정하는 주요한 요인이다. 이와 관련하여 세계적으로 자주 언급되는 대표적인 사례가 바로 대한민국과 북한, 그리고 서독과 동독의 경제성과의 차이다. 멀리 갈 것도 없이 대한민국과 북한의 경제 격차만 보더라도 재산권 보호의 중요성은 너무나 명확하다. 제2차 세계대전과 일본의 식민지에서 벗어날 당시 경제적으로 거의 동일한 수준-사실 초기 조건은 대한민국에 비해 북한이 훨씬 좋았다-에서 출발했지만, 2020년 현재 북한의 경제력은 대한민국의 50분의 1에도 미치지 못한다. 같은 민족으로서 같은 역사를 걸어왔고, 같은 언어를 사용하면서 동일한 출발선에서 출발했던 대한민국과 북한과의 경제력 차이는 재산권의 확립과 시장경제라고 하는 제도적 차이 외에는 달리 설명할 수 없을 것이다.

ii) 화폐가치의 안정

일찍이 레닌은 시민사회를 파괴하기 위해서는 그들의 통화체제를 교란시키면 된다고 간파했다. 우리나라에서도 해방 후 좌익인 남로당에 의한 조선정판사 위조지폐 사건이 있었다. 이 사건은 남한 사회를 혼란에 빠뜨리고 무너뜨리기 위한 좌익의 통화시스템 교란 술책이었다. 이처럼 통화가치의 혼란은 시민사회의 붕괴로 이어질 수도 있는 중차대한 문제이다. 우리가 위조지폐 범죄를 강력하게 처벌하는 이유도 통화가치의 안정을 해치는 범죄가 우리 사회에 미치는 악영향이 그만큼 크기 때문이다.

우리의 경제생활은 가격에 기초한 경제적 계산에 의해 이루어진다. 그리고 모든 가격은 화폐 단위로 표시된다. 따라서 화폐가치가 왜곡되면 모든 재화와 서비스의 가격이 왜곡되고, 재화와 서비스의 가격이 왜곡되면 생산자와 소비자 등 경제주체들의 경제적 계산이 왜곡된다. 경제적 계산이 왜곡되면 재화와 서비스 그리고 자원은 엉뚱한 곳으로 배분되고, 경제주체들과 시장은 혼란에 빠지고 제대로 작동될 수 없다. 자원 배분은 왜곡되고 시장에서의 교환이 제대로 이루어지지 않는다면 경제성장도 이루어질 수 없게 된다. 따라서, 시장경제의 원활한 작동을 위해서는 화폐가치의 안정은 필수적이다.

그래서 독일 '라인강의 기적'의 기반을 구축하는 데 지대한 이론적 공헌을 한 질서경제학자 발터 오이켄(W. Eucken)은 자신의 유명한 '경제정책 7대 근본원칙'을 천명하면서, 그 가운데서도 가장 중요한 것이 바로 통화가치의 안정이라고 강조했다.[131] 그러기에 자본주의 시장경제를 천명하고 있는 국가는 어디를 막론하고 통화가치의 안정을 중앙은행의 핵심 임무로 규정하고 있다. 우리나라도 예외가 아니다.

통화가치의 안정과 관련해서 가장 중요한 것은 중앙은행의 독립성 확립이다. 중앙은행의 의사결정이 정치권의 입김 등 외부의 압력을 철저히 배제한 채 이루어져야 한다. 그렇지 않으면 정권을 차지한 권력자들, 포퓰리스트 정치인, 강력한 이익단체의 입맛에 맞춰 통화정책이 이루어지고 이는 곧 경제에 엄청난 혼란과 악영향을 초래하게 된다.

iii) 작은 정부: 최소한의 규제와 낮은 조세

작은 정부라고 하면 힘없고 무기력한 정부를 떠올리는 사람이 많지만, 작은 정부는 그런 힘없고 무기력한 정부를 의미하는 것이 아니다. 작은 정부란 최소한의 규모로 최소한의 규제를 하는 정부이지만, 해야 할 일은 강력하게 효율적으로 이행하는 그런 정부를 말한다. 여기서 해야 할 일이란 당연히 국가 혹은 정부 설립의 근본 목적인 국민의 재산, 신체 및 자유를 지키고 보호하는 임무를 말한다. 즉, 국민의 재산, 신체 및 자유를 지키고 보호하기 위한 규칙을 정하고 그 규칙들이 제대로 이행되도록 하는 것이 국가의 임무이다. 예를 들어 재산권을 인정하고 보호하는 법률, 사기 행위를 금지시키고 처벌하는 법률, 계약조건이 이행되도록 요구하는 법률 등은 시장이 시장답게 돌아가도록 하는 데 필수적인 규칙들이다. 국민의 재산, 신체 및 자유를 지키고 보호하기 위한 규칙도 규제의 하나임은 분명하나, 이런 규칙은 꼭 필요한 규제다.

하지만, 오늘날 정부 규제들 대부분은 꼭 필요한 것도 아닌, 아니 오히려 반드시 사라져야 할 규제들이다. 그런 규제들은 시장이 보내는 신호인 가격을 왜곡하고, 시장참여자들의 경제계산을 왜곡하며, 자발적인 교환과 계약 및 시장의 자동조정기능을 방해한다. 자원이 효율적으로 이용되지 못하고 한쪽에서는 과잉생산이, 다른 한쪽에서는 과소생산이 일상적으로 벌어진다. 예를 들어 임대료 통제는 주택공급을 감소시키고 전월세 가격을 이례적으로 급격하게 상승시켜버린다.

흥미로운 사실은 대부분의 규제가 '공익을 위하여' '약자를 보호하기 위하여' 시행한다고 하지만, 실상은 정반대의 결과를 낳는다는 점이다. 저임금 근로자를 보호한다는 명분으로 급격하게 상승시킨 최저임금이 수많은 저임금 근로자를 실업자로 내모는 것을 지난 몇 년간 생생하게 경험한 바 있다.

시장에 대한 정부의 규제나 간섭이 커질수록 정보는 더 크게 왜곡되고 경제활동은 위축된다. 규제와 간섭을 '철저하게' 하는 사회주의는 시장을 '철저하게' 배제하고, 그래서 경제는 '철저하게' 무너진다. 간섭주의 혹은 개입주의 정책도, 정도의 차이는 있지만, 시장을 배제하고 경제를 망친다는 점에서는 사회주의와 크게 다를 바 없다.

따라서, 정부는 정부가 정말로 해야만 하는 일에 집중하고, 나머지는 민간과 시장에 맡겨두는 것이 성장과 발전의 지름길이다. 그리고, 꼭 해야만 하는 일을 할 때에도 정부는 구체적인 사안과 시장 과정 및 결과에 직접 개입할 것이 아니라, 보편적으로 적용되는 규칙을 정하고 그 규칙이 제대로 실행되는지를 감시하는 일에 자신의 역량을 집중해야 한다. 경제의 성장과 발전을 위해서 작은 정부는 필수적이다.

작은 정부로 가는 길에 없어서는 안 되는 것이 낮은 세금 부담이다. 정부가 납세자로부터 거둬들이는 정부 수입, 즉 조세가 많아질수록 그 자금을 동원해서 정부가 하고자 하는 일-그 대부분은 규제 및 정치적 자원 배분에 쓰인다-도 늘어나게 마련이다. 이런 규제와 정치적 자원 배분이 많아질수록 시장은 점점 더 왜곡되고 성장은 악영향을 받게 된다. 반대로 낮은 세금 부담 혹은 감세는 경제주체들의 소득을 증가시키고, 저축과 투자의 비중을 늘려 성장에 긍정적인 영향을 미친다.

또 감세 및 낮은 세금 부담이 중요한 이유는 세금의 증대와 정부의 규제 증가는 동전의 양면이기 때문이다. 정부의 조세 수입이 늘고 정부의 규모가 커질수록 시장에 대한 개입과 규제의 규모와 강도도 커질 수밖에 없다. 그리고, 이렇게 늘어난 정부의 시장개입과 규제를 회피하기 위한 편법과 탈법 및 부정부패 또한 만연하게 된다. 높은 조세는 자연스럽게 정부 규모의 확대 및 규제의 증가로 이어지고, 이는 다시 부정부패로 이어지는 연결고리가 된다.

거대 정부, 시장규제, 그리고 이에 필수적으로 동반하게 되는 부정부패가 심각한 국가에서 경제가 성장하기를 기대할 수는 없다. 각국의 부정부패와 경제성장 간의 상관관계를 분석해 보면 역의 관계가 성립하는 것으로 나타난다. 부정부패가 커질수록 경제성장 능력은 약화되는 것이다.

대한민국에서는 상상도 할 수 없을 정도로 북한에서는 탈법과 편법, 뇌물과 부정부패가 만연되어 있다는 것은 탈북자들의 증언에서 생생하게 확인할 수 있다. 북한이 그렇게 된 중요한 원인 하나는 바로 다른 나라와는 비교조차 어려울 정도의 초거대 정부의 존재와 숨 쉴 틈도 없이 촘촘한 시장규제다. 사유재산과 시장을 철저히 배제시킨 채 생산된 거의 모든 것을 정부가 가져가서 정치적으로 분배해 버리는 초거대 정부하에서 경제성장이 이루어질 리 만무하다. 수십만 수백만 명이 굶주림에 허덕이고 견디다 못해 목숨 걸고 북한을 탈출하는 참극이 빚어지는 일은 초거대 정부가 낳는 필연적인 결과물이다.

iv) 경쟁적 시장과 자유무역

시장경제에서 중요한 기둥 중의 하나는 경쟁이다. 경쟁은 소비자들에게 값싸고 질 좋은 제품, 디자인이 뛰어난 제품 등을 제공함으로써 보다 많은 수익을 창출하려는 노력이다. 이를 위해 기업은 원자재와 노동력을 가장 싼 값에 구매하고 가장 효율적으로 경영을 함으로써 가장 낮은 가격으로 질 좋은 제품을 생산하고 공급하여 소비자들의 선택을 받으려고 경쟁한다. 이 과정에서 소비자들의 선택을 받는 기업은 성장하고, 그렇지 못한 기업은 쇠퇴하고 심지어 시장에서 퇴출되기도 한다.

물론 경쟁에 의해 퇴출되는 기업에 종사하던 사람들은 재산과 일자리를 잃는다. 경쟁의 이런 비극적 측면으로 인해 경쟁을 아예 없애야 한다는 사람들도 있다. 하지만 이는 하나만 알고 둘은 모르는 사람들의 헛된 바램일 뿐이다. 만일 그들의 주장대로 경쟁을 배제시킨다면, 기대했던 것과는 전혀 다른 엉뚱한 결과로 이어지게 된다.

경쟁이 존재할 경우와 경쟁이 배제된 경우에 각각 어떤 상황이 벌어지는지는 이른바 '메기 효과' 이야기가 잘 보여준다. 추어탕의 재료가 되는 미꾸라지들이 있는 곳에 메기를 몇 마리 같이 풀어주면 미꾸라지 중 일부는 당연히 잡아 먹히지만, 나머지 미꾸라지들은 살기 위해 재빨리 움직임으로써 아주 싱싱하고 활동성이 뛰어난 상태를 유지한다고 한다. 반면에 미꾸라지만 있는 곳에서는 그렇지 못하다는 것이다. 삼성의 창업자인 이병철 회장의 일화는 이 '미꾸라지 효과'를 실제로 증명해 주는 사례이다. 그가 시골에서 농사를 지을 때, 한쪽 논에는 미꾸라지 1,000마리를, 다른 논에는 미꾸라지 1,000마리와 메기 20마리를 같이 넣고 길러보았다고 한다. 시간이 흘러 수확을 하게 되었는데, 미꾸라지만 넣은 논에서는 2,000마리의 미꾸라지를 얻은 반면에, 미꾸라지와 메기를 같이 넣은 논에서는 미꾸라지 4,000마리와 메기 200마리를 얻었다고 한다. 어려움과 위험이 닥쳐오면 일부는 그 어려움과 위험에 쓰러지지만, 나머지 대부분은 더 활발히 움직이면서 더 강인해지고 더 번성하게 마련이다.

경쟁은 피하고 싶다고 피할 수 있는 것이 아니다. 그 이유는 자원의 희소성 때문이다. 자원의 희소성 문제는 인류가 숙명적으로 안고 갈 수밖에 없는 삶의 여건이다. 자원의 희소성 문제가 피할 수 없는 문제인 한, 사회가 번영하고 발전하기 위해서는 희소한 자원을 낭비 없이 최대한 효율적으로 사용해야 한다. 그런데 희소한 자원이 최대한 효율적으로 사용될 수 있도록 만드는 메커니즘이 바로 경쟁이다. 경쟁 과정에서 희소한 자원을 낭비하고 비효율적으로 사용하는 사람은 자원에 대한 통제권을 빼앗기고, 이렇게 빼앗긴 자원 통제권은 희소한 자원을 효율적으로 사용하는 사람에게로 넘어가게 된다. 경쟁 과정을 통해 희소한 자원에 대한 통제권이 시장에서 퇴출되는 사람과 기업으로부터 시장에서 성장 발전하는 사람과 기업에게로 넘어가는 것이다. 그 결과, 희소한 자원이 보다 효율적으로 이용된다.

경쟁과 관련하여 주목해야 할 또 다른 하나는 정부 경쟁 정책의 초점이 어디에 놓여야 하는가이다. 경쟁 정책은 경쟁자를 보호하는 것이 아니라 경쟁 자체를 보호하는 데에 중점을 두어야 한다. 경쟁자를 보호한다는 것은 곧 생산자 혹은 판매자를 보호한다는 의미이다. 역으로 말하면, 경쟁자를 보호하는 정책은 소비자를 무시하는 정책이다. 예를 들어, 골목상권이나 전통시장을 보호한다는 명목으로 대규모 슈퍼마켓이나 쇼핑몰의 입점을 막고 영업시간이나 판매할 수 있는 품목을 제한하는 것은 소비자의 선택을 받기 위해 경쟁하고 있는 골목상권이나 전통시장 등 경쟁자를 다른 경쟁자로부터 보호하는 정책이다. 여기서 소비자의 선택권이나 소비자의 편의는 전혀 고려의 대상도 되지 못하고 있다.

이와 반대로, 경쟁 자체를 보호한다는 것은 시장에서 경쟁이 제한 없이 이루어지고 있는지, 경쟁의 가능성이 존재하고 있는지, 누군가에 의해 경쟁이 인위적으로 제한되고 있지는 않은지 등을 살피고 경쟁이 치열하게 이루어지도록 하는 것이다. 이런 관점에서 보자면, 골목상권과 전통시장을 다른 경쟁자로부터 보호하는 정책은 한참 잘못된 정책이다. 또, 소비자들의 선택을 받기 위해 경쟁하는 그 자체를 보호하는 정책은 곧 소비자의 관점에서, 소비자의 이익과 선택권을 보장하기 위한 정책이 된다. 앞에서 언급했듯이, 경제의 총사령관은 소비자이다. 경제의 총사령관인 소비자의 이익과 선택권을 최대한 보장하는 것이야말로 희소한 자원이 가장 효율적으로 사용되도록 하여 경제의 성장과 발전에 크게 기여하게 된다.

국내에서의 경쟁이 희소한 자원을 효율적으로 사용하게 만들고 성장에 보탬이 된다면, 국제적인 차원에서의 경쟁도 마찬가지이다. 자유무역은 국제적 차원에서의 경쟁을 심화시킨다. 반면에, 보호무역은 보호받는 국내의 몇몇 산업과 일자리를 보호하겠지만, 경제 전체의 효율성을 낮추고 경제성장을 방해한다. 소비자의 선택권과 이익이 침해되는 것은 물론이다. 보호무역이 아닌 자유무역을 통해 국내에서의 경쟁만으로는 달성할 수 없는 한층 높은 수준의 효율성을 달성할 수 있고, 이에 따라 경제도 더욱 성장하게 된다. 자급자족을 부르짖는 폐쇄적인 국가들의 성장률이 자유무역을 지향하는 개방적인 국가들의 성장률에 비해 한참이나 낮은 것이 의미하는 바는 분명하다. 자유무역을 제한하는 정책이 아니라 확대하는 정책을 추진해야 경제가 성장한다.

추천도서

김영용 (2019), 《경제현상의 경제학적 이해》, 전남대학교출판문화원.

라스바드, 머레이 (전용덕·김이석 역) (2006), 《인간 경제 국가》, 자유기업원·나남출판.

미제스, 루드비히 폰 (윤용준 역) (1998), 《경제적 자유와 간섭주의》, 자유기업원.

미제스, 루드비히 폰 (민경국·박종운 옮김) (2011), 《인간행동(Human Action)》, 지식을 만드는 지식.

민경국 (2007), 《자유주의의 지혜》, 아카넷.

민경국 (2018), 《국가란 무엇인가》, 북앤피플.

배진영 (2013), 《인간중심 경제학 원론》, 율곡출판사.

버틀러, 에이먼 (황수연 옮김) (2015), 《오스트리아학파 경제학 입문》, 도서출판 리버티.

보아즈, 데이비드 (강위석 외 옮김) (2009), 《자유주의로의 초대》, 북코리아.

소웰, 토머스 (서은경 옮김) (2002), 《시티즌 경제학》, 도서출판 물푸레.

안재욱 외 (2012), 《새경제학원론》, 교보문고.

전용덕 (2015), 《경기변동이론과 응용》, 마인드탭.

프리드먼, 밀턴 (민병균 역) (2003), 《선택할 자유》, 자유기업원.

하이에크, 프리드리히 폰 (김균 역) (1996), 《자유헌정론 I,》 자유기업센터.

하이에크, 프리드리히 폰 (신중섭 역) (2004), 《치명적 자만,》 자유기업원.

하이에크, 프리드리히 폰 (김이석 역) (2006), 《노예의 길》, 자유기업원·나남출판.

Notes

1장 우리를 둘러싼 환경과 우리 인간

1) 미제스, 루드비히 폰 (민경국·박종운 옮김) (2011), 《인간행동(Human Action)》, 지식을 만드는 지식, 제1권, p.472. 이어서 미제스는 이렇게 말한다. "이성이 본디 하는 일은 자연이 인간에게 부여한 한계에 끊임없이 대처하고 희소성에 대항해 싸우는 것… 행동하고 생각하는 인간은 희소성이 있는 우주의 산물이다. 그 우주에서 달성할 수 있는 후생은, 그것이 무엇이든 모두 땀과 수고의 포상금이며 또 통속적으로 경제적이라 불리는 행위의 포상금이다." 같은 책, 제1권, p.473.
2) 미제스, 루드비히 폰 (민경국·박종운 옮김) (2011), 《인간행동(Human Action)》, 지식을 만드는 지식, 제1권, p.484.
3) 여기서는 욕심, 욕망, 욕구를 동일한 의미로 사용한다. 모두 원하는 것, 추구하는 것, 갖고 싶은 것, 이루고 싶은 것을 나타낸다.
4) 개인들 각자에게 분산되어 있는 지식들을 수집하고 평가하고 전달하고 확산 및 발전시키는 메커니즘에 관해서는 이 책 5장 4. 가격의 기능에서 좀 더 자세히 다루고 있다.
5) 하이에크, 프리드리히 폰 (신중섭 역) (2004), 《치명적 자만》, 자유기업원 및 민경국 (2007), 《자유주의의 지혜》, 아카넷 참조.
6) 하이에크, 프리드리히 폰 (김균 역) (1996), 《자유헌정론 I》, 자유기업센터, p.114 참조.
7) 한국민족문화대백과사전.
8) 보편성과 추상성에 대한 설명은 민경국 (1997), 《시장경제의 법과 질서》, 자유기업원, p.250 ff. 참조.
9) 어떤 것이 정의로운 행동인지는 명확하지 않다. 많은 정치인들이 정의로운 국가를 만들겠다고 호언장담하지만, 실상 정의로운 국가가 무엇을 의미하는지는 분명하지 않다. 아마도 그 말을 듣는 국민은 말할 것도 없고 그 말을 하는 정치인

스스로도 그것이 정확히 무엇을 의미하는지 모를 것이다. 그런데, 이와는 반대로 우리는 어떤 것이 정의롭지 못한 행동인지는 보다 확실하게 알 수 있다. 살인하는 행위, 상해를 입히는 행위, 사기나 도둑질, 강도질로 타인의 재산을 빼앗는 행위, 타인의 자유를 침해하는 행위, 특혜나 특권을 주고받는 행위 등은 누구나 인정할 수 있는 정의롭지 못한 행동이다. 따라서 정의란 무엇인가를 찾아 헤매기보다는 부정의란 무엇인가를 찾아 그것을 제거해 나가는 것이 정의로운 사회를 만들어가는 훨씬 더 나은 방법일 수 있다. 애덤 스미스 역시 이런 입장을 취하는 것으로 평가된다. 즉, "스미스는 좋은 삶이 무엇인가를 말하지 않는다. 그러나 모든 삶에서 나쁜 것이 있다는 것이다. 그것이 타인의 신체, 재산, 명예에 피해를 주는 행동이다. 이것이 불의다. 정의는 타인에게 피해를 주는 행동을 하지 않는 것이다."라고 하고 있다. 민경국 (2018), 《국가란 무엇인가》, 북앤피플, p.318.

2장 선택과 가치평가

10) 알리바바의 회장인 마윈이 이런 말을 했다고 한다. "선배가 수년 전 들려준 얘기가 있다. 3가지를 늘 고민하라고 했다. '너는 도대체 무엇을 갖고 있는가', '무엇을 원하는가', '무엇을 버릴 것인가'가 그것이다. 누구라도 일생 동안 가져야 할 고민이다." 이것 역시 선택과 관련된 언급이다.

11) "가치판단은 한 사람에 의해 행해지든 많은 사람에 의해 행해지든 간에, 얼간이에 의해 행해지든 교수에 의해 행해지든 국정 담당자에 의해 행해지든 간에 항상 주관적인 것이다." 미제스, 루드비히 폰 (민경국·박종운 옮김) (2011), 《인간행동(Human Action)》, 지식을 만드는 지식, 제2권, pp.776 f.

12) 미제스, 루드비히 폰 (민경국·박종운 옮김) (2011), 《인간행동(Human Action)》, 지식을 만드는 지식, 제2권, pp.664 f.

13) 물론 마르크스주의자들은 이런 간단한 노동시간 계산이 아니라 꽤 복잡해 보이는 노동시간 계산을 하고 있기는 하지만, 그 의미는 대동소이하다.

14) 버틀러, 에이먼 (황수연 옮김) (2015), 《오스트리아학파 경제학 입문》, 도서출판 리버티, pp.125 f. 참조. 사람이 쏟은 노력에 비례해서 보상해야 한다는 주장도

마찬가지로 허구요 억지다. 책상에 어떤 학생이 더 오래 앉아 있느냐에 따라 성적이 결정되어야 한다는 것과 같은 말도 안 되는 주장이기 때문이다.

15) 기회비용이라 부르는 이유는 여러 대안들 중 어떤 하나의 대안을 선택하면 다른 대안을 선택할 '기회'를 포기해야 하기 때문이다. 배진영 (2013), 《인간중심 경제학 원론》, 율곡출판사, pp.73 f. 참조.

16) 이런 연고로 경제학자들은 종종 '피도 눈물도 없는 인간'이라는 비난을 받기도 한다. 하지만 이런 비난은 오해에서 비롯된 것이다. 경제학자들은 불쌍한 사람들을 도와주어서는 안 된다고 말하는 것이 아니다. 소중하고 희소한 자원을 낭비하지 않고 잘 사용하기 위해서는 도움을 받을 사람이 정말로 도움이 필요한 사람인지, 우리 사회에 그 사람보다 더 절실히 도움을 필요로 하는 사람은 없는지, 그 자원을 보다 가치 있게 사용할 수는 없는지 등을 살피고 따져봐야 한다고 말할 뿐이다.

17) 머니투데이, 〈신혼여행 돌아오자마자 이유 없이 '파혼 선언', 어떡하나요〉, 2019.03.14.

18) 이영직 (2007), 《펄떡이는 길거리 경제학》, 스마트비즈니스, pp.38 f. 참조.

3장 시장경제의 원리

19) 바로 이런 이유 때문에 대한민국과 북한이 보여주는 경제성과의 차이는 세계의 경제학자들이 관심을 갖는 훌륭한 연구 재료다. 경제질서의 중요성과 의미를 이렇게 명명백백하게 보여주는 사례도 드물기 때문이다.

20) 일반인들뿐만 아니라 폴 사무엘슨(Paul Samuelson)을 비롯한 세계적으로 유명한 경제학자들조차도 소련의 사회주의 체제가 완전히 무너지기 직전까지도 사회주의 체제가 우월하다는 주장을 했었다. 또 미국 존슨 대통령 시절 경제자문위원을 역임했던 MIT 대학 경제학 교수인 레스터 써로우(Lester C. Thurow)도 소련이 최종적으로 무너져 내리고 있던 1989년까지도 이렇게 말했다. 그는 '시장경제가 아닌 명령경제가 성장을 촉진할 수 있는가?'라는 질문을 스스로 던진 후 "소련이 거둔 놀랄 만한 성과는 그렇다는 것을 시사한다. 오늘날 소련은

미국에 필적하는 경제적 성취를 자랑하는 국가이다"라고 답했다. 리처즈, 제이 (송대원 옮김) (2015), 《돈, 탐욕, 신》, 도서출판 뜨님, p.26.

21) '따뜻한 시장경제'니 '인간의 얼굴을 한 자본주의'니 하는 말들은 모두 시장경제가 아니라 사회주의 혹은 그것의 변종인 개입주의를 지향하겠다는 의미와 다를 바 없다.

22) 하이에크, 프리드리히 폰 (김이석 역) (2006), 《노예의 길》, 자유기업원·나남출판.

23) 배진영 (2013), 《인간중심 경제학 원론》, 율곡출판사, pp.26 f. 참조.

24) 이하의 내용은 민경국 (2018), 《국가란 무엇인가》, 북앤피플, pp.359 ff. 참조.

25) 3백만 년 내지 4백만 년을 이렇게 살았다고 하면 우리 인간이 얼마나 긴 기간 동안 그렇게 살았던 것인지 '감'이 잘 오지 않을 수 있다. 그래서 원시공동체의 생활을 해온 기나긴 기간과 사유재산과 시장 등을 갖춘 문명인의 삶을 산 극히 짧은 기간을 비교하기 위해 종종 하루 24시간에 비유해 설명하곤 한다. 이에 따르면 인간이 원시공동체의 삶을 살았던 기간은 총 24시간 중 23시간 57분이고, 나머지 겨우 3분만이 우리가 문명인으로 산 기간이라고 한다. 그래서 시장경제는 우리 인간에게 여전히 낯설고 서먹서먹하고 두렵기까지하다. 그리고 시장경제에 대한 이 낯설고 두려운 감정을 정치인들과 선동꾼들이 반시장경제를 선동하는 데 잘 이용한다.

26) 민경국 (2018), 《국가란 무엇인가》, 북앤피플, pp.360 f.

27) 샌델, 마이클 (이창신 옮김) (2010), 《정의란 무엇인가》, 김영사.

28) 박종채 (박희병 옮김) (2005), 《나의 아버지 박지원》, 돌베개.

29) 실제로 우리나라에서 6·25가 끝나고 방직산업이 막 성장하기 시작했을 때, 안양에 있었던 금성방직에서 여성 근로자 2백 명 모집 공고를 내자 2천 명의 지원자가 몰려 왔다고 한다. 그러자 회사는 신장을 기준으로 1차 탈락자를 가려내고 (방직기계의 높이에 맞추기 위해 너무 큰 사람과 너무 작은 사람을 배제하기 위함), 이어서 장애물 통과 달리기를 시켜서(공장에서의 작업상 일정 수준의 체력이 필요하다는 판단) 근로자를 선발했다는 이야기가 있다. 만약 요즘 이런 방식으로 직원들을 선발했다가는 여론의 질타와 규제로 인해 회사 문을 닫아야 하지 않을까?

30) "사적 소유권 제도를 싫어하는 사람은 자유의 제1요소를 결여한 것" 하이에크,

프리드리히 폰 (김균 역) (1996), 《자유헌정론 I》, 자유기업센터, p.239.

31) 사회주의가 무너질 수밖에 없는 이유는 동기부여 이외에도 사회주의에는 시장과 가격이 존재하지 않음으로써 경제계산이 불가능하고 정보가 없기 때문이라는 점이다. '사회주의 계산 논쟁'으로 유명한 이 부분은 이 책에서는 자세히 다루지는 않고, 7장 2. 자본재와 자본, 자본가의 소득에서 간단히 소개하고 있다.

32) 리처즈, 제이 (송대원 옮김) (2015), 《돈, 탐욕, 신》, 도서출판 뜨님, p.45 참조.

33) 김영용 (2009), 『생활 속 경제』, 자유기업원, p. 19 f. 참조.

34) 민경국 (2018), 『국가란 무엇인가』, 북앤피플, p. 33 참조.

35) 경향신문, 「'닭고기 사랑' 한국인, 1년에 몇 마리 먹을까?」, 2018.07.17.

36) 애덤 스미스도 다음과 같은 세 가지 이유로 분업을 통해 생산성이 크게 증대된다고 보았다. 첫째, "노동자 각자의 기교의 향상", 둘째, "하나의 일로부터 다른 일로 옮길 때 보통 잃게 되는 시간의 절약", 그리고 셋째, "다수의 기계 발명"이다. 분업에 대해서는 스미스, 애덤 (김수행 역) (1992: 상·하권), 《국부론》, 동아출판사, 상권, pp.13 ff. 참조.

37) 헤럴드경제, 〈신뢰사회의 고리 '국가직무능력표준'〉, 2019.02.18.

38) 애덤 스미스는 "분업은 시장의 크기에 의해 제한된다"고 하였다. 스미스, 애덤 (김수행 역) (1992: 상·하권), 《국부론》, 동아출판사, 상권, 제1편 제3장.

39) 이를 비교 우위에 맞추어 비교 열위라고 한다.

40) 비교 우위를 설명할 때 경제학 교과서에서는 통상 숫자를 사용하여 생산량이나 비용 등을 표시하며, 비교 우위와 비교 열위를 판단할 때도 두 가지 중 하나에 전문화할 때 포기하게 되는 기회비용의 높고 낮음에 따라 이루어지는 것으로 설명한다. 그런데, 경우에 따라서는 이런 식의 설명이 비교 우위를 이해하는 것을 오히려 어렵게 만든다. 그래서 여기서는 숫자와 기회비용의 개념 등을 사용하지 않으면서 비교 우위의 의미를 가능한 풀어서 전달하고자 했다. 비교 우위와 절대 우위에 대한 것은 배진영 (2013), 《인간중심 경제학 원론》, 율곡출판사, pp.132 ff. 참조.

41) 이런 '물물교환 놀이' 및 그것이 의미하는 바에 대해서는 리처즈, 제이 (송대원 옮김) (2015), 《돈, 탐욕, 신》, 도서출판 뜨님, pp.96 ff. 참조.

42) 멩거, 칼 (민경국 외 옮김) (2002), 《국민경제학의 기본원리》, 자유기업원, pp.227 ff. 참조.

43) "자유시장에서, 다시 말하자면 파는 사람과 사는 사람이 다른 사람들이 강요하는 일에 대처할 만한 힘이 주어지는 제도 하에서는 이러한 일이 일어날 수 없다." 레오니, 브루노 (정순훈 역) (2000), 《자유와 법》, 자유기업원, p.140.

44) "핵심적인 사실은 경쟁사회에서 피고용자가, 심각한 실업의 시기를 제외한다면, 특정 고용자의 수중에 놓여 있는 것이 아니라는 점이다. 법률은 지혜롭게도 한 개인의 노동력이 영구히 양도되는 계약을 인정하지 않으며, 통상 구체적 이행에 대한 계약마저 강요하지 않는다… 그리고 정상적으로 움직이는 경쟁사회에서는, 비록 보상이 더 적은 경우가 많지만, 다른 일자리가 있게 마련이다." 하이에크, 프리드리히 폰 (김균 역) (1996), 《자유헌정론 I,》 자유기업센터, p.207.

45) "강압에 의해 이루어지는 교환은 착취이다. 강압이 없는 상태에서 이루어진 교환에 대해서는 어떤 경우에도 착취라는 의미를 부여해서는 안 된다… 교환의 본질은 자발적이라는 점이다." 배진영 (2013), 《인간중심 경제학 원론》, 율곡출판사, pp.128 f.

46) "상업의 자연적 효과란 바로 평화로 이끄는 것이다, 무역 거래를 하는 두 국민은 서로에게 의존하게 된다." 몽테스키외 (이재형 옮김) (2015/1749), 《법의 정신》, 문예출판사, 20편, 2. 상업정신.

47) 국제무역의 이점에 대해서는 보아즈, 데이비드 (강위석 외 옮김) (2009), 《자유주의로의 초대》, 북코리아, pp.287 ff. 참조.

48) 애덤 스미스는 "내가 직접 만드는 것보다 구매하는 것이 더 싸다면 직접 만들지 않고 구매하는 것이 현명하다는 것은 누구나 다 알고 있다. 한 가정에서 현명한 일이 국가에서는 어리석은 일이 될 리는 없다"(필자가 자구 일부 변경함)는 말로 국제 간 분업과 교역의 이익과 이에 반하는 보호무역의 어리석음에 대해 설명하고 있다. 스미스, 애덤 (김수행 역) (1992: 상·하권), 《국부론》, 동아출판사, 상권, pp.435 f.

49) 사정이 이렇기 때문에 보호무역정책은 통상 '이웃 나라 궁핍화 정책(beggar-thy-neighbours)'이라고 부른다. 실제로는 보호무역은 이웃 나라만 가난하게 만

드는 것이 아니라 자신 또한 피해를 보면서 다 같이 가난해지는 정책이므로 '동반 궁핍화 정책'이라고 하는 게 더 잘 어울린다.

50) 여러 가지 정황을 보면 이런 정치인들은 스스로는 국제 분업과 교역의 긍정적인 효과를 잘 알고 있으면서도 표를 얻기 위해 보호무역을 주장하는 무책임한 사람들일 가능성이 높아 보인다. 예를 들어, 주한미국대사관 앞에까지 가서 '불합리하고 불공정한 한미 FTA 폐기'를 강력하게 외쳤던 정치인들이라면 트럼프 대통령 취임 후 미국이 '한미 FTA 재협상 내지 폐기' 운운할 때 적극 환영해야 마땅할 텐데, 정작 그럴 가능성이 불거지자 이들이 아무 말도 없이 조용히 있었던 일을 상기해 보라.

51) 보아즈, 데이비드 (강위석 외 옮김) (2009), 《자유주의로의 초대》, 북코리아, pp.285 f. 참조.

52) 루이스, 헌터 (임정재 외 옮김) (2008), 《이코노믹 이슈 12》, 한스미디어, p.73.

53) 시장경제에서의 경쟁을 이해하기 쉽도록 경쟁을 게임에 비유했지만, 게임에서의 경쟁과 시장경제에서의 경쟁은 매우 다르다는 점을 놓쳐서는 안 된다. 예를 들어 시장경제에서의 경쟁에는 게임과는 달리 한 가지 목표만 있는 것이 아니다. 또한, 게임에서는 1등이 모든 것을 차지하지만, 시장경제에서는 각자가 소비자에게 기여한 만큼 몫을 차지한다. 이와 관련한 보다 자세한 것은 배진영 (2013), 《인간중심 경제학 원론》, 율곡출판사, pp.256 ff. 참조.

54) 하이에크, 프리드리히 폰 (신중섭 역) (2004), 《치명적 자만》, 자유기업원, p.49.

55) 리드, 레너드 (2017/1958), 〈저는 연필입니다〉, https://cfe.org/20170905_10646.

56) 여기서 개입주의자들이 말하는 '질서'는 질서경제학 등에서 이야기하는 '질서(Ordnung, Order)'와는 전혀 다른 의미다. 질서경제학 등에서 말하는 질서는 시장경제가 잘 작동하도록 법률이나 제도 등 시장경제의 틀을 확립하고 그것들이 제대로 작동되도록 하는 데 관심을 쏟는 반면에, 개입주의자들이 말하는 질서는 최저임금제도와 같이 시장과정에 직접적으로 개입하는 이른바 간섭을 의미한다.

57) 물론 제멋대로 움직인다고 해서 시장경제에서의 경제주체들이 글자 그대로 '제

멋대로' 한다는 뜻은 아니다. 경제주체들은 앞서 언급한 바 있는 타인의 재산과 자유를 침해하지 않는 행동규칙들을 준수하는 한 자유롭게 행동한다는 뜻이다. 애덤 스미스의 표현을 빌면 이렇다. "이 제도 하에서 모든 사람은 정의의 원칙을 위반하지 않는 한, 완전히 자유롭게 자기의 방식대로 자신의 이익을 추구할 수 있으며, 자신의 근면·자본을 바탕으로 다른 누구와도 완전히 자유롭게 경쟁할 수 있다." 스미스, 애덤 (김수행 역) (1992: 상·하권), 《국부론》, 동아출판사, 하권, p.184.

58) 스미스, 애덤 (김수행 역) (1992: 상·하권), 《국부론》, 동아출판사, 상권, p.22.

59) 스미스, 애덤 (김수행 역) (1992: 상·하권), 《국부론》, 동아출판사, 상권, p.434 참조.

4장 재화와 생산요소의 가치

60) 토지와 노동을 본원적 생산요소라고 하는 이유는 모든 재화의 생산과정을 역으로 추적해 올라가 보면 종국적으로는 노동과 토지에 의해서만 생산되기 때문이다. 예를 들어, 자동차의 생산에 사용되는 강철의 연원을 추적해 올라가 보면 최종적으로는 토지가 품고 있는 철의 성분이 있는 재료를 노동을 통해 채취한 곳까지 이르게 된다. 즉, 토지와 노동만이 최종적이고 본원적인 생산요소이다, 반면 자본재는 본원적 생산요소에 의해 생산된 이후에야 비로소 생산과정에 투입되는 생산요소이기 때문에 생산된 생산요소라고 한다.

61) 논자에 따라 생산물의 분류를 조금씩 달리하고 있다. 여기서는 설명과 이해의 편의를 위해 일반적 사용례(使用例)를 따라 소비재와 자본재로 구분했다. 그리고 통상 중간재라 부르는 것도 이 자본재에 포함시켰다. 재화의 분류에 관한 자세한 내용은 배진영 (2013), 《인간중심 경제학 원론》, 율곡출판사, pp.324 ff. 참조.

62) 가치 및 가치평가에 관해서는 이 책 2장 2. 선택과 가치평가 참조.

63) Wikipedia, 한계효용의 체감 법칙 참조.

64) 배진영 (2013), 《인간중심 경제학 원론》, 율곡출판사, pp.96 f. 참조.

65) 소비재를 1차재라 하고 1차재인 소비재를 제외한 나머지 자본재를 고차재라 부른다. 즉, 모든 고차재의 가치는 1차재인 소비재의 가치에 따라 달라진다.

66) "미제스는 시장을 무엇이 생산되어야 하고 누가 그것을 생산해야 하는지를 결정하는 일상의 주민투표로 묘사했다." 버틀러, 에이먼 (황수연 옮김) (2015), 《오스트리아학파 경제학 입문》, 도서출판 리버티, p.74.

5장 가격의 형성과 가격의 기능

67) 배진영 (2013), 《인간중심 경제학 원론,》 율곡출판사, pp.168 f. 참조.

68) 실제로 미국 식민지 시기 버지니아에서, 그리고 2차 세계대전 직후 독일에서는 담배가 화폐의 역할을 대신한 적이 있다.

69) 배진영 (2013), 《인간중심 경제학 원론,》 율곡출판사, 156 f.

70) '화폐로 이용되는 상품은 상품 그 자체로 가치가 높아야 한다'는 화폐의 조건을 기준으로 본다면, 비트코인 등 가상화폐는 화폐가 될 수 없다는 주장이 설득력을 갖는다. 가상화폐 그 자체로는 아무런 가치를 가지고 있지 않기 때문이다. 가상화폐가 화폐로서의 역할을 할 수 있느냐 없느냐 하는 논의가 끊임없이 이어지는 이유이다.

71) 배진영 (2013), 《인간중심 경제학 원론》, 율곡출판사, pp.169 ff. 참조.

72) 수요량과 공급량을 이렇게 간단히 정의하지 않고, 재고와 보유 개념을 통해 수요량과 판매량을 도출하는 설명도 있다. 재고와 보유 개념을 통해 설명하는 이유는 다음과 같다. 예를 들어 어떤 상인이 판매를 위해 물건을 준비했지만, 어떤 사정(예를 들어 가격이 상승할 것으로 예상)에 의해 판매를 하지 않고 창고에 재고로 쌓아 놓는다면 실제 공급량에는 포함되지 않는다. 반대로 어떤 소비자가 집을 한 채 샀다면 그것은 통상 공급량에서 사라지지만, 만약 가격이 급등해 이 사람이 판매하고자 나선다면 다시 공급량에 포함되어야 한다. 위에서의 간단한 개념 정의에서는 이런 부분들이 간과된다. 그래서 재고와 보유 개념에 맞추어 수요량과 공급량을 다시 개념 규정하자면 다음과 같다. 생산되어 시장으로 나온 것은 모두 재고로 표현되며, 이 재고 중에서 실제로 판매하고자 내어놓는 것이 공급량이다. 그리고 일반 소비자가 소비를 위해 구매하고자 하는 수요량과 판매자가 판매를 유보하고 재고로 남겨둔 유보량이 합쳐져서 수요량이 된

다. 이렇게 재고와 보유 개념을 통한 수요량과 공급량을 도출하는 방법은 판매자와 구매자를 엄격하게 구분하는 것이 현실과 맞지 않고, 또 이렇게 정의해야 시장의 수요량과 공급량을 정확하게 정의할 수 있으며, 또 가격이 오르거나 내릴 때 즉각적으로 이에 대응해 움직일 수 있는 것은 사실 시간이 오래 걸리는 생산이 아니라 재고를 풀거나 쌓아두는 방식으로 대응한다는 현실을 잘 반영할 수 있다고 한다. 그런데, 수요량과 공급량이라고 하는 일반적 개념에 의해서나 재고-보유에 의한 개념에 의해서나 시장가격 결정의 메커니즘을 설명하는 데에는 큰 차이가 없다. 그러기에 이 책에서는 수요량과 공급량이라고 하는 일반적 개념에 의해 설명을 한다. 재고-보유 개념에 의한 수요량과 공급량 도출 및 시장가격 형성, 그리고 그것과 일반적인 수요량과 공급량과의 차이에 대해서는 배진영 (2013), 《인간중심 경제학 원론》, 율곡출판사, pp.186 ff. 참조.

73) "가격 속에는 사람들의 초의식적 지식까지도 전달하는 역할"이 들어 있다. 민경국 (2018), 《국가란 무엇인가》, 북앤피플, p.226.

74) "시장은 '자원 배분 기계'가 아니라 지식의 창출과 지식의 사회적 이용과정이다." 민경국 (2016), 《자유주의의 도덕관과 법사상》, 북코리아, p.296.

75) 이하 배진영 (2013), 《인간중심 경제학 원론》, 율곡출판사, pp.220 ff. 참조.

6장 시장경제에 대한 오해

76) 배진영 (2013), 《인간중심 경제학 원론》, 율곡출판사, pp.250 f.

77) 이하 권혁철 (2016), 《면허제도와 독점, 누가 소비자를 보호하는가?》, 자유경제원 e-지식 16-20 참조.

78) 여기서 한발 더 나아가 비록 배제가 가능하다 할지라도 배제하기 위한 비용이 너무 커서 배제할 실익이 없는 경우도 배제불가능성에 포함시켜 논의하기도 한다.

79) 의료가 공공재라거나 통신서비스가 공공재라고 하는 주장 등에 대해서는 언급할 필요조차도 없다. 이와 관련해서는 권혁철, 〈의료서비스는 공공재인가?〉, 《충청북도의사회보》, 2003년 11호, pp.8 ff. 참조.

80) 김영용 (2009), 《생활 속 경제》, 자유기업원, p.170 참조.

81) 호페, 한스 헤르만 (박효종 역) (2004), 《민주주의는 실패한 신인가》, 자유기업원·나남출판.

82) 민경국 (2018), 《국가란 무엇인가》, 북앤피플, p.558 참조.

83) 김영용 (2009), 《생활 속 경제》, 자유기업원, p.10; Kiesling, Lynne (2021), The Essential Ronald Coase, Fraser Institute.

84) Akerlof, George A. (1970), The Market for Lemons: Quality Uncertainty and the Market Mechanism, in: Quarterly Journal of Economics.

85) 이런 면에서 볼 때, 자신의 브랜드 가치와 신용을 중시할 수밖에 없는 대기업이 중고차 시장에 진출하는 것도 중고차 시장에서의 정보의 비대칭 문제를 상당 부분 해소시킬 것으로 기대되고 있다.

86) 미제스, 루드비히 폰 (민경국·박종운 옮김) (2011), 《인간행동(Human Action)》, 지식을 만드는 지식, 제1권, p. 137.

87) http://serviceapi.nmv.naver.com/resources/flash/NFPlayer.swf?vid=3910095BEB02 47EBB44C97A6CF4A1BACAAE2&outKey=V1261e72f0e4c57e9d63aba6b3d1a471007296 b14be04a3825279ba6b3d1a47100729&referer

88) 바스티아, 프레드릭 (김정호 역) (1997), 《법》, 자유기업센터, pp.19 ff.

89) 바스티아, 프레드릭 (김정호 역) (1997), 《법》, 자유기업센터, p.18.

90) 이하 내용은 권혁철 〈시장경제와 복지 이해하기〉, in: 《대한민국 승리의 길》, 유석춘 편저, 2019에서 일부 자구 수정함.

7장 시간시장과 이자 및 이윤

91) 흔히 이자라고 오해되고 있는 화폐의 가격은 시간시장이 아닌 화폐시장에서 화폐에 대한 수요와 공급에 의해 결정된다. 시간시장에서 결정되는 이자가 화폐시장에서 결정되는 화폐의 가격과는 다르다는 점을 간단히 한 가지만 설명하자면, 시간시장에서의 화폐에 대한 수요는 소비 혹은 투자와 관련해서만 형

성되는 반면에, 화폐시장에서의 화폐에 대한 수요는 이러한 목적의 화폐 수요 이외에도 보유하고 있는 현금잔고도 화폐의 수요에 포함되기 때문이다. 그리고 화폐시장에서 결정되는 것은 이자가 아닌 화폐의 구매력이다. 화폐시장에 대해서는 후술한다.

92) 김영용 (2019), 《경제현상의 경제학적 이해》, 전남대학교출판문화원, pp.184 f. 참조.

93) 특히 이 책 제5장 4. 가격의 기능 참조.

94) 앞서 설명했듯이, 자본재와 자본은 엄밀한 의미에서 구분이 되는 개념이나, 여기서는 특별히 구분되어야 할 필요가 있지 않는 한 구분하지 않고 자본이라는 용어로 통합해서 사용한다.

95) 이런 점에서 미제스는 '자본의 축적은 자본가나 기업가뿐만 아니라 모든 사람에게 혜택을 준다'고 하였다. 미제스, 루드비히 폰 (윤용준 역) (1998), 《경제적 자유와 간섭주의》, 자유기업원, pp.26 f.

96) 물론 자본가가 현재재와 미래재가 교환될 수 있도록 현재재를 제공하는 역할에만 머무르지 않고, 한발 더 나아가서 이렇게 교환된 미래재를 생산과정에 투입하여 직접 생산활동을 하는 역할까지 할 수도 있다. 그러나, 이것은 후술하는 기업가의 역할과 중첩된다. 자본가도 물론 기업가가 될 수는 있다. 이를 '자본가-기업가'라고 부른다. 그리고, 이런 형태가 현실 세계에서는 대부분이다. 그럼에도 여기서 자본가와 기업가를 엄격히 구분하는 이유는 자본가로서 얻는 소득과 기업가로서 얻는 소득의 원천이 완전히 다르다는 데에 있다. '자본가-기업가'의 경우에는 자본가로서 얻는 소득과 기업가로서 얻는 소득이 합쳐져서 나타나는 것일 뿐이며, 이것을 각각의 원천에 따라 분류하는 것은 현실적으로는 어렵지만 이론적으로는 가능하다. 그런 분류, 특히 자본가의 소득의 원천을 분명하게 하기 위해 여기서는 자본가가 할 수 있는 역할 가운데 기업가의 역할과 중첩되는 부분을 제외한 나머지 역할만을 순수한 자본가의 역할로 보고 있다. 그리고, 다음에 설명할 기업가의 경우에는 자기자본 없이 타인자본만으로 기업을 운영하는 순수한 기업가의 역할만을 다룬다.

97) 이에 대해서는 이 책 4장, 2, (2) 한계생산물가치에 따른 분배 참조. 한 가지 유

념할 것은 현재까지 논의되고 있는 것은 본 장의 서두에서 언급한 바대로 불확실성이 없는 세계를 가정하고 있다. 따라서 여기서는 미래의 한계생산물가치가 얼마인지를 자본가와 생산요소의 소유자 모두가 정확하게 파악하고 있다고 가정하고 있다.

98) 현재재의 미래가치는 현재재에 시간선호율로 이자를 가산해서 구할 수 있다. 이때 시간선호율이 시장에서 드러난 비율이 이자율(interest rate)이다. 역으로 미래재의 현재가치는 미래재를 시간선호율로 할인(discount)함으로써 구해진다. 마찬가지로, 이때 시간선호율이 시장에서 드러난 비율이 할인율(discount rate)이다. 다시 말해, 이자율과 할인율은 시간선호율을 하나는 현재의 관점에서, 그리고 다른 하나는 미래의 관점에서 본 것으로, 양자는 같은 개념이다.

99) 이 생산과 판매에 있어서의 불확실성의 문제는 기업가에게만 나타나며, 생산요소의 소유자들에게는 나타나지 않는다. 생산요소의 소유자들은 자신들이 소유하고 있는 생산요소 및 생산요소 서비스를 '현재' 판매하고 그 대가를 '현재' 받기 때문이다. 즉, 생산요소의 소유자들은 시간의 경과와 함께 앞으로 나타날 수 있는 불확실성의 문제를 떠안지 않는다. 반면, 기업가는 외부 환경의 변화로 인한 불확실성은 물론이고 생산요소 소유자로부터 구매한 생산요소 및 생산요소 서비스가 생산과 판매에 제대로 기여할 것인지의 여부에 대한 불확실성도 함께 떠안아야 한다. 결국, 생산요소의 소유자들에게는 불확실성의 문제가 발생하지 않는 반면에, 기업가에게는 시간의 문제 및 그로 인한 불확실성의 문제가 대두되게 된다.

100) 이런 의미에서 질서경제학의 아버지라 할 수 있는 발터 오이켄은 '경제정책의 일관성 원칙'을 자신의 6대 구성원칙 중 하나로 꼽고 있다. 6대 구성원칙은 최우선 정책목표로서의 통화안정, 개방적 시장, 사유재산제도, 계약의 자유, 자기 책임의 원칙, 그리고 정책의 일관성을 말한다. 오이켄, 발터 (안병직 외 옮김) (1996), 《경제정책의 원리》, 민음사.

101) 김영용 (2019), 《경제현상의 경제학적 이해》, 전남대학교출판문화원, pp.195 f.

102) 배진영 (2013), 《인간중심 경제학 원론》, 율곡출판사, p.543.

103) 김영용 (2019), 《경제현상의 경제학적 이해,》 전남대학교출판문화원, p.196.

104) 물론 기업가가 자신의 생산요소를 생산과정에 투입하여 얻게 되는 소득은 있다. 하지만, 이것은 기업가가 생산요소 공급자로서 얻는 소득이지 기업가로서의 소득은 아니다. 따라서 기업가의 소득에 포함시키지 않는다.

105) 김영용 (2009), 《생활 속 경제》, 자유기업원, pp.198 f. 참조.

106) 김영용 (2009), 《생활 속 경제》, 자유기업원, pp.201 ff. 참조.

8장 화폐와 화폐시장

107) 배진영 (2013), 《인간중심 경제학 원론》, 율곡출판사, pp.426 ff. 참조.

108) 이 책 5장 3. 시장가격의 결정 과정 참조.

109) 여기서는 라스바드의 분석방법인 수요재고(demand-stock) 방법을 따르며, 이에 의하면 화폐에 대한 예비수요 또한 화폐에 대한 수요로 파악하게 된다. 라스바드, 머레이 (전용덕·김이석 역) (2006), 《인간 경제 국가,》 자유기업원·나남출판, p.875 참조. 이 수요재고 방법에 따르면, 화폐에 대한 수요를 화폐 보유로, 화폐 공급을 화폐 재고로 표시하기도 하는데, 여기서는 통상적인 용어인 수요와 공급으로 표시한다.

110) 그런데, 임금이 어느 수준 이상이 되면, 적은 시간만 노동해도 충분한 소득을 얻을 수 있다고 판단한 근로자는 그 이상의 소득을 얻기 위해 더 많이 일하기보다는 오히려 여가를 늘리는 방향으로 시간의 배분을 변경할 수 있다. 이 경우에는 임금의 상승이 노동 공급의 증가로 이어지는 것이 아니라, 오히려 역으로 노동 공급의 감소로 이어지게 된다. 이처럼, 노동 공급에는 일반적인 공급의 법칙에 어긋나는 이런 특별한 부분이 있기는 하지만 여기서는 이 경우를 별도로 다루지 않는다. 그 이유는, 임금이 상승하여 아무리 노동 공급을 줄이고 여가를 늘린다 하더라도, 그로 인해 소득이 감소하는 정도까지는 노동 공급을 줄이지는 않을 것이기 때문이다. 임금이 충분히 상승하여 비록 노동 공급이 감소할 수는 있겠지만, 그렇더라도 근로자가 얻는 소득은 정체되거나 오히려 증가할 수도 있다. 이렇게 볼 때, 이 특별한 부분에서의 노동 공급을 통한 화폐의 교환수요도 일반적인 공급의 법칙에 따라 움직이는 부분에서의 교환

수요와 다를 바가 없기 때문에, 특별히 따로 다루지 않는 것이다.

111) 여기서 화폐의 교환수요를 Dt라 하고 토지나 재화의 공급을 통한 교환수요를 Dt1, 노동 공급을 통한 교환수요를 Dt2라 하면, [Dt=Dt1+Dt2]가 된다. 이때, Dt1은 일정한 반면, Dt2가 화폐의 구매력 변화에 따라 변화하게 되면, Dt 또한 화폐의 구매력 변화에 따라 변화하는 모습을 보이게 된다.

112) 많은 연구에 의하면, 중앙은행제도에 비해 자유은행제도가 통화가치 안정에 훨씬 더 유리하다고 한다. 그 이유는, 특히 시장에서의 경쟁이 존재하는가 존재하지 않는가에 따라 시장의 성과도 달라지기 때문이다. 말하자면, 독점적 발권력을 가진 중앙은행제도에서는 화폐들간에 경쟁이 존재하지 않는 반면, 자유은행제도에서는 각 은행들이 발행한 화폐들간에 경쟁이 이루어진다. 이에 따라 중앙은행제도에는 화폐가치 안정에 대한 시장과 소비자의 압력이 존재하지 않지만, 자유은행제도에는 이들의 압력이 존재하게 된다. 그 당연한 결과로 중앙은행제도 하에서는 자유은행제도하에서보다 정치적, 정책적 화폐공급이 이루어질 가능성이 크며, 그만큼 화폐시장의 안정과 화폐가치의 안정에는 부정적일 수밖에 없다.

113) 물론 통화량의 증가에 정확히 비례하여 화폐의 구매력이 하락하는 것은 아니지만, 통화량의 증가가 화폐구매력의 하락으로 이어지는 것은 확실하다.

114) 본래 인플레이션이란 통화량 증가 그 자체를 의미하는 용어였다. 그러나 현재는 통화팽창의 결과 나타나는 지속적인 물가상승을 의미하는 용어로 인플레이션이라는 용어를 사용하고 있다.

115) 전 세계적으로 수년 동안 이루어진 통화팽창으로 인플레이션 위험이 상존했었고, 그것이 결국 2022년 물가폭등으로 나타나는데, 때맞춰 러시아가 우크라이나를 침공하면서 인플레이션의 모든 원인이 전쟁 탓으로 돌려지고 있는 것이 2022년 현재의 상황이다.

116) 2022년 6월 현재 물가가 급등하자 출범한 지 한 달밖에 되지 않은 새 정부에 그 책임을 돌리는 일이 정치권에서 벌어지고 있다.

117) 소웰, 토머스 (서은경 옮김) (2002), 《시티즌 경제학》, 도서출판 물푸레, p.292 참조.

9장 경기변동과 경제성장

118) "많은 이론가들이 연속적인 각 사이클의 주기가 때로는 정확한 개월 수에 이를 정도로 일정한 주기를 지닌 사이클의 존재를 가정하였다. 주기에 대한 탐색은 물리학의 법칙에 대한 터무니없는 동경이다. 인간행동에는 그 어떤 수량적 상수(常數)도 존재하지 않는다. 인간행위학적 법칙들은 단지 그 본질에서 질적일 수 있을 뿐이다. 그러므로 경기변동의 길이에 그 어떤 주기도 존재하지 않을 것이다." 라스바드, 머레이 (전용덕·김이석 역) (2006), 《인간 경제 국가,》 자유기업원·나남출판, p.981.

119) 라스바드, 머레이 (전용덕·김이석 역) (2006), 《인간 경제 국가》, 자유기업원·나남출판, p.977 참조.

120) 하이에크는 이것을 강제저축(forced saving)으로 표현했다.

121) 이 책 7장 2. (1) b) 자본의 형성 참조.

122) 이하의 설명에 대해서는 전용덕 (2015), 《경기변동이론과 응용》, 마인드탭, pp.142 ff. 참조.

123) 전용덕 (2015), 《경기변동이론과 응용》, 마인드탭, p.146.

124) 경기변동을 근본적으로 예방 또는 방지하기 위해 화폐 및 금융제도의 자유시장으로의 근본적인 개혁이 필요하지만, 이에 대해서는 여기서는 다루지 않는다. 이에 대해서는 전용덕 (2015), 《경기변동이론과 응용》, 마인드탭, pp.148 ff. 참조.

125) 이에 대해서는 앞에서 설명한 7장 1 (2) 시간선호와 시간선호율 참조.

126) 이하의 내용은 안재욱 외 (2012), 《새경제학원론》, 교보문고, pp.32 ff. 및 458 ff. 참조.

127) 물론, 여기서 한 사람이 추가로 생산에 참여할 때나 혹은 한 시간을 추가로 일할 때의 한계생산물이 음(-)이 되지 않는다는 조건이 충족되는 한에서 그렇다. 만일 한계생산물이 음이 되면, 추가적인 노동인구나 추가적인 노동시간은 생산을 늘리는 것이 아니라 오히려 생산을 줄이게 되기 때문이다.

128) 배진영 (2013), 《인간중심 경제학 원론》, 율곡출판사, p.561.

129) 7장 2. 자본재와 자본, 자본가의 소득 참조.

130) 안재욱 외 (2012), 《새경제학원론》, 교보문고, pp.460 f.

131) 오이켄, 발터 (안병직 외 옮김) (1996), 《경제정책의 원리》, 민음사.

찾아보기